AF389709

MANUEL

UNIVERSEL ET COMPLET

A L'USAGE

DE LA FABRIQUE ET DU COMMERCE

DES TISSUS

DE COTON, LIN, CHANVRE, LAINE, SOIE, POILS, ETC.

CONTENANT

Le texte des Traités et des Conventions de commerce conclus avec l'Angleterre, la Belgique, le Zollverein, l'Italie, la Suisse, la Turquie, la Chine, etc., la Correspondance des Monnaies, Poids et Mesures de tous les pays, des Tableaux de compte et de comparaison, un Extrait des Tarifs de douanes des États avec lesquels il n'y a pas de traités, et un grand nombre de Documents historiques et statistiques d'un intérêt journalier

AVEC UN

VOCABULAIRE FRANCO-ANGLAIS DES MOTS USUELS

DE FABRIQUE ET DE COMMERCE

QUATRIÈME ÉDITION

Entièrement refondue et très-augmentée

PARIS

PERROTIN, LIBRAIRE-ÉDITEUR

41, Rue de la Fontaine-Molière, 41

GUILLAUMIN ET Cie, ÉDITEURS

14, Rue Richelieu, 14

1865

INTRODUCTION.

Les nouveaux traités de commerce conclus récemment par la France, inaugurent une nouvelle politique internationale toute pleine de promesses de paix et de travail utile. L'extension prise en peu de temps par les échanges, dans les circonstances les plus difficiles, est la preuve certaine de la fécondité de cette politique nouvelle. On avait craint que ce ne fût au détriment de quelques-unes de nos industries et notamment des industries textiles qu'on abandonnât les anciens errements; mais des chiffres indiscutables ont établi déjà que c'était au contraire à son profit.

En 1861, l'importation hausse (2,442,327,567 fr.), et l'exportation décroît (1,926,259,798). Cela était inévitable; mais dès l'année suivante la proportion s'améliore (2,198,555,480 fr. d'importation, contre 2,242,681,241 fr. d'exportation) et en 1863, le progrès est nettement marqué. Nous importons alors pour 2,367,621,021 fr. et nous exportons pour 2,622,455,805. Pour ce qui concerne particulièrement l'industrie des tissus, voici les chiffres des résultats obtenus dans les huit premiers mois de 1864.

	Exportation.	Importation.
Tissus de soie	282,495,000 fr.	3,873,000 fr.
Tissus de laine	232,327,000	19,691,000
Tissus de coton	55,700,000	6,630,000
Tissus de lin ou de chanvre	14,525,000	9,511,000
Fils de laine	12,577,000	6,814,000
Fils de coton	1,306,000	4,758,000
Fils de lin ou de chanvre	21,873,000	3,014,000
Lingeries	68,811,000	—
Lin teillé	4,840,000	—
Tissus de poil et de crin	—	3,989,000
Fils de poils de chèvre	—	3,045,000

Il est impossible de ne pas s'applaudir de cette situation. Faut-il ne l'examiner que dans nos rapports avec le plus redouté de nos concurrents, l'Angleterre ? Nous citerons alors les Anglais eux-mêmes.

Le rapport des commissaires des douanes britanniques pour 1863, qui vient de paraître, signale le développement croissant des exportations de produits du Royaume-Uni. La valeur totale *déclarée* de ces exportations, qui n'était que de 2 milliards 915 millions de francs en 1858, s'est élevée à 3 milliards 662 millions en 1863, réalisant ainsi, en cinq ans, un progrès de près de 30 p. o/o, malgré le préjudice causé au placement des marchandises anglaises par la guerre des États-Unis.

Un résultat non moins remarquable qu'accuse ce document officiel est la décroissance, en 1863, des envois de la Grande-Bretagne à la France. On sait qu'à la suite du traité de commerce du 23 janvier 1860, l'augmentation de ces envois avait été rapide : de 131 millions de francs, chiffre auquel le *Board of Trade* les évaluait pour cette même année, ils étaient montés à 222 en 1861 et à 230 en 1862.

Déjà bien ralenti, comme on voit, durant ce dernier exercice, l'accroissement a fait place, en 1863, à une sensible diminution ; car nous n'avons reçu, d'après le rapport précité, que pour 216 millions de produits anglais, c'est-à-dire moins qu'en 1861. Les motifs auxquels les commissaires britanniques attribuent ce ralentissement sont de nature à rassurer les esprits les plus timides sur les conséquences définitives du traité.

« Le résultat que nous constatons, disent-ils, est dû en partie à ce que l'expédition des marchandises anglaises pour la France avait été tout d'abord hors de proportion avec les demandes, puis, en outre, à l'émulation qui s'est emparée généralement du fabricant français. Stimulé par la concurrence, il a accru son capital et s'est appliqué avec énergie à imiter un grand nombre de nos articles à bas prix. »

Le rapport constate avec une sorte de regret que nous avons tiré des entrepôts anglais des masses croissantes de matières premières, et notamment de coton ; mais le renchérissement de ce filament a contribué à exhausser la valeur de nos approvisionnements. D'un autre côté, nos envois de marchandises en Angleterre continuent de suivre une marche ascendante ; ils étaient de 444 millions en 1860, de 446 en 1861, de 542 en 1862, et ont dépassé 600 millions en 1863.

Encore convient-il de faire observer ici que, les bases d'évaluation du montant des échanges étant plus basses en Angleterre qu'en France, ces chiffres sont fort au-dessous de ceux qu'on trouve, pour le même mouvement d'exportation, dans nos propres tableaux de douane, et qui ne sont pas moindres de 606 millions en 1860, 620 en 1861, et 834 en 1862.

La lutte pacifique est maintenant devenue générale. Le traité belge a suivi le traité anglais ; le traité italien est en vigueur ; le traité suisse va l'être, et le grand traité allemand le sera bientôt.

Aussi n'avons-nous pas différé à compléter ce Manuel de la Fabrique et du Commerce des Tissus qui a rendu déjà des services, puisqu'il s'est vendu à trois éditions. La quatrième que nous donnons aujourd'hui est toute renouvelée. Nous avons puisé aux sources officielles les renseignements que nous y avons placés ; et, pour la plus grande partie des textes, nous avons eu recours à un ouvrage spécial de M. Paul Boiteau, intitulé les *Traités de Commerce*. Nous voudrions citer tout entière la préface qui est en tête de cet ouvrage. Nous en détacherons seulement une page qu'il n'est pas inutile de transcrire :

« On parle quelquefois du rôle qu'ont joué dans l'histoire de la civilisation les armées et les conquérants, mais après que le défrichement et la culture des terres eurent permis aux hommes de se propager, c'est le commerce qui a fait de l'humanité éparse sur ce globe une société de sociétés laborieuses. Nul instrument de progrès et de paix ne saurait lui être comparé. Si, depuis quatre siècles bientôt, les ténèbres du moyen âge se sont déchirées sur la tête de nos pères, c'est que les navigateurs ont été chercher le soleil levant dans l'Inde et le soleil couchant dans l'Amérique. Si, depuis 1789, le bien-être physique et moral de la vie a marché si vite, c'est qu'excité par la loi nouvelle du travail et de l'émulation, guidé par la science et soutenu par une politique chaque jour plus libérale, le commerce a plus fait encore pour les réparer que vingt-cinq ans de guerres n'avaient semé de ruines sur la face du monde.

Mais pour être digne des destinées que la vapeur, la télégraphie, et dans un autre champ d'études, l'économie politique lui ont préparées, il faut que le commerce fasse de bien autres efforts. La lutte, la lutte pacifique est désormais engagée entre tous les peuples et ce n'est plus comme autrefois de quelques comptoirs et de quelques fabriques qu'il s'agit. L'industrie et le négoce de l'univers entier vont confondre leurs intérêts, et désormais la fortune ne sera plus le salaire de celui qui aura le plus sacrifié de son âme à la recherche grossière de l'argent, ce sera la récompense de l'homme qui, avec l'instruction la plus soignée, le coup d'œil le plus sûr, l'intelligence la plus complète, aura le mieux rempli dans l'intérêt de tous la grande tâche de la répartition et de la distribution des biens universels.

Les Anglais ont entrevu depuis longtemps déjà ce que cette ère nouvelle impose de devoirs à un négociant qui respecte sa fonction d'utilité publique ; mais, à quelques exceptions près, il est avéré qu'en France on s'en est fort peu préoccupé et, quelque soin qu'on ait pris pour recommander à nos négociants et à nos industriels de sortir, au moins lentement des ornières de la routine, et de s'affranchir de la traditionnelle ignorance géographique et économique qu'on nous reproche si souvent à l'étranger, il n'aurait pas dépendu d'eux que la France ne fût toujours bien en arrière de son émule, si enfin ceux qui gouvernaient n'avaient brusquement secoué cette indifférence et, par une résolution dont l'histoire leur tiendra compte, engagé la nation la mieux faite pour l'activité dans une carrière où il est de son honneur que personne n'agisse plus et mieux qu'elle. »

Novembre, 1864.

PREMIÈRE PARTIE.

I. TRAITÉ DE COMMERCE

AVEC L'ANGLETERRE.

Art. 3. Il est convenu que les droits fixés sont indépendants des droits différentiels établis en faveur des bâtiments français.

Art. 4. Les droits *ad valorem* stipulés par le présent traité seront calculés sur la valeur au lieu d'origine ou de fabrication de l'objet importé, augmentée des frais de transport, d'assurance et de commission nécessaires pour l'importation en France jusques au port de débarquement.

Pour la perception de ces droits, l'importateur fera, au bureau de la douane, une déclaration écrite, constatant la valeur et la qualité des marchandises importées. Si l'administration de la douane juge insuffisante la valeur déclarée, elle aura le droit de retenir les marchandises, en payant à l'importateur le prix déclaré par lui augmenté de 5 %.

Ce payement devra être effectué dans les quinze jours qui suivront la déclaration, avec restitution des droits, s'il en avait été perçu.

Art. 9. Il est entendu entre les Hautes Puissances contractantes que, si l'une d'elles juge nécessaire d'établir un droit d'accise ou des impôts sur un article de production ou de fabrication nationale qui serait compris dans les énumérations qui précèdent, l'article similaire étranger pourra être immédiatement grevé, à l'importation, d'un droit égal.

Art. 10. Les deux Hautes Parties contractantes se réservent la faculté d'imposer, sur tout article mentionné dans le présent traité ou sur tout autre article, des droits de débarquement ou d'embarquement affectés à la dépense des établissements nécessaires au port d'importation et d'exportation.

Mais, en tout ce qui concerne le traitement local, les droits et les frais dans les ports, les bassins, les docks, les rades, les havres et les rivières des deux pays, les priviléges, faveurs ou avantages qui sont ou seront accordés aux bâtiments nationaux sans exception ou à la marchandise qu'ils exportent ou importent, le seront également aux bâtiments de l'autre pays et aux marchandises qu'ils importent ou exportent.

Art. 12. Les sujets d'une des Hautes Puissances contractantes jouiront, dans les États de l'autre, de la même protection que les nationaux pour tout ce qui concerne la propriété des marques de commerce et des dessins de fabrique de toute espèce.

Art. 18. Les dispositions du présent traité de commerce sont applicables à l'Algérie, tant pour l'exportation de ces produits, que pour l'importation des marchandises britanniques.

Art. 19. Chacune des deux Hautes Puissances contractantes s'engage à faire profiter l'autre Puissance de toute faveur, de tout privilége ou abaissement dans les tarifs des droits à l'importation des articles mentionnés dans le présent traité, que l'une d'elles pourrait accorder à une tierce Puissance. Elles s'engagent, en outre, à ne prononcer l'une envers l'autre aucune prohibition d'importation ou d'exportation qui ne soit en même temps applicable aux autres nations.

Art. 21. Le présent traité restera en vigueur pendant dix années, à partir du jour de l'échange de ses ratifications; et, dans le cas où aucune des deux Hautes Puissances contractantes n'aurait notifié, douze mois avant l'expiration de ladite période de dix années, son intention d'en faire cesser les effets, le traité continuera à rester en vigueur encore une année, et ainsi de suite, d'année en année, jusqu'à l'expiration d'une année à partir du jour où l'une ou l'autre des Hautes Puissances contractantes l'aura dénoncé.

Les Hautes Puissances contractantes se réservent la faculté d'introduire, d'un commun accord, dans ce traité toutes modifications qui ne seraient pas en opposition avec son esprit ou ses principes et dont l'utilité serait démontrée par l'expérience.

EXTRAIT

De la Deuxième Convention complémentaire
conclue le 16 novembre 1860 entre la France et la Grande-Bretagne.

Art. 3. Indépendamment des droits de douane stipulés dans le tarif annexé à la présente convention, et par application des articles 1 et 9 du traité conclu entre les Hautes Parties contractantes le 23 janvier dernier, les produits d'origine ou de manufacture britannique ci-dessous énumérés seront à leur importation en France, et à titre de compensation des droits équivalents, supportés par les fabricants français, assujettis aux taxes supplémentaires ci-après déterminées.

Il est également convenu entre les Hautes Puissances contractantes qu'en cas de modification ou de suppression des droits d'accise actuellement imposés aux fabricants français, les produits d'origine ou de manufacture britannique seront, pour ces droits d'accise, soumis aux mêmes conditions que les produits similaires français. Toutefois, si, par suite de la suppression de l'un de ces droits, le Gouvernement établit une surveillance, un contrôle ou un exercice administratif sur certains produits fabriqués français, les charges directes ou indirectes dont seront grevés les fabricants français seront compensées par une surtaxe équivalente établie sur les produits similaires britanniques. Il demeure en outre entendu que si des drawbacks sont accordés à d'autres produits de fabrication française, les droits de douane qui grèvent les produits similaires d'origine ou de fabrication britannique seront augmentés d'une surtaxe égale au montant de ces drawbacks.

Art. 4. A l'égard des tissus purs et mélangés taxés à la valeur dont l'estimation dans les ports lui paraîtrait présenter des difficultés, le Gouvernement français se réserve la faculté de désigner exclusivement la douane de Paris pour l'admission de ces marchandises.

Art. 5. Chacune des Hautes Puissances contractantes s'engage à faire profiter l'autre de toute faveur, de tout privilége ou abaissement de tarif que l'une d'elles accorderait à une tierce puissance pour l'importation des marchandises mentionnées ou non dans le traité du 23 janvier 1860.

TARIF D'ENTRÉE EN FRANCE [1].

INDUSTRIES TEXTILES,

Lin.

Lin ou chanvre peigné.. les 100 kil.	5 f	»
Fils de lin ou de chanvre mesurant au kilog. :		
Simples écrus : 6,000 mètres au moins............ —	15	»
Plus de 6.000 mètres, pas plus de 12,000 mètres......... —	20	»
— 12,000 — — 24,000 — .... —	30	»
— 24,000 — — 36,000 — .... —	36	»
— 36,000 — — 72,000 — .... —	60	»
— 72,000.. —	100	»

[1] Il n'y a pas de droits à l'entrée en Angleterre.

1.

Simples blanchis ou teints : 6,000 mètres au moins.. les 100 kil. 20ᶠ »
Plus de 6.000 mètres, pas plus de 12,000 mètres....... — 27 »
 — 12,000 — — 24,000 — .... — 40 »
 — 24,000 — — 36,000 — .... — 48 »
 — 36,000 — — 72,000 — .... — 80 »
 — 72,000... — 133 »

Retors :

Écrus........... (Mèmes droits que sur les fils simples écrus, augmentés de 40 p. % suivant la classe.)

Blanchis ou teints. (Mèmes droits que sur les fils simples teints ou blanchis
augmentés de 40 p. % suivant la classe.)

Tissus de lin ou de chanvre unis ou ouvrés présentant en chaîne dans l'espace de 5 millim. carrés :

Écrus :

8 fils ou moins.................................... les 100 kil. 30ᶠ »
9, 10 et 11 fils................................. — 55 »
12, 13 et 14 fils................................. — 90 »
15, 16 et 17 fils................................. — 115 »
18, 19 et 20 fils................................. — 170 »
21, 22 et 23 fils................................. — 260 »
24 fils et au-dessus................................. — 400 »

Blanchis, teints ou imprimés :

8 fils ou moins................................. — 40 »
9, 10 et 11 fils................................. — 70 »
12, 13 et 14 fils................................. — 120 »
15, 16 et 17 fils................................. — 155 »
18, 19 et 20 fils................................. — 230 »
21, 22 et 23 fils................................. — 350 »
24 fils et au-dessus................................. — 535 »

Coutils unis ou façonnés présentant en chaîne dans l'espace de 5 millimètres carrés.

Écrus :

8 fils en chaîne ou moins......................... — 35 »
9, 10 et 11 fils................................. — 55 »
12, 13 et 14 fils................................. — 90 »
Plus de 14 fils.................................... — 115 »

Blanchis, teints ou imprimés :

8 fils ou moins................................. — 47 »
9 10 et 11 fils................................. — 70 »
12 13 et 14 fils................................. — 120 »
Plus de 14 fils.................................... — 155 »

Les fils et tissus de lin ou de chanvre mélangés suivront le même régime
que les fils et tissus de lin ou de chanvre purs, pourvu que le lin ou le
chanvre domine en poids.

Linge damassé............... .... la valeur. 16 %.
Batiste........................ (Le mème régime que les toiles unies.)
Linon. .... — —
Mouchoirs encadrés.............. — —
Tulle de lin...... (Même régime que le tulle de coton.)
Dentelles de lin.................................... la valeur. 5 %.
Bonneterie de lin................................. — 15 %.
Passementerie de lin............................... — —
Rubanerie de fil écrue, blanchie ou teinte........... — —
Articles en lin ou en chanvre, confectionnés en tout ou
en partie.................................... — —
Articles non dénommés........................... — —

Jute.

En brins ou teillé importé directement de l'Inde anglaise
  ou des entrepôts du Royaume-Uni, sous pavillon de
  l'un ou l'autre des deux pays...................... Exempt.
Peigné.. les 100 kil. 3 f »
Fils de jute mesurant au kilogr.
  Ecrus :
Moins de 1,400 mètres...........................   —   5 »
De 1,400 à 3,700 mèt. exclusivement.............   —   6 »
De 3,700 à 4,200................................   —   7 »
De 4,200 à 6,000...............................   —   10 »
Plus de 6,000................... (Même régime que les fils de lin.)
  Blanchis ou teints :
Moins de 1,400 mètres........................ les 100 kil. 7 f »
De 1,400 à 3,700 mètres exclusivement...........   —   9 »
De 3,700 à 4,200................................   —   10 «
De 4,200 à 6,000...............................   —   14 »
Plus de 6,000..................... (Même régime que les fils de lin.)
Tissus de jute présentant en chaîne dans l'espace de 5
  millimètres.
  Ecrus :
1, 2 et 3 fils unis........................ les 100 kil. 10 f »
1, 2 et 3 fils croisés..........................   —   12 »
4 et 5 fils....................................   —   16 »
6, 7 et 8 fils................................   —   24 »
Plus de 8 fils...... (Même régime que les tissus de lin suivant la classe.)
  Blanchis ou teints :
1, 2 et 3 fils unis........................ les 100 kil. 15 f »
1, 2 et 3 fils croisés..........................   —   17 »
4 et 5 fils...................................   —   23 »
6, 7 et 8 fils...............................   —   35 »
Plus de 8 fils...... (Même régime que les tissus de lin suivant la classe.)
Tapis de jute ras ou à poil..................... les 100 kil. 24 f »
  Les fils ou tissus de jute mélangés avec d'autres matières, suivront le
même régime que les fils et tissus de jute purs pourvu que le jute domine
en poids.

Végétaux filamenteux.

Phormium tenax, abaca et autres végétaux filamenteux
  non dénommés.
Filaments : bruts ou teillés.......................... Exempts.
  —   peignés ou tordus........................... les 100 kil. 1 f »
  —   fils...................................... la valeur. 5 %.
  —   tissus................................... —   10 %.

Crin.

Crin brut de toute nature, même préparé ou frisé....... Exempt.
Tissus et ouvrages de crin purs ou mélangés........... la valeur. 10 %.

Cotons.

Coton de l'Inde eu laine, importé, soit directement des
  lieux de production, soit des entrepôts du Royaume-
  Uni, sous pavillon français ou britannique........... Exempt.

Coton en feuilles cardées on gommées (ouates).......... le kilogr. 0ᶠ 10
Fils de coton simple mesurant au 1 2 kil.

Écrus : de	20,000 mètres ou moins..................	—	0 15
— de	21,000 à 30,000 mètres.................	—	0 20
— de	31,000 à 40,000 —	—	0 30
— de	41,000 à 50,000 —	—	0 40
— de	51,000 à 60,000 —	—	0 50
— de	61,000 à 70,000 —	—	0 60
— de	71,000 à 80,000 —	—	0 70
— de	81,000 à 90,000 —	—	0 90
— de	91,000 à 100,000 —	—	1 »
— de	101,000 à 110,000 —	—	1 20
— de	111,000 à 120,000 —	—	1 40
— de	121,000 à 130,000 —	—	1 60
— de	131,000 à 140,000 —	—	2 »
— de	141,000 à 170,000 —	—	2 50
— de	171,000 mètres et au-dessus.............	—	3 »

Blanchis.......... (Le droit sur le fil simple écru augmenté de 15 %.)
Teints.. . (Le droit sur le fil simple écru augmenté de 0 fr. 25 c. par kil.)
  Fils de coton retors en deux bouts :
Écrus... (Le droit afférent au numéro du fil simple employé au retordage
        augmenté de 50 p. %.)
Blanchis...... (Le droit sur le fil écru retors en deux bouts augmenté de
        15 p. %.)
Teints..... (Le droit sur le fil écru retors en deux bouts, augmenté de 0 f.
        25 c. par kil.)
  Chaînes ourdies :
Écrues.................. (Le droit sur le fil simple augmenté de 50 %.)
Blanchies.... (Le droit sur les chaînes ourdies écrues augmenté de 15 %.)
Teintes.. (Le droit sur les chaînes ourdies écrues augmenté de 0 f. 25 c.
        par kilogr.)
  Fils écrus, blanchis ou teints, en trois bouts ou plus :
A simple torsion................................... par 1,000 m. 0ᶠ 6
A plusieurs torsions ou câbles...................... — 0 12
Tissus de coton écrus, unis, croisés, coutils.
    1ʳᵉ classe, pesant 11 kil. et plus les 100 mèt. carrés :
De 35 fils et au-dessous aux 5 millimètres carrés....... le kilogr. 0ᶠ 50
De 36 fils et au-dessus................. — 0 80
    2ᵉ classe, pesant de 7 à 11 kil. exclusivement les 100
      mètres carrés :
De 35 fils et au-dessous......................... — 0 60
De 36 à 43 fils................................. — 1 »
De 44 fils et au-dessus......................... — 2 »
    3ᵉ classe, pesant de 3 à 7 kil. exclusivement les 100
      métres carrés :
De 27 fils et au-dessous......................... — 0 80
De 28 à 35 fils................................. — 1 20
De 36 à 43 fils................................. — 1 90
De 44 fils et au-dessus......................... — 3 »
  Tissus de coton :
Blanchis......................... (15 p. % en sus du droit sur l'écru.)
Teints.................. (0 fr. 25 c. par kil. en sus du droit sur l'écru.)
Imprimés.................................... la valeur. 15 %.

Velours de coton.

Façon soie (dite Velvets) :

Ecrus..	le kilogr.	0f 85
Teints ou imprimés.................................	—	1 10

Autres (cords, moleskins, etc.) :

Ecrus..	—	0 60
Teints ou imprimés.................................	—	0 85
Tissus de coton écrus, unis ou croisés pesant moins de 3 kilogr. par 100 mètres carrés	la valeur.	15 %.
Piqués, basins, façonnés, damassés et brillantés.......	—	—
Couvertures de coton..............................	—	—
Tulles unis ou brodés..............................	—	—
Gazes et mousselines brodées ou brochées pour ameublements ou tentures....................................	—	—
Articles confectionnés en tout ou en partie............	—	—
Articles non dénommés.............................	—	—
Broderies à la main...............................	—	10 %.
Dentelles et blondes de coton......................	—	5 %.

Les fils et tissus de coton mélangés paieront les même droits que les fils ou tissus de coton purs, pourvu que le coton domine en poids dans le mélange.

Laines.

Laine en masse d'Australie importée, soit directement des lieux de production, soit des entrepôts du Royaume-Uni sous pavillon français ou britannique............		Exempte.
Laine teinte en masse.............................	les 100 kil.	25f »
Laine peignée teinte ou non........................	—	—

Fils de laine pure blanchis ou non mesurant au kilogramme :

De 1,000 à 30,000 mètres........................	le kilogr.	0f 25
De 31,000 à 40,000 —	—	0 35
De 41,000 à 50,000 —	—	0 45
De 51,000 à 60,000 —	—	0 55
De 61,000 à 70,000 —	—	0 65
De 71,000 à 80,000 —	—	0 75
De 81,000 à 90,000 —	—	0 85
De 91,000 à 100,000 —	—	0 95
De 101,000 et au-dessus..........................	—	1 »

Fils de laine blanchis ou non, retors, pour tissage.. (Le droit afférent aux fils de laine simples, augm. de 50 %.)

Fils de laine retors, pour tapisseries...... (Le droit du fil simple doublé.)

Fils de laine simples ou retors teints.. (Droit sur le fil non teint augmenté de 25 c. par kilog.)

Tissus de laine pure..............................	la valeur.	10 c%.
Feutres de toute sorte.............................	—	—
Couvertures de laine pure..........................	—	—
Tapis de toute espèce.............................	—	15 %.
Bonneterie de laine pure...........................	—	10 %.
Passementerie de laine pure........................	—	—
Rubanerie de laine................................	—	—
Dentelles de laine.................................	—	—
Chaussons de lisière..............................	—	—

Articles non dénommés...................................... la valeur. 10 %.
Lisières de drap de toute espèce, entières ou coupées.. Exemptes
    Vêtements confectionnés :
Neufs.. la valeur. 10 %.
Vieux... les 100 kil. 20ᶠ »

Les fils et tissus d'alpaca, de lama, de vigogne purs ou mélangés de laine, suivront le même régime que les fils et tissus de laine, quelle que soit la proportion du mélange.

Les fils et tissus de laine et des autres matières ci-dessus dénommées, mélangés de coton ou d'autres filaments quelconques, paieront les mêmes droits que les fils et tissus de laine pure, pourvu que la laine domine dans le mélange.

Les fils de poil de chèvre conserveront le régime qui leur est actuellement applicable.

Les tissus de poil de chèvre, autres que les châles et écharpes de cachemire des Indes, suivront le régime des tissus de laine.

Soies.

En cocons... Exemptes.
Grèges et moulinées... —
    Teintes :
A coudre, à broder et à dentelles............................... —
Autres.. —
    Bourre de soie :
En masse...
Peignée... le kilogr. 0ᶠ 10
    Filée, simple et retorse, écrue, blanche, azurée, teinte :
De 80,000 mètres simples au kilogramme et au-dessus.. — 0 75
De 81,000 mètres simples au kilogramme et au-dessus.. — 1 20
Tissus, bonneterie, dentelles de pure soie............... Exempts.
Crêpes, façon d'Angleterre, écrus, noirs ou de couleurs. le kil. 10ᶠ. Ex. à partir de 1866.
    Tulles :
Unis, écrus... Exempts.
Apprêtés.. —
Façonnés, écrus ou apprêtés..................................... —
Tissus de bourre de soie pure, de soie et bourre de soie, écrus, blancs, teints, imprimés............................. le kilogr. 2ᶠ »
    Tissus, passementerie et dentelle de soie ou de bourre de soie :
Avec or ou argent fin... — 12 »
Avec or ou argent mi-fin ou faux................................ — 3 50
Tissus de soie ou de bourre de soie mélangés, la soie ou la bourre de soie dominant en poids......................... — 3 »
    Rubans de soie ou de bourre de soie :
De velours.. — 5 »
Autres.. — 8 »
Mélangés, la soie ou la bourre de soie dominant en poids. la valeur. 10 %.

EXTRAIT DU DÉCRET du 28 octobre 1860

Qui détermine les surtaxes applicables aux marchandises d'origine et de manufacture britanniques importées autrement que par navires français ou britanniques.

Art. 1er. Les marchandises d'origine et de manufacture britanniques incrites dans le traité conclu le 23 janvier 1860 entre la France et l'Angleterre, importées autrement que par navires français ou britanniques, seront soumises :

1° A une surtaxe fixe de 25 centimes par 100 kilogrammes, lorsque ces marchandises sont affranchies de tout droit à l'entrée ou lorsqu'elles sont taxées à moins de 3 francs par 100 kilogrammes.

2° Aux surtaxes édictées par l'article 7 de la loi du 28 avril 1816, lorsque ces marchandises sont assujetties à un droit de 3 francs et au-dessus par 100 kilogrammes.

EXTRAIT DU DÉCRET du 28 octobre 1860

Qui rend applicables aux produits d'origine britannique importés d'Angleterre les restrictions d'entrée établies à l'egard des matières désignées dans la convention conclue avec l'Angleterre le 12 octobre 1860.

Art. 1er Les marchandises d'origine et de manufacture britanniques dénommées dans la convention susvisée du 12 octobre, présent mois, seront, selon les différentes catégories du tarif auxquelles elles appartiennent, importées par les ports désignés par les lois et règlements des douanes, et notamment par l'article 20 de la loi du 28 avril 1816, et l'article 8 de la loi du 27 mars 1817.

II. TRAITÉ DE COMMERCE

AVEC LA BELGIQUE.

Art. 7. Les marchandises de toute nature, originaires de l'un des deux pays et importées dans l'autre, ne pourront être assujetties à des droits d'accise ou de consommation supérieurs à ceux qui grèvent ou grèveraient les marchandises similaires de production nationale. Toutefois, les droits à l'importation pourront être augmentés des sommes qui représenteraient les frais occasionnés aux producteurs nationaux par le système de l'accise.

Art. 13. Indépendamment du régime d'entrée établi par le présent traité à l'égard des produits non originaires de Belgique, ces mêmes produits seront soumis aux surtaxes de navigation dont sont ou pourront être frappés les produits importés en France, sous pavillon français, d'ailleurs que des pays d'origine.

Art. 14. Les marchandises de toute origine, importées de France par la frontière de terre, seront admises à l'entrée en Belgique aux mêmes droits que si elles y étaient importées directement de France par mer et sous pavillon français.

Les marchandises spécifiées ou non en l'article 22 de la loi du 28 avril 1816, importées de Belgique par la frontière de terre, seront admises, pour la consommation intérieure de l'Empire, moyennant l'acquittement des droits établis pour les provenances autres que celles des pays de production, sous pavillon français.

Pendant la durée du présent traité, aucune augmentation ne pourra être apportée aux surtaxes actuellement établies à l'importation par la frontière de terre sur les produits ci-après désignés.

Coton en laine.

Laines en masse.

Art. 18. Pour établir que les produits sont d'origine ou de manufacture nationale, l'importateur devra présenter à la douane de l'autre pays soit une déclaration officielle faite devant un magistrat siégeant au lieu de l'expédition, soit un certificat délivré par le chef du service des douanes du bureau d'exportation, soit un certificat délivré par les consuls ou agents consulaires du pays dans lequel l'importation doit être faite et qui résident dans les lieux d'expédition ou dans les ports d'embarquement.

Les consuls ou agents consulaires respectifs légaliseront les signatures des autorités locales.

Art. 19. Les droits *ad valorem*, stipulés par le présent traité, seront calculés sur la valeur, au lieu d'origine ou de fabrication, de l'objet importé, augmentée des frais de transport, d'assurance et de commission nécessaires pour l'importation dans l'un des deux États jusqu'au lieu d'introduction.

L'importateur devra, indépendamment du certificat d'origine, joindre à sa déclaration écrite, constatant la valeur de la marchandise importée, une facture indiquant le prix réel et émanant du fabricant ou du vendeur.

Cette facture sera visée par un consul ou agent consulaire de la Puissance dans le territoire de laquelle l'importation doit être faite.

Art. 20. Si la douane juge insuffisante la valeur déclarée, elle aura le droit de retenir les marchandises, en payant à l'importateur le prix déclaré par lui, augmenté de 5 %.

Ce payement devra être effectué dans les quinze jours qui suivront la déclaration, et les droits, s'il en a été perçu, seront en même temps restitués.

Art. 21. L'importateur contre lequel la douane de l'un des deux pays voudra exercer le droit de préemption stipulé par l'article précédent, pourra, s'il le préfère, demander l'estimation de sa marchandise par des experts. La même faculté appartiendra à la douane, lorsqu'elle ne jugera pas convenable de recourir immédiatement à la préemption.

Art. 22. Si l'expertise constate que la valeur de la marchandise ne dépasse pas de cinq pour cent celle qui est déclarée par l'importateur, le droit sera perçu sur le montant de la déclaration.

Si la valeur dépasse de cinq pour cent celle qui est déclarée, la douane pourra, à son choix, exercer la préemption ou percevoir le droit sur la valeur déterminée par les experts.

Ce droit sera augmenté de cinquante pour cent à titre d'amende, si l'évaluation des experts est de dix pour cent supérieure à la valeur déclarée.

Les frais d'expertise seront supportés par le déclarant, si la valeur déterminée par la décision arbitrale excède de cinq pour cent la valeur déclarée ; dans le cas contraire, ils seront supportés par la douane.

ART. 23. Dans les cas prévus par l'article 21, les deux arbitres experts seront nommés, l'un par le déclarant, l'autre par le chef local du service des douanes ; en cas de partage, ou même au moment de la constitution de l'arbitrage, si le déclarant le requiert, les experts choisiront un tiers arbitre ; s'il y a désaccord, celui-ci sera nommé par le président du tribunal de commerce du ressort. Si le bureau de déclaration est à plus d'un myriamètre du siége du tribunal de commerce, le tiers arbitre pourra être nommé par le juge de paix du canton.

La décision arbitrale devra être rendue dans les quinze jours qui suivront la constitution de l'arbitrage.

ART. 24. Les déclarations doivent contenir toutes les indications nécessaires pour l'application des droits. Ainsi, outre la nature, l'espèce, la qualité, la provenance et la destination de la marchandise, elles doivent énoncer le poids, le nombre, la mesure ou la valeur suivant le cas.

Si, par suite de circonstances exceptionnelles, le déclarant se trouve dans l'impossibilité d'énoncer la quantité à soumettre aux droits, la douane pourra lui permettre de vérifier lui-même, à ses frais, dans un local désigné ou agréé par elle, le poids, la mesure ou le nombre ; après quoi l'importateur sera tenu de faire la déclaration détaillée de la marchandise dans les délais voulus par la législation de chaque pays.

ART. 25. A l'égard des marchandises qui acquittent les droits sur le poids net, si le déclarant entend que la perception ait lieu d'après le *net réel*, il devra énoncer ce poids dans sa déclaration. A défaut, la liquidation des droits sera établie sur le poids brut, sauf défalcation de la tare légale.

ART. 26. Il est convenu entre les Hautes Parties contractantes que les droits fixés par le présent traité ne subiront aucune réduction du chef d'avarie ou de détérioration quelconque des marchandises.

ART. 27. A l'égard des tissus purs ou mélangés, taxés à la valeur, dont l'estimation paraîtrait présenter des difficultés, les Gouvernements français et belge se réservent la faculté de désigner exclusivement pour l'admission de ces marchandises, le premier, la douane de Paris, le second, la douane de Bruxelles.

ART. 28. Pour la fixation des droits établis sur les tissus de lin, de chanvre ou de jute écrus ou blanchis, l'administration des douanes françaises se conformera aux types arrêtés entre les deux

Gouvernements, suivant procès-verbal sous la date de ce jour.

Dans la vérification des tissus belges par le compte-fil, toute fraction de fil sera négligée.

Art. 30. Les marchandises de toute nature venant de l'un des deux États, ou y allant, seront réciproquement exemptes dans l'autre État de tout droit de transit.

Le traitement de la nation la plus favorisée est réciproquement garanti à chacun des deux pays pour tout ce qui concerne le transit.

Art. 31. Les marchandises transportées de Maubeuge à Givet, et *vice versâ*, par la route directe passant par Philippeville, seront exemptes de toute visite tant à l'entrée qu'à la sortie, sauf en cas de soupçon d'abus, sous les conditions suivantes :

1° Les transports se feront par voitures fermées ayant un panneau de charge susceptible d'être convenablement cadenassé ;

2° Une déclaration sera faite au bureau d'entrée belge, d'après l'expédition de sortie délivrée par la douane française ;

3° Le voiturier ou l'entrepreneur des transports fournira caution pour les droits et pénalités exigibles en cas de fraude.

Art. 33. Les voyageurs de commerce français, voyageant en Belgique pour le compte d'une maison française, seront soumis à une patente fixe de 20 francs, additionnels compris.

Réciproquement, les voyageurs de commerce belges, voyageant en France pour le compte d'une maison belge, seront soumis à une patente fixe de 20 francs, additionnels compris

Art. 34. Les objets passibles d'un droit d'entrée, qui servent d'échantillons et qui sont importés en Belgique par des commis-voyageurs de maisons françaises, ou en France par des commis-voyageurs de maisons belges, seront, de part et d'autre, admis en franchise temporaire, moyennant les formalités de douane nécessaires pour en assurer la réexportation ou la réintégration en entrepôt, ces formalités seront les mêmes en France et en Belgique et elles seront réglées d'un commun accord entres les deux Gouvernements.

Art. 35. Les dispositions du présent traité de commerce sont applicables à l'Algérie, tant pour l'exportation des produits de cette possession que pour l'importation des marchandises belges.

Art. 37. Chacune des deux Hautes Parties contractantes s'engage à faire profiter l'autre de toute faveur, de tout privilége ou abaissement dans les tarifs des droits à l'importation ou à l'exportation des articles mentionnés ou non dans le présent traité, que l'une d'Elles pourrait accorder à une tierce Puissance. Elles s'engagent, en outre, à n'établir l'une envers l'autre aucun droit ou prohibition d'importation ou d'exportation qui ne soit, en même temps, applicable aux autres nations.

ART. 40. Le présent traité restera en vigueur pendant dix années, à partir du jour de l'échange des ratifications. Dans le cas où l'une des deux Hautes Parties contractantes n'aurait notifié, douze mois avant la fin de ladite période, son intention d'en faire cesser les effets, il demeurera obligatoire jusqu'à l'expiration d'une année, à partir du jour où l'une ou l'autre des Hautes Parties contractantes l'aura dénoncé.

Les Hautes Parties contractautes se réservent la faculté d'introduire, d'un commun accord, dans ce traité, toutes modifications qui ne seraient pas en opposition avec son esprit ou ses principes et dont l'utilité serait démontrée par l'expérience.

DROITS A L'ENTRÉE EN FRANCE.

MACHINES ET MÉCANIQUES.

Appareils complets.

Machines pour la filature	les 100 kil.	10f »
— à nettoyer et ouvrir la laine, le coton, le lin, le chanvre et autres matières textiles	—	6 »
— pour le tissage	—	6 »
— à bouter les plaques et rubans de cardes	—	6 »
Métiers à tulle	—	10 »
Cardes non garnies	—	10 »

Pièces détachées de machines.

Plaques et rubans de cardes sur cuir, caoutchouc, ou sur tissus purs ou mélangés	—	50f »
Dents de rots en fer ou cuivre	—	30 »
Rots, ferrures ou peignes à tisser, à dents de fer ou de cuivre	—	30 »
Plaques et rubans de cuir, de caoutchouc et de tissus spécialement destinés pour cardes	—	20 »

INDUSTRIES TEXTILES.

Lin ou chanvre peigné		Exempts.
Fils de lin ou de chanvre mesurant au kilogramme :		
Simples, écrus : 6,000 mètres ou moins	les 100 kil.	15f »
Plus de 6,000 mètres, pas plus de 12,000 mètres	—	20 »
— 12,000 — — 24,000 —	—	30 »
— 24,000 — — 36,000 —	—	36 »
— 36,000 — — 72,000 —	—	60 »

Plus de 72,000.................................... les 100 kil 100ᶠ »
    Blanchis ou teints : 6,000 mètres ou moins........ — 20 »
Plus de 6,000 mètres, pas plus de 12,000 mètres....... — 27 »
— 12,000 — — 24,000 — .... — 40 »
— 24,000 — — 36,000 — .... — 48 »
— 36,000 — — 72,000 — .... — 80 »
— 72,000 .... — 133 »

Retors :

Écrus............. (Le droit afférent au fil simple écru employé au re-
    tordage augmenté de 30 %.)
Blanchis ou teints. (Le droit afférent au fils simple teint ou blanchi
    employé au retordage augmenté de 30 %.)

Les fils de lin ou de chanvre mélangés suivront le même régime que les
fils de lin ou de chanvre purs, pourvu que le lin ou le chanvre domine en
poids.

Tissus de lin ou de chanvre unis ou ouvrés présentant en
    chaîne dans l'espace de 5 millimètres carrés :

    Écrus :

8 fils ou moins..................................... les 100 kil. 28ᶠ »
9, 10 et 11 fils....................................... — 55 »
12 fils... — 65 »
13 et 14 fils... — 90 »
15, 16 et 17 fils..................................... — 115 »
18, 19 et 20 fils..................................... — 170 »
21, 22 et 23 fils..................................... — 260 »
24 fils et au-dessus.................................. — 400 »

    Blanchis, teints ou imprimés :

8 fils ou moins...................................... — 38 »
9, 10 et 11 fils...................................... — 70 »
12 fils.. — 95 »
13 et 14 fils... .... — 120 »
15, 16 et 17 fils.................................... — 155 »
18, 19 et 20 fils.................................... — 230 »
21, 22 et 23 fils.................................... — 350 »
24 fils et au-dessus................................. — 535 »
Coutils unis ou façonnés, écrus, blanchis, teints ou im-
    primés... la valeur. 16 %.
Linge damassé.. — —
Batiste............................... (Même régime que les toiles unies.)
Linons............................... — —
Mouchoirs encadrés................... — —
Tulle de lin.. la valeur. 15 %.
Dentelles de lin........................ .... — 5 —
Bonneterie de lin......................... .... — 15 —
Passementerie de lin.................................. — 15 —
Rubanerie de fil écru, blanchie ou teinte............... — 15 —
Articles en lin ou chanvre, confectionnés en tout ou en
    partie... — 15 —
Vêtements et articles non dénommés.................... — 15 —
Tissus de lin ou de chanvre mélangés — quand le lin ou
    le chanvre domine en poids....................... — 15 —

Jute.

En brins, teillé ou peigné............................ la valeur. Exempt.

Fils de jute, mesurant au kilogramme,

    Écrus :

Moins de 1,400 mètres........................... les 100 kil. 5ᶠ »
De 1,400 à 3,700 mètres exclusivement.............. — 6 »
De 3,700 à 4,200 — — .... — 7 »
De 4,200 à 6,000 — — .... — 10 »
Plus de 6,000 mètres exclusivement... (Même régime que les fils de lin.)

    Blanchis ou teints :

Moins de 1,400 mètres........................... les 100 kil. 7ᶠ »
De 1,400 à 3,700 mètres exclusivement.............. — 9 »
De 3,700 à 4,200 — — .... — 10 »
De 4,200 à 6,000 — — .... — 14 »
Plus de 6,000 mètres exclusivement.... (Même régime que les fils de lin.)

Tissus de jute, présentant en chaîne dans l'espace de
    5 millimètres :

    Écrus :

1, 2 et 3 fils unis........................... les 100 kil. 10ᶠ »
1, 2 et 3 fils croisés.............. — 12 »
4 et 5 fils.............. — 16 »
6, 7 et 8 fils.............. — 24 »
Plus de 8 fils...... (Même régime que les tissus de lin, suivant la classe.)

    Blanchis ou teints :

1, 2 et 3 fils unis........................... les 100 kil. 15ᶠ »
1, 2 et 3 fils croisés.............. — 17 »
4 et 5 fils.............. — 23 »
6, 7 et 8 fils.............. — 35 »
Plus de 8 fils...... (Même régime que les tissus de lin, suivant la classe.)
Tapis de jute, ras ou à poil........................... les 100 kil. 24ᶠ »

Les fils de jute mélangés avec d'autres matières suivront le même régime que les fils de jute purs, pourvu que le jute domine en poids.
Tissus de jute mélangés quand le jute domine en poids. la valeur. 15 p. °/₀.

Végétaux filamenteux.

Phormium tenax, abaca, et autre végétaux filamenteux
    non dénommés

    Filaments :

Bruts teillés........................... — Exempts.
Peignés ou tordus........................... —
Fils........................... la valeur. 5 °/₀.
Tissus........................... — 10 —

Crin.

Crin brut de toute nature, même préparé au frisé...... — Exempt.
Tissus et ouvrages de crin ou de poils de vaches purs ou
    mélangés........................... la valeur. 10 °/₀.

Coton.

Coton de l'Inde en laine........................... — Exempt.

Coton en feuilles cardées ou gommées (ouates)......... le kilogr. 0f 10

Fils de coton simples, mesurant au demi kilogramme,

Écrus :

20,000 mètres ou moins...........................	—	»	15
De 21,000 mètres à 30,000 mètres.................	—	»	20
De 31.000 — à 40,000 —	—	»	30
De 41,000 — à 50,000 —	—	»	40
De 51,000 — à 60,000 —	—	»	50
De 61,000 — à 70,000 —	—	»	60
De 71,000 — à 80,000 —	—	»	70
De 81,000 — à 90,000 —	—	»	90
De 91,000 — à 100,000 —	—	1	»
De 101,000 — à 110,000 —	—	1	20
De 111,000 — à 120,000 —	—	1	40
De 121,000 — à 130,000 —	—	1	60
De 131,000 — à 140,000 —	—	2	»
De 141,000 — à 170,000 —	—	2	50
De 171,000 et au-dessus........................	—	3	»

Blanchis......... (Le droit sur le fil simple écru, augmenté de 15 p. °/o.)
Teints..... (Le droit sur le fil simple écru, augmenté de 25 cent. par kil.)

Fils de coton retors en deux bouts :

Écrus... (Le droit afférent au numéro du fil simple employé au retordage augmenté de 30 p. °/o.)

Blanchis..... (Le droit sur le fil écru retors en deux bouts, augmenté de 15 p. °/o.)

Teints..... (Le droit sur le fil écru retors en deux bouts, augmenté de 25 p. °/o par kilogr.)

Chaînes ourdies :

Écrues............... (Le droit sur le fil simple, augmenté de 30 °/o.)
Blanchies..... (Le droit sur les chaînes ourdies écrues, augm. de 15 °/o.)
Teintes.. (Le droit sur les chaînes ourdies écrues, augm. de 25 c. par kil.)

Fils écrus blanchis ou teints, en trois bouts ou plus :

A simple torsion............................... 1,000 mèt.	0f	6	
A plusieurs torsions ou câbles.....................	—	»	12

Tissus de coton écrus, unis, croisés, coutils :

1re classe, pesant 11 kilogr. et plus les 100 mètres carrés :

De 35 fils et au-dessous aux 5 millimètres carrés....... le kilogr.	0	50	
De 36 fils et au-dessus...........................	—	»	80

2e classe, pesant de 7 à 11 kil. exclusivement les 100 mètres carrés :

De 35 fils et au-dessous...........................	—	»	60
De 36 à 43 fils.................................	—	1	»
De 44 fils et au-dessus...........................	—	2	»

3e classe, pesant de 3 à 7 kilogr. exclusivement, les 100 mètres carrés :

De 27 fils et au-dessous...........................	—	»	80
De 28 à 35 fils.................................	—	1	20
De 36 à 43 fils.................................	—	1	90
De 44 fils et au-dessus...........................	—	3	»

Tissus de coton :
  Blanchis...................... (15 p. 100 en sus du droit sur l'écru.)
  Teints.................... (25 cent. par kilog. en sus du droit sur l'écru.)
  Imprimés.. la valeur. 15 %.

  Velours de coton :

    Façon soie (dite velvets) :

Écrus.................................... le kilogr. 0f 85		
Teints ou imprimés............................ — 1 10		
Autres (cords, moleskins, etc.) :		
Écrus... — » 60		
Teints ou imprimés............................. — » 85		

Tissus de coton écrus, unis ou croisés, pesant moins de
  3 kilogrammes par 100 mètres carrés............... la valeur. 15 %.
Piqués, basins, façonnés, damassés et brillantés........ — —
Couvertures de coton................................... — —
Tulles unis ou brodés.................................. — —
Gazes et mousselines, brodées ou brochées, pour ameu-
  blements ou tentures................................ — —
Vêtements et articles confectionnés en tout ou en partie. — —
Articles non dénommés.................................. — —
Broderies à la main.................................... — 10 %.
Dentelles et blondes de coton.......................... — 5 %.

Les fils de coton mélangé payeront les mêmes droits que les fils de coton pur, pourvu que le coton domine en poids dans le mélange.
Tissus de coton mélangés quand le coton domine en poids. .... la valeur. 15 %.

Laines.

Laine en masse de Belgique ou d'Australie............. Exempte.
Laine teinte en masse.................................. les 100 kil. 25f »
Laine peignée, teinte ou non........................... — 25 »

  Fils de laine, blanchis ou non, simples, mesurant
    au kilogramme :

De	30,000	mètres et au-dessous............... le kilogr.		»	25
De	31,000 à	40,000 mètres.....................	—	»	35
De	41,000 à	50,000	—	—	» 45
De	51,000 à	60,000	—	—	» 55
De	61,000 à	70,000	—	—	» 65
De	71,000 à	80,000	—	—	» 75
De	81,000 à	90,000	—	—	» 85
De	91,000 à	100,000	—	—	» 95

De 101,000 mètres et au-dessus...................... — 1 »
Fils de laine, blanchis ou non, retors pour tissage......
  (Le droit afférent aux fils de laine simples employés au retordage augmenté de 30 %.)
Fils de laine blanchis ou non retors pour tapisserie.....
  (Le droit du fil simple élevé au double.)
Fils de laine teints simples ou retors. (Droit sur le fil non teint, augmenté de 25 cent. par kilog.)
Tissus de laine....................................... la valeur. 10 %.
Feutres de toute sorte................................. — —
Couvertures de laine.................................. — —

Tapis de toute espèce............................. la valeur, 15 °/o.
Bonneterie de laine............................... —   10 °/o.
Passementerie de laine........................... —   —
Rubanerie de laine............................... —   —
Dentelles de laine............................... —   —
Chaussons de lisière .... —   —
Châles et écharpes de cachemire des Indes........... —   5 °/o.
Articles non dénommés............................ —   10 °/o.
Lisières de drap de toute espèce, entières ou coupées... Exemptes.
Vêtements et articles confectionnés................ —
Neufs. .... la valeur. 10 °/o.
Vieux... les 100 kil. 20ᶠ »

Les fils et tissus d'alpaga, de lama, de vigogne et de chameau, purs ou
mélangés de laine, suivront le même régime que les fils et tissus de laine,
quelle que soit la proportion du mélange.

Les fils et tissus de laine et des autres matières ci-dessus dénommées,
mélangés de coton ou d'autres filaments quelconques, payeront les mêmes
droits que les fils et tissus de laine pure, pourvu que la laine domine dans
le mélange.

Les fils de poil de chèvre conserveront le régime qui leur est actuellement applicable.

Les tissus de poil de chèvre suivront le régime des tissus de laine.

Soies.

En cocons...................................... Exemptes.
Grèges et moulinées............................ —
     Teintes :
A coudre, à broder et à dentelles................ Exemptes.
Autres... —

     Bourre de soie :
En masse....................................... Exempte.
Peignée.................................... le kilogr. » 10

     Filée, simple et retorse, écrue, blanche, azurée,
        teinte :
De 80,000 mètres simples au kilogr. et au-dessous...... le kilogr. » 75
De 81,000 mètres simples au kilogr. et au-dessus....... —   1 20
Tissus, bonneterie, dentelles de pure soie........... Exempts.
Crêpes, façon d'Angleterre, écrus, noirs ou de couleur.. le kilogr. 10ᶠ »
                     (A partir de 1866 exempts.)
     Tulles :
Unis, écrus.................................... Exempts.
Apprêtés...................................... Exempts.
Façonnés, écrus ou apprêtés..................... —
Tissus de bourre de soie pure, de soie et bourre de soie,
     écrus, blancs, teints, imprimés.............. le kilogr. 2ᶠ »

     Tissus, passementerie et dentelles de soie, ou de
        bourre de soie :
Avec or ou argent fin. .... —   12 »
Avec or ou argent mi-fin ou faux................ —   3 50
Tissus de soie ou de bourre de soie mélangés, la soie ou
     la bourre de soie dominant en poids......... —   3 »

     Rubans de soie ou de bourre de soie :

De velours... le kilogr. **5** »
Autres.. — **8** »
Mélangés.. la valeur. **10** %.

Les vêtements et articles confectionnés en soie suivront le régime des tissus dominant en poids.

Articles divers.

Poils non spécialement tarifés, bruts et filés........... Exempts.
Poils de chèvre peignés.................................. les 100 kil. **10**ᶠ »
Cordes et câbles.. — **15** »

DROITS A L'ENTRÉE EN BELGIQUE.

Lins, etc.

Filaments végétaux bruts, peignés, non spécialement tarifés.. — —
   Fils de lin, de chanvre et de jute, mesurant au kilogramme :
   20,000 mètres ou moins :
Non tors et non teints.................................. — **10** »
Tors et teints... — **15** »
   Plus de 20,000 mètres :
Non tors et non teints................................. — **20** »
Tors ou teints... — **30** »
Tissus de lin, de chanvre et de jute de toute espèce..... la valeur. **15** %.
Bonneterie, passementerie et rubanerie.................. — —
Tulles de lin.. — —
Batistes et linons..................................... — **10** %.
Dentelles de lin....................................... — **5** %.
Vêtements et autres articles en lin, confectionnés en tout ou en partie... — **10** %.
Articles non dénommés.................................. — **15** %.
Tissus mélangés quand le lin ou le chanvre domine en poids... — —
   Les fils de tous autres végétaux filamenteux purs ou mélangés suivront le même régime que les fils de lin ou de chanvre.

Tissus ou végétaux non dénommés........................ la valeur. **10** %.
Crin brut, frisé ou autrement préparé.................. libre.
Tissus et ouvrages de crin ou de poil de vache purs ou mélangés.. la valeur. **10** %.

Cotons.

Coton brut, y compris les ouates....................... libre.
   Fils de coton écru ou blanchi mesurant au 1/2 kilogramme :
20,000 mètres ou moins................................. les 100 kil. **15**ᶠ »
20,000 — à 30,000...................................... — **20** »
30,000 — à 40,000...................................... — **30** »
Plus de 40,000 mètres.................................. — **40** »
Fils de coton teints ou ourdis. (Le droit sur le fil écru ou blanchi augmenté de 10 fr. par 100 kilogr.)

Tissus de coton écru, unis, croisés, coutils :

1re classe, pesant 11 kil. et plus les 100 m. carrés :

De 35 fils et moins aux 5 millim. carrés............... les 100 kil.	50^f	»
De 36 fils et plus... —	80^f	»

2e classe pesant de 7 à 11 kil. exclusivement les 100 mètres carrés :

De 35 fils et moins............................. —	60	»
De 36 à 43 fils................................. —	100	»
De 44 fils et plus............................. —	200	»

3e classe, pesant de 3 à 7 kil. exclusivement les 100 mètres carrés :

De 27 fils et moins............................ —	80	»
De 28 à 35 fils................................. —	120	»
De 36 à 43 fils................................. —	190	»
De 44 fils et plus............................. —	300	»

Tissus de coton :

Blanchis.........................	(15 °/₀ en sus du droit sur l'écru.)
Teints.....................	(25 fr. par 100 kil. en sus du droit sur l'écru.)
Imprimés..........................	la valeur. 15 °/₀.

Velours de coton.

Façon soie dite velvets :

Écrus..................................... les 100 kil.	85^f	»
Teints ou imprimés............................ —	110	»

Autres (cords, moleskins, etc.) :

Écrus...................................... —	60	»
Teints ou imprimés............................ —	85	»
Tissus de coton écru, unis ou croisés, pesant moins de 3 kilogrammes par 100 mètres carrés............... la valeur.	15 °/₀.	
Piqués, basins, façonnés, damassés et brillantés....... —	—	
Couvertures de coton...................... —	—	
Tulles unis ou brodés...................... —	—	
Gazes et mousselines brodées ou brochées pour ameublement ou tentures........................ —	—	
Vêtements et autres articles confectionnés en tout ou en partie .... —	—	
Articles non dénommés. .... —	—	
Bonneterie. .... —	—	
Passementerie........................... —	—	
Rubanerie.............................. —	—	
Broderie à la main........................ —	10 °/₀.	
Dentelles et blondes de coton.................. —	5 °/₀.	

Les fils de coton mélangés payeront les mêmes droits que les fils de coton pur, pourvu que le coton domine en poids dans le mélange.

Tissus de coton mélangé quand le coton domine en poids.. — 15 °/₀.

Le Gouvernement belge se réserve la faculté de substituer en tout ou en partie aux taxes spécifiques sur les tissus et velours de coton un droit de 15 0/0 de la valeur.

Laines.

Laine en masse...................................		Libre.
Laine teinte en masse.............................	les 100 kil.	10 f »
Laine peignée ou teinte............................	—	—

Les poils de chèvre, d'alpaga, de lama, de vigogne et de chameau sont assimilés à la laine.

Fils non tors et non teints........................	les 100 kil.	20 f »
— tors ou teints.............................	—	30
Tissus de laine..................................	la valeur.	10 %.
Feutre de toute sorte.............................	—	—
Couvertures de laine..............................	—	—
Tapis de toute espèce.............................	—	15 %.
Bonneterie de laine...............................	—	10 %.
Passementerie de laine............................	—	—
Rubanerie de laine................................	—	—
Dentelles de laine................................	—	—
Chaussons de lisière..............................	—	—
Châles et écharpes de cachemires des Indes.........	—	5 %.
Articles non dénommés.............................	—	10 %.
Lisières de drap de toute espèce, entières ou coupées..		Libres.
Vêtements confectionnés, neufs et vieux............	—	10 %.

Les fils et tissus de laine et de ses similaires mélangés de coton ou d'autres filaments quelconques payeront les mêmes droits que les fils et tissus de laine pure, pourvu que la laine et ses similaires dominent en poids dans le mélange.

Soies.

Soies en cocons..................................		Exemptes.
— grèges, moulinées et filées....................	—	—
Tissus de toute espèce...........................	les 100 kil.	300 f »
Passementerie, bonneterie et rubanerie............	—	—
Tulles et dentelles..............................	la valeur.	5 %.
Cordes et câbles :		
De 5 centimètres de diamètre et plus..............	les 100 kil.	6 f »
De moins de 5 centimètres de diamètre.............	—	15 »
Filets de toute espèce...........................	la valeur.	10 %.
Poils non spécialement tarifés, bruts ou filés......		Libres.
Joncs et roseaux bruts...........................	—	

SORTIE DE FRANCE.

Chiffons (autres que de laine) et drilles de toute espèce.	les 100 kil.	12 f »
Pâte à papier....................................	—	—
Vieux cordages goudronnés ou non..................	—	4 »
Chiffons de laine sans mélange.	—	—
Autres chiffons et drilles de toute espèce..........	les 100 kil.	12 f »
Vieux cordages, goudronnés ou non.................	—	4 »

(Le reste exempt.)

CONVENTION ADDITIONNELLE DU 12 MAI 1863.

ART. 4. A l'entrée en Belgique des tissus de laine purs ou mélangés, de fabrication française, autres que les châles et écharpes de cachemire des Indes, l'importateur aura la facilité de payer, au lieu des droits *ad valorem* stipulés par le traité du 1er mai 1861, le droit de 260 francs par 100 kilogrammes.

L'importateur devra faire connaître son option entre les droits *ad valorem* et le droit spécifique, au moment même de sa déclaration en douane.

ART. 6. Les toiles dites *ardoisées*, importées de Belgique en France et conformes aux types qui seront établis d'un commun accord entre les gouvernements, seront admises aux droits fixés par le traité du 1er mai 1861 pour les toiles écrues.

TRAITÉ

CONCLU POUR 12 ANNÉES LE 2 AOUT 1860

Entre la France, la Prusse et les États du Zollverein qui y accéderont.

ART. 3. Seront considérées comme importées directement les marchandises d'origine ou de fabrication du Zollverein expédiées en France, soit par les ports hanséatiques de l'Elbe ou du Weser, soit par les chemins de fer de la Belgique ou de la Suisse, pourvu que, dans ce dernier cas, les wagons ou les colis renfermant ces marchandises soient cadenassés ou plombés par la douane du Zollverein, que les cadenas ou plombs soient reconnus intacts à l'arrivée en France, et que l'expédition ait lieu dans les conditions réglées entre les Hautes Parties contractantes, pour le service international des chemins de fer.

Les marchandises d'origine ou de fabrication française jouiront sous les mêmes conditions, à l'entrée du Zollverein, d'un traitement exactement semblable.

ART. 4. Les marchandises de toute nature exportées du Zollverein pour la France ou *vice versâ*, seront réciproquement exemptes de tout droit de sortie.

Sont seuls exceptés de cette disposition les drilles et chiffons énumérés ci-après, qui resteront soumis à un droit de sortie, fixé comme suit, savoir :

En France :

Pour les drilles et chiffons de toute espèce, autres que de laine pure, et pour la pâte à papier, à 12 francs par 100 kil.

Pour les vieux cordages, goudronnés ou non, à 4 fr. par 100 kil.

Dans le Zollverein :

Pour les drilles et chiffons de toute espèce, autres que de soie pure, y compris les maculatures et rognures de papier, et pour la pâte à papier, à 2/3 écus — 2 flor. 55 kr. — par quintal de douane.

Pour les vieux cordages et filets de pêche, goudronnés ou non, à 1/3 écu — 35 kr. — par quintal de douane.

Art. 6. Dans le cas de suppression ou de réduction des drawbacks, actuellement existant à l'exportation des produits français, les taxes supplémentaires imposées par l'article précédent aux produits d'origine ou de manufacture du Zollverein seront supprimées ou réduites de sommes égales à celles dont seraient diminuées ces drawbacks.

Toutefois, en cas de suppression, si le gouvernement établit une surveillance, un contrôle ou un exercice administratif sur certains produits fabriqués français, les charges directes ou indirectes, dont seront grevés les fabricants français seront compensées par une surtaxe équivalente établie sur les produits similaires du Zollverein.

Il demeure, en outre, convenu que si des drawbacks sont accordés à d'autres produits de fabrication française ou si les drawbacks actuels sont augmentés, les droits qui grèvent les produits d'origine ou de fabrication du Zollverein pourront être augmentés, s'il y a lieu, d'une surtaxe égale au montant de ces drawbacks.

Les drawbacks établis à l'exportation des produits français ne pourront être que la représentation exacte des droits de consommation grevant lesdits produits ou les matières dont ils sont fabriqués.

Le Zollverein jouira des mêmes droits que ceux que se réserve la France par les dispositions qui précèdent.

Art. 7. Si l'une des Hautes Parties contractantes juge nécessaire d'établir un droit de consommation nouveau ou un supplément de droits de consommation sur un article de production ou de fabrication nationale compris dans les tarifs annexés au présent traité, l'article similaire étranger pourra être immédiatement grevé à l'importation d'un droit égal ou équivalent.

Art. 8. Les marchandises de toute nature, originaires des États de l'une des Hautes Parties et importées dans ceux de l'autre, ne pourront être assujetties à des droits d'accise ou de consommation supérieurs à ceux qui grèvent ou grèveraient les marchandises similaires de production nationale. Toutefois, les droits à l'importation pourront être augmentés des sommes qui représenteraient les frais occasionnés aux producteurs nationaux par le système de l'accise.

Art. 10. Indépendamment du régime d'entrée établi par le présent traité à l'égard des produits non originaires du Zollverein, ces mêmes produits seront soumis aux surtaxes de navigation dont sont ou pourront être frappés les produits importés en France, sous pavillon français, d'ailleurs que des pays d'origine.

Art. 11. Les marchandises de toute origine, importées de France par la frontière de terre seront admises, à l'entrée dans le Zollverein, aux mêmes droits que si elles y étaient importées directement de France par mer et sous pavillon français.

Les marchandises spécifiées ou non en l'article 22 de la loi du 22 avril 1816, importées du Zollverein par la frontière de terre, seront admises pour la consommation intérieure de la France, moyennant l'acquittement des droits établis pour les provenances autres que celles des pays de production, sous pavillon français.

Art. 13. Pour établir que les produits sont d'origine ou de manufacture nationale, l'importateur devra présenter à la douane de l'autre pays soit une déclaration officielle faite devant un magistrat siégeant au lieu d'expédition, soit un certificat délivré par le chef du service des douanes du bureau compétent, soit un certificat délivré par les consuls ou agents consulaires du pays dans lequel l'importation doit être faite et qui résident dans les lieux d'expédition ou dans les ports d'embarquement.

Art. 14. Les droits *ad valorem*, stipulés par le présent traité, seront calculés sur la valeur, au lieu d'origine ou de fabrication de l'objet importé, augmentés des frais de transport, d'assurance et de commission nécessaires pour l'importation en France jusqu'au lieu d'introduction.

L'importateur devra, indépendamment du certificat d'origine, joindre à sa déclaration écrite, constatant la valeur de la marchandise importée, une facture indiquant le prix réel et émanant du fabricant ou du vendeur.

Art. 15. Si la douane juge insuffisante la valeur déclarée, elle aura le droit de retenir les marchandises en payant à l'importateur le prix déclaré par lui augmenté de 5 %.

Ce paiement devra être effectué dans les quinze jours qui suivront la déclaration, et les droits, s'il en a été perçu, seront en même temps restitués.

Art. 16. L'importateur contre lequel la douane voudra exercer le droit de préemption stipulé par l'article précédent, pourra, s'il le préfère, demander l'estimation de sa marchandise par des experts. La même faculté appartiendra à la douane, lorsqu'elle ne jugera pas convenable de recourir immédiatement à la préemption.

Art. 17. Si l'expertise constate que la valeur de la marchandise ne dépasse pas de 5 p. % celle qui est déclarée par l'importateur, le droit sera perçu sur le montant de la déclaration.

Si la valeur dépasse de 5 p. % celle qui est déclarée, la douane pourra, à son choix, exercer la préemption ou percevoir le droit sur la valeur déterminée par les experts.

Ce droit sera augmenté de 50 p. % à titre d'amende, si l'évaluation des experts est de 10 p % supérieure à la valeur déclarée.

Les frais d'expertise seront supportés par le déclarant, si la valeur déterminée par la décision arbitrale excède de 5 p. % la valeur déclarée ; dans le cas contraire, ils seront supportés par la douane.

Art. 18. Dans les cas prévus par l'article 16, les deux arbitres experts seront nommés l'un par le déclarant, l'autre par le chef local du service des douanes ; en cas de partage, ou même au moment de la constitution de l'arbitrage, si le déclarant le requiert les experts choisiront un tiers arbitre ; s'il y a désaccord, celui-ci sera nommé par le président du tribunal de commerce du ressort. Si le bureau de déclaration est à plus d'un myriamètre du siége du tribunal de commerce, le tiers arbitre pourra être nommé par le juge de paix du canton.

La décision arbitrale devra être rendue dans les quinze jours qui suivront la constitution de l'arbitrage.

Art. 19. Les droits fixés par le présent traité ne subiront aucune réduction du chef d'avarie ou de détérioration quelconque des marchandises.

Art. 20. Les tissus purs ou mélangés du Zollverein taxés à la valeur ne pourront être vérifiés en France et admis à l'acquittement des droits que par les ports de Bordeaux, Nantes, le Havre, Boulogne, Calais, Dunkerque, Rouen, Nice, Marseille, Alger et Oran ou par les bureaux de Lille, Valenciennes, Metz, Strasbourg, Mulhouse, Chambéry, Paris, Lyon et autres bureaux de douane que le gouvernement français se réserve de déterminer ultérieurement.

Art. 21. Dans la vérification des tissus du Zollverein, imposés

d'après le nombre des fils renfermés dans un espace de cinq millimètres carrés, toute fraction de fil sera négligée.

ART. 22. Les importateurs de machines et mécaniques entières ou
en pièces détachées et de toutes autres marchandises énumérées dans
le présent traité, seront réciproquement dispensés de produire à la
douane tout modèle ou dessin de l'objet importé.

ART. 23. Les marchandises de toute nature venant de l'un des
deux territoires ou y allant, seront réciproquement exemptes dans
l'autre de tout droit de transit.

Le traitement de la nation la plus favorisée est réciproquement
garanti à chacune des Hautes Parties contractantes pour tout ce qui
concerne le transit.

ART. 24. Jusqu'à l'achèvement des chemins de fer de Saint-Jean-
de-Maurienne à la frontière italienne et de Bayonne à la frontière
espagnole, l'administration française appliquera, sous les conditions
suivantes, aux marchandises venant du Zollverein ou y allant les
mêmes facilités de transit que si l'entrée et la sortie dans ces direc-
tions avaient lieu par le chemin de fer :

1° Les transports se feront par voitures fermées ayant un panneau
de charge susceptible d'être convenablement cadenassé ;

2° Une déclaration sera faite au bureau d'entrée français.

3° Le voiturier ou l'entrepreneur des transports fournira caution
pour les droits et pénalités exigibles en cas de fraude.

ART. 25. Les sujets des Hautes Parties contractantes pourront réciproquement entrer, voyager ou séjourner en toute liberté, dans
quelque partie que ce soit des territoires respectifs, pour y vaquer à
leurs affaires, et ils y jouiront à cet effet, pour leurs personnes et
leurs biens, de la même protection que les nationaux.

Ils auront la faculté dans les villes et ports, de louer ou posséder
les maisons, magasins, boutiques et terrains qui leur seront nécessaires sans être assujettis à des taxes soit générales, soit locales, ni
à des impôts ou obligations de quelque nature qu'ils soient, autres
que ceux qui sont ou pourront être établis sur les nationaux.

De la même manière ils jouiront, en matière de commerce et
d'industrie, de tous les priviléges, immunités et autres faveurs quelconques dont jouissent ou jouiront les nationaux.

Il est entendu, toutefois, que les stipulations qui précèdent ne dé-
rogent en rien aux lois, ordonnances et règlements spéciaux en matière de commerce, d'industrie et de police en vigueur dans le
territoire de chaque État contractant et applicable aux sujets de tout

autre État. Sous ce rapport les sujets respectifs seront traités comme ceux de l'État le plus favorisé.

ART. 26. Les fabricants et marchands français, ainsi que leurs commis-voyageurs, dûment patentés en France dans l'une de ces qualités, pourront dans le Zollverein, sans y être soumis à aucun droit de patente, faire des achats pour les besoins de leur industrie et recueillir des commandes avec ou sans échantillons, mais sans colporter des marchandises.

Il y aura réciprocité en France pour les fabricants et marchands des États du Zollverein et leurs commis-voyageurs.

Les formalités nécessaires pour obtenir cette immunité seront réglées d'un commun accord.

ART. 27. Les objets passibles d'un droit d'entrée qui servent d'échantillons et qui sont importés dans le Zollverein par des voyageurs de commerce français, ou en France par des voyageurs de commerce du Zollverein, seront, de part et d'autre, admis en franchise temporaire, moyennant les formalités de douane nécessaires pour en assurer la réexportation ou la réintégration en entrepôt; ces formalités seront réglées d'un commun accord entre les parties contractantes.

ART. 28. En ce qui concerne les marques ou étiquettes de marchandises ou de leurs emballages, les dessins et marques de fabrique ou de commerce, les sujets de chacun des États contractants jouiront respectivement dans l'autre de la même protection que les nationaux.

Il n'y aura lieu à aucune poursuite à raison de l'emploi dans l'un des deux pays des marques de fabrique de l'autre, lorsque la création de ces marques, dans le pays de provenance des produits, remontera à une époque antérieure à l'appropriation de ces marques par dépôt ou autrement dans le pays d'importation.

ART. 29. Pour favoriser les relations commerciales réciproques, les Hautes Parties contractantes rendront l'expédition douanière des transports internationaux par les chemins de fer qui relient le Zollverein et la France, aussi facile que les intérêts du Trésor le permettent.

ART. 30. Les dispositions du présent traité de commerce sont applicables à l'Algérie, tant pour l'exportation des produits de cette possession que pour l'importation des marchandises originaires du Zollverein.

ART. 31. Chacune des deux Hautes Parties contractantes s'engage à faire profiter l'autre de toute faveur, de tout privilége ou abaissement dans les tarifs des droits à l'importation ou à l'exportation des articles, mentionnés ou non dans le présent traité, qu'elle pourrait accorder par la suite à une tierce puissance. Elles s'engagent, en outre, à n'établir l'une envers l'autre aucun droit ou prohibition d'importation ni aucune prohibition d'exportation qui ne soit, en même temps, applicable aux autres nations.

DROITS A L'ENTRÉE EN FRANCE.

MACHINES ET MÉCANIQUES.
Appareils complets.

Machines pour la filature.......................... les 100 kil.	10f	»
Machines à nettoyer et ouvrer la laine, le coton, le lin, le chanvre et autres matières textiles..............	—	
Machines pour le tissage...........................	—	
Machines à bouter les plaques et rubans de cardes.....	—	6
Métiers à tulle.	—	

Pièces détachées de machines.

Plaques et rubans de cardes sur cuir, caoutchouc ou sur tissus purs ou mélangés...........................	—	50 »
Dents de rots en fer ou en cuivre....................	—	30 »
Rots, ferrures ou peignes à tisser, à dents de fer ou de cuivre.	—	30 »
Plaques et rubans de cuir, de caoutchouc et de tissus spécialement destinés pour cardes.....................	—	20 »

INDUSTRIES TEXTILES.

Lin ou chanvre peigné.............................		Exempt.

Fils de lin ou de chanvre mesurant au kilogramme :
  Simples.
  Écrus, mesurant :

6,000 mètres ou moins............................. les 100 kil.	15f	»
Plus de 6,000 mètres, pas plus de 12,000 mètres....	—	20 »
— 12,000 — — 24,000 —	—	30 »
— 24,000 — — 36,000 —	—	36 »
— 36,000 — — 72,000 —	—	60 »
— 72,000.	—	100 »

  Blanchis ou teints, mesurant :

6,000 mètres ou moins.	—	20 »
Plus de 6,000 mètres, pas plus de 12,000 mètres....	—	27 »
— 12,000 — — 24,000 —	—	40 »
— 24,000 — — 36,000 —	—	48 »
— 36,000 — — 72,000 —	—	80 »
— 72,000...................................	—	133 »

  Retors :
  Écrus. (Le droit afférent au fil simple écru employé au retordage, augmenté de 30 %.)
  Blanchis ou teints. (Le droit afférent au fil simple teint ou blanchi employé au retordage augmenté de 30 %.)

Les fils de lin ou de chanvre mélangés suivront le même régime que les fils de lin ou de chanvre purs, pourvu que le lin ou le chanvre domine en poids.

Tissus de lin ou de chanvre unis ou ouvrés présentant en chaîne dans l'espace de 5 millimètres carrés.

Écrus, présentant :

8 fils ou moins	les 100 kil.	28ᶠ »
9, 10 et 11 fils	—	55 »
12 fils	—	65 »
13 et 14 fils	—	90 »
15, 16 et 17 fils	—	115 »
18, 19 et 20 fils	—	170 »
21, 22 et 23 fils	—	260 »
24 fils et au-dessus	—	400 »

Blanchis, teints ou imprimés, présentant :

8 fils ou moins	—	38 »
9, 10 et 11 fils	—	70 »
12 fils	—	95 »
13 et 14 fils	—	120 »
15, 16 et 17 fils	—	155 »
18, 19 et 20 fils	—	230 »
21, 22 et 23 fils	—	350 »
24 fils et au-dessus	—	535 »

Coutils unis ou façonnés, écrus, blanchis, teints ou imprimés	la valeur.	16 %.
Linge damassé	—	—
Batiste	(Même régime que les toiles unies.)	
Linons	— —	—
Mouchoirs encadrés	— —	—
Tulle de lin	la valeur.	15 %.
Dentelles de lin	—	5 %.
Bonneterie de lin	—	
Passementerie de lin	—	
Rubanerie de fil écru, blanchie ou teinte	—	15 %.
Articles en lin ou en chanvre, confectionnés en tout ou en partie	—	
Vêtements et articles non dénommés	—	
Tissus de lin ou de chanvre mélangés quand le lin ou le chanvre domine en poids	—	15 %.

Jute.

En brins, teillé ou peigné		Exempt.

Fils de jute, mesurant au kilogramme,

Écrus :

Moins de 1,400 mètres	les 100 kil.	5ᶠ »
De 1,400 à 3,700 mètres exclusivement	—	6 »
De 3,700 à 4,200 —	—	7 »
De 4,200 à 6,000 —	—	10 »
Plus de 6,000	(Même régime que les fils de lin.	

Blanchis ou teints :

Moins de 1,400 mètres	les 100 kil.	7ᶠ »
De 1,400 à 3,700 mètres exclusivement	—	9 »

De 3,700 à 4,200 — .... les 100 kil. 10ᶠ »
De 4,200 à 6,000 — .... — 14 »
Plus de 6,000...................... (Même régime que les fils de lin.)

Végétaux filamenteux.

Phormium tenax, abaca et autres végétaux filamenteux
   non dénommés :
Filaments : bruts teillés...................... La valeur. Exempts.
  —   peignés ou tordus.................... — —
  —   fils.................................. — 5 %.
  —   tissus............................... — 10 %.

Crin.

Crin brut de toute nature, même préparé ou frisé.... — Exempt.
Tissus et ouvrages de crin ou de poils de vache purs ou
   mélangés. .... la valeur. 10 %.

Coton.

Coton de l'Inde en laine.........,.................... Exempt.
Coton en feuilles cardées ou gommées (ouates)......... le kil. »ᶠ 10
Fils de coton simple, mesurant au demi-kilogramme :
Écrus : 20,000 mètres............................... — » 15
  — de 21,000 à 30,000 mètres.................... — » 20
  — de 31,000 à 40,000....................... — » 30
  — de 41,000 à 50,000....................... — » 40
  — de 51,000 « 60,000....................... — » 50
  — de 61,000 « 70,000....................... — » 60
  — de 71,000 à 80,000....................... — » 70
  — de 81,000 à 90,000....................... — » 90
  — de 91,000 à 100,000....................... — 1 »
  — de 101,000 à 110,000....................... — 1 20
  — de 111,000 à 120,000....................... — 1 40
  — de 121,000 à 130,000....................... — 1 60
  — de 131,000 à 140,000....................... — 2 »
  — de 141,000 à 170,000....................... — 2 50
  — de 171,000 et au-dessus..................... — 3 »
Blanchis........... (Le droit sur le fil simple écru augmenté de 15 %.)
Teints. (Le droit sur le fil simple écru, augmenté de 25 c. par kilogramme.)

Fils de coton retors en deux bouts :
Écrus. (Le droit afférent au numéro du fil simple employé en retordage
   augmenté de 30 %.)
Blanchis. (Le droit sur le fil écru retors en deux bouts, augmenté de
   15 %.)
Teints. (Le droit sur le fil écru retors en deux bouts, augmenté de 25 c.
   par kilog.)
Chaînes ourdies : écrues. (Le droit sur le fil simple, augmenté de 30 %.)
  —   blanchies. (Le droit sur les chaînes ourdies écrues aug-
  —   menté de 25 c.)
  —   teintes. (Le droit sur les chaînes ourdies écrues, augmenté
  —   de 25 c.)
Fils écrus blanchis ou teints, à simple torsion........ les 1,000 m. » 6
  en trois bouts ou plus à plusieurs torsions ou câbles.. — » 12

Tissus de coton écrus, unis, croisés, coutils ; 1re classe pesant 11 kilogrammes et plus les 100 mètres carrés :

De 35 fils et au-dessous aux 5 millimètres carrés...... le kilog.	»^f	50
De 36 fils et au-dessus.................................. —	»	80

2e classe, pesant de 7 à 11 kilogrammes exclusivement, les 100 mètres carrés :

De 35 fils et au-dessous............................. —	»	60
De 36 à 43 fils..................................... —	1	»
De 44 fils et au-dessus............................. —	2	»

3e classe, pesant de 3 à 7 kilogrammes exclusivement, les 100 mètres carrés :

De 27 fils et au-dessous............................. —	»	80
De 28 à 35 fils..................................... —	1	20
De 36 à 43 fils..................................... —	1	90
De 44 fils et au-dessus............................. —	3	»
Tissus de coton : blanchis .... (15 % en sus du droit sur l'écru.)		
— teints. (25 c. par kilogramme en sus du droit sur l'écru.)		
— imprimés............................. la valeur. 15 %.		

Velours de coton ; façon soie (dits *velvets*) :

Écrus.. le kil.	«	85
Teints ou imprimés............................... —	1	10

Autres (*cords, moleskins,* etc.) :

Écrus.. —	»	60
Teints ou imprimés.............................. —	»	85
Tissus de coton écrus, unis ou croisés, pesant moins de 3 kilogrammes par 100 mètres carrés............. la valeur.	15	%.
Piqués, basins, façonnés, damassés et brillantés........ —		—
Couvertures de coton............................ —		—
Tulles unis ou brodés............................ —		—
Gazes et mousselines, brodées ou brochées, pour ameublements ou tentures............................ —		—
Vêtements et articles confectionnés en tout ou en partie. —		—
Articles non dénommés........................... —		—
Broderies à la main.............................. —	10	%.
Dentelles et blondes de coton...................... —	5	%.

Les fils de coton mélangés paieront les mêmes droits que les fils de coton pur, pourvu que le coton domine en poids dans le mélange.

Tissus de coton mélangés quand le coton domine en poids................................. la valeur. 15 %.

Laines.

Laine en masse du Zollverein ou d'Australie..........	Exempte.	
Laine teinte en masse.............................. les 100 kil.	25^f	»
Laine peignée, teinte ou non....................... —	25	»
Fils de laine, blanchis ou non, simples, mesurant au kil. : le kil.		
— de 30,000 mètres et au-dessous.......... —	»	25
— de 31,000 à 40,000 mètres............. —	»	35
— de 41,000 à 50,000................... —	»	45
— de 51,000 à 60,000................... —	»	55
— de 61,000 à 70,000................... —	»	65
— de 71,000 à 80,000................... —	»	75
— de 81,000 à 90,000................... —	»	85

Fils de laine de 91,000 à 100,000..................... le kil. » ᶠ 95
—   de 101,000 mètres et au-dessus.......... —   1 »
Fils de laine, blanchis ou non, retors pour tissage. (Le droit afférent aux fils de laine simples employés au retordage augmenté, de 30 °/₀.)
Fils de laine, blanchis ou non, retors pour tapisserie. (Le droit du fil simple élevé au double.)
Fils de laine, teints, simples ou retors................ (Le droit sur le fil non teint, augmenté de 25 c. par kilogramme.)
Tissus de laine. .... la valeur. 10 °/₀.
Feutres de toute sorte.................................... —   —
Couvertures de laine...................................... —   —
Tapis de toute espèce..................................... —   15 °/₀.
Bonneterie de laine. .... —   10 °/°.
Passementerie de laine.................................... —   —
Rubanerie de laine. .... —   —
Dentelles de laine.. —   —
Chaussons de lisière....................................... —   —
Châles et écharpes de cachemire des Indes............. —   5 °/₀.
Articles non dénommés..................................... —   10 °/₀.
Lisières de drap de toute espèce, entières ou coupées... Exemptes.
Vêtements et articles confectionnés : neufs............. —   10 °/₀.
—   vieux............ les 100 kil. 20ᶠ »

Les fils et tissus d'alpaca, de lama, de vigogne et de chameau, purs ou mélangés de laine, suivront le même régime que les fils et tissus de laine, quelle que soit la proportion du mélange.

Les fils et tissus de laine et des autres matières ci-dessus dénommées, mélangées de coton ou d'autres filaments quelconques, paieront les mêmes droits que les fils et tissus de laine pure, pourvu que la laine domine dans le mélange.

Les fils de poils de chèvre conserveront le régime qui leur est actuellement applicable.

Les tissus de poils de chèvre suivront le régime des tissus de laine.

Soies.

En cocons.. Exemptes.
Gréges et moulinées...................:......................... —
Teintes : à coudre, à broder et à dentelles............... —
—   Autres. .... —
Bourre de soie : en masse. .... —
—   peignée. .... le kil. » 10
Filée, simple et retorse, écrue, blanche, azurée, teinte :
—   De 80,000 mètres simples au kilogramme et au-dessous............................ —   » 75
—   De 81,000 mètres simples au kilogramme et au-dessus............................. —   1 20
—   Tissus, bonneterie, dentelles de pure soie.. Exempts.
Crêpes, façons d'Angleterre, écrus, noirs ou de couleur. (A partir de 1866 exempts.)
Tulles : unis, écrus. (Exempts, à partir du 1ᵉʳ octobre 1864.)

Tulles apprêtés. (Exempts, à partir du 1er octobre 1864.)
— façonnés, écrus ou apprêtés.................... Exempts.
Tissus de bourre de soie pure, de soie et bourre de soie,
 écrus, blancs, teints, imprimés.................... le kil. 2 »
Tissus, passementerie et dentelles de soie ou de bourre
 de soie :
Avec or ou argent fin................................ — 12 »
Avec or ou argent mi-fin ou faux.................... — 3 50
Tissus de soie ou de bourre de soie mélangés, la soie ou
 la bourre de soie dominant en poids................ — 3 »
Rubans de soie et de bourre de soie : de velours....... — 5 »
 — autres........... — 8 »
 — mélangés......... la valeur 10 %.
Les vêtements et articles confectionnés en poids suivront le régime des
tissus dominant en poids.

Articles divers.

Tresses en paille de toute sorte..................... les 100 kil. 5f »
Chapeaux de paille................................. la pièce. » 25
 Caoutchouc :
Appliqué sur tissus en pièces ou sur d'autres matières.. les 100 kil. 100 »
Vêtements confectionnés........................... — 120 »
En tissus élastiques, pièces de toute dimension........ — 200 »
 Toiles cirées :
Pour emballage.................................... — 5 »
Pour ameublement, tentures ou autres usages......... — 15 »
Filets de pêche................................... — 20 »
Poils non spécialement tarifés, bruts et filés.......... Exempts.
Poils de chèvre peignés............................ — 10 «
Cordes à câbles................................... 15 %.

DROITS A L'ENTRÉE DANS LE ZOLLVEREIN [1].

Machines.

Suivant que la matière qui domine est :

En bois.. le quint. 15
 52 1/2
En fonte... — 15
 52 1/2
En fer forgé ou acier............................. — 25
 1 27 1/2
En d'autres métaux communs....................... — 1 10
 2 20
Parties ou pièces détachées de machines............. — 6 »
 10 30

---

[1] Le thaler vaut 3 f. 703 ; le silbergroschen, 0 f. 123 ; le florin, 2 f. 116 ; le kreutzer, 0 f. 235. Quand il y a deux prix l'un au-dessus de l'autre, le premier est en thalers et silbergroschens, le second en florins et kreutzers. Ce sont les deux genres de monnaie qui ont cours dans le Zollverein.

Plaques et rubans de cardes........................ le quint. 6ᶠ »
                                                              10 30

Dents de rôts, ferrures ou peignes à tisser, à dents en fer
  ou en cuivre..   —   2 20
                                                                  4 40

Cuir à cardes artificiel, importé sur autorisation spéciale
  et sous contrôle pour fabriques de cardes à carder....   —   3
                                                                  5 15

Fils et Tissus.

1. De lin ou chanvre. — Lin et chanvre en tiges ou
  bottes, brut ou roui..........................◀...............   Exempts.
Lin et chanvre peigné ou teillé........................   —   5
                                                                  17 1/2

    Fils simples :

Écrus filés à la mécanique........................   —   2
                                                              3 30

Écrus filés à la main..............................   —   5
                                                              17 1/2

Blanchis, simplement débouillis ou lessivés, et teints....   —   3
                                                                    5 15

Fils retors de toute espèce, écrus, blanchis ou teints....   —   4
                                                                    7

Toile d'emballage grise et toile à voiles.............   —   20
                                                                  1 10

N'est à considérer comme toile d'emballage que celle qui ne contient pas
plus de 24 fils en chaîne par pouce de Prusse.

Toiles, coutils et treillis écrus...................... le quint. 4
                                                                    7

Toiles blanchies, teintes, imprimées ou apprêtées de
  toute autre manière ; toiles tissées avec des fils blanchis, coutils et treillis blanchis ou autrement apprêtés,
  linge de table, de lit et essuie-mains écrus, blanchis et
  confectionnés, blouses de toile et linge de corps neuf ;
  batiste et linons...................................   —   12
        A partir de 1866, 10 et 17.30.   21
Rubans, bordures, franges, gazes, toiles de Cambrai,
  tulle en bandes façonné et tissé, lacets, bonneterie,
  métaux filés sur lin et passementerie en métal et lin.   —   24
        A partir de 1866, 20 et 35.   42
Dentelles de fils de lin............................   —   40
                                                                  70

**2. De jute et tous autres filaments végétaux non spéciale-
  ment dénommés.** — Jute et tous autres filaments végétaux non spécialement dénommés, écrus, peignés
  ou teillés..   Exempts.
Fils simpls, écrus..................................   —   15
                                                                  52 1/2

Fils simples, blanchis ou teints et fils retors de toute espèce, taxés comme les fils de lin et de chanvre......   —   —
**3. De poil d'animaux, à l'exception de la laine et du poil
  de chèvre.** — Poils bruts, débouillis, assortis, peignés,
  blanchis, teints ou frisés..........................   Exempts.

Tissus purs ou mélangés avec d'autres matières, pourvu que soit la chaîne soit la trame tout entière se compose exclusivement de poils purs................... le quint.	8ᶠ	
	14	
4. De coton. — Coton en laine, brut...................	Exempt.	
Ouate... —	1	15
	2	37 1/2
Fils purs ou mélangés avec de la laine ou du lin....... —	—	
— à 1 ou 2 bouts, écrus........................... —	2	
	3	30
— à 1 ou 2 bouts, blanchis ou teints.............. —	4	
	7	
— à 3 bouts ou plus, écrus, blanchis ou teints...... —	6	
	10	30
Tissus de coton purs ou mêlés avec des fils de lin ou de métal, à l'exclusion de tout mélange de soie, de laine ou de poil de chèvre :		
a. Épais non transparents, écrus (tissés avec fils écrus), blanchis, apprêtés, à l'exclusion des tissus veloutés... —	12	
A partir de 1866, 10 th. et 17 fl. 20.	21	
b. Tous les tissus épais non transparents qui ne rentrent pas dans les rubriques a. et c.; tous les tissus légers, transparents à l'état cru; bonneterie, passementerie et boutonnerie............................ —	24	
A partir de 1866, 16 et 28.	42	
c. Tous les tissus légers, transparents, tels que jaconas, mousseline, tulle, marly, gaze, en tant qu'ils ne rentrent pas sous la rubrique b.; dentelles, broderies et articles de mode.............................. —	34	
A partir de 1866, 30 et 52.30.	59	30
5. De laine ou de poil de chèvre : Laine en masse et poil de chèvre brut....................................	Exempts.	
Fils de laine ou de poil de chèvre purs ou mélangés avec de la soie : Simples, non teints ou teints, et retors à 2 bouts non teints................................ —	15	
	52	1/2
Retors à 2 bouts teints, et retors à 3 bouts ou plus non teints ou teints................................. —	4	
	7	
Tissus en laine ou en poil de chèvre, purs ou mélangés avec d'autres filaments à l'exclusion de la soie : Lisières de drap....................................	Exemptes.	
Tapis de pied...................................... —	10	
Draps et tous autres tissus foulés ou feutrés, non imprimés et bonneterie.................................	17	30
	—	
Tissus non foulés, non imprimés ; passementerie et boutonnerie.. —	24	
A partir de 1866, 20 et 35.	42	
Tissus imprimés de toute sorte...................... —	30	
A partir de 1866, 25 et 43.45.	52	30
Broderies à la main et articles de modes............. —	34	
A partir de 1866, 30 et 52.30.	59	30
6. De soie : Soies en cocon........................	Exemptes.	

Soies gréges ou moulinées, bourres de soies, cardées, filées, simples ou retorses, mais non teintes......... Exemptes.

Soie et bourre de soie teintes...................... le quint. 4ᶠ
7

Tissus de soie et bonneterie (châles), blondes, dentelles, petinet, gaze de soie, passementerie, boutonnerie, broderies et articles de mode ; métaux filés sur soie et passementerie en métal, étoffes brochées, d'or ou d'argent (fin ou faux) ; rubans, bandes et tulle en soie pure ; enfin les mêmes articles en bourre de soie ou soie et bourre de soie pure.............................. — 50

        A partir de 1866, 40 et 70.   87 30

Tous les articles sus-mentionnés dans lesquels outre la soie et la bourre de soie entrent également d'autres matières textiles, telles que la laine ou d'autres poils d'animaux, le coton, le lin, isolément ou faisant corps avec la soie (à l'exception des étoffes d'or et d'argent). — 34

        A partir de 1866, 30 et 52.30.   59 30

7. Combinés avec du caoutchouc ou du gutta-percha : Tissus de toute sorte enduits de caoutchouc ou de gutta-percha.. — 15
      26 15

Tissus composés de fils de caoutchouc et d'autres matières textiles, et vêtements confectionnés de même espèce.. — 25
      43 45

8. Toiles cirées, mousselines cirées, taffetas cirés : Toiles cirées grossières non imprimées (pour emballage)... — 20
      1 10

Toutes autres toiles cirées........................... — 2
      3 30

9. Vêtements confectionnés : De soie............... — 50

        A partir de 1866, 40 et 70.   87 30

Autres, s'ils ne sont pas spécialement désignés sous les nᵒˢ 1 et 7.. — 34

        A partir de 1866, 30 et 52.30.   59 30

Produits divers.

Chapeaux pour hommes : De feutre, de laine ou de poil (non montés, montés ou garnis)..................... — 15
      26 15

Chapeaux de soie non montés, montés ou garnis........ — 34

        A partir de 1866, 30 et 52.30.   59 30

Tresses en paille de toute sorte...................... — 20
      1 10

Chapeaux en paille, jonc, tresses de bois, écorce, palmier, sans garniture................................ la pièce. 2
      7

Filets de pêche fabriqués avec des fils non blanchis..... — 15
      52 1/2

Cordes et cordages................................... — 15
      52 1/2

Observations.

Les plénipotentiaires de Sa Majesté l'empereur des Français ont déclaré que leur gouvernement avait l'intention de ne maintenir la formalité générale des certificats d'origine que jusqu'au complet achèvement des négociations encore pendantes avec d'autres États ; mais que, pour faciliter les relations commerciales entre la France et le Zollverein, il se proposait, dès la mise en vigueur du traité, de supprimer l'obligation des justifications d'origine pour les produits ci-après énumérés, savoir :

  Fils de lin ou de chanvre.
  Dentelles de lin.
  Jute peigné.
  Fils de jute.
  Tissus de phormium tenax, etc.
  Coton en feuilles cardées ou gommées.
  Fils de coton.
  Dentelles et blondes de coton.
  Fils de laine, sauf les fils de laine retors pour tapisserie.
  Feutres.
  Fils d'alpaca et de vigogne, de poil de chèvre et d'autres poils.
  Poils de chèvre, peignés.
  Soies gréges et moulinées ;
   — teintes.
  Bourre de soie en masse, teinte.
  Caoutchouc et gutta-percha ouvrés.

Les plénipotentiaires de Sa Majesté le roi de Prusse ont, de leur côté, déclaré que le Zollverein n'avait point l'intention de faire dépendre de la production de certificats d'origine, l'application aux marchandises venant de France des droits fixés ; mais que, provisoirement, il serait nécessaire de subordonner pour les articles suivants :

  Fils et tissus, de lin, chanvre, coton et laine,
  Tissus de soie,

l'application des droits convenus à la production d'un certificat émané du bureau de douane français compétent et attestant que lesdits articles ne proviennent pas du transit.

TRAITÉ DE COMMERCE

AVEC L'ITALIE

CONCLU POUR 12 ANS.

ART. 1er. Les objets d'origine ou de manufacture italienne énumérés dans le tarif joint au présent traité, et importés directement, par terre ou par mer, sous pavillon italien ou français, seront admis en France aux droits fixés par ledit tarif, tous droits additionnels compris.

ART. 2. Les objets d'origine ou de manufacture française énumérés dans le tarif joint au présent traité, et importés directement par terre ou par mer, sous pavillon italien ou français, sont admis en Italie aux droits fixés par ledit tarif, tous droits additionnels compris.

ART. 3. Les droits à l'exportation de l'un des deux États dans l'autre sont modifiés conformément aux tarifs annexés au présent traité.

ART. 4. Il est convenu entre les Hautes Parties contractantes que les charges supportées par les producteurs français, soit pour les droits grevant à l'intérieur leurs produits ou les matières dont leurs produits sont fabriqués, soit pour une surveillance, un contrôle ou un exercice administratif établi sur leur production, pourront être compensées par des surtaxes complémentaires équivalentes sur les produits similaires d'origine ou de manufacture italienne.

En cas de suppression, de diminution ou d'augmentation des droits ou des charges mentionnées dans cet article, les surtaxes seront supprimées, réduites ou augmentées proportionnellement.

Il demeure, en outre, convenu que, si des drawbacks étaient accordés à des produits de fabrication française, les droits qui grèvent les produits d'origine ou de fabrication italienne pourront être augmentés, s'il y a lieu, d'une surtaxe égale au montant de ces drawbacks.

Les drawbacks qui seraient établis à l'exportation des produits français, ne pourront être que la représentation exacte des droits

d'accise grevant lesdits produits ou les matières dont ils sont fabriqués.

Art. 5. L'Italie jouira des mêmes droits que ceux qui sont réservés à la France par l'article précédent.

Art. 6. Si l'une des Hautes Parties contractantes juge nécessaire d'établir un droit nouveau d'accise ou de consommation ou un supplément de droit sur un article de production ou de fabrication nationale, compris dans les tarifs annexés au présent traité, l'article similaire étranger pourra être immédiatement grevé à l'importation d'un droit égal.

Art. 7. Les marchandises de toute nature, originaires de l'un des deux pays et importées dans l'autre, ne pourront être assujetties à des droits d'accise ou de consommation supérieurs à ceux qui grèvent ou grèveraient les marchandises similaires de production nationale. Toutefois, les droits à l'importation pourront être augmentés des sommes qui représenteraient les frais occasionnés aux producteurs nationaux par le système de l'accise.

Art. 8. Le gouvernement italien garantit que, dans aucun cas, les produits français ne seront assujettis, par les administrations communales à des droits d'octroi ou de consommation autres ou plus élevés que ceux auxquels seront assujettis les produits du pays; et *vice versâ*, le gouvernement français garantit que, dans aucun cas, les produits de l'Italie ne seront imposés par les administrations communales à un droit d'octroi ou de consommation autre ou plus élevé que celui auquel seront assujettis les produits du pays. .

Art. 10. Indépendamment du régime d'entrée établi par le présent traité à l'égard des produits non originaires de l'Italie, ces mêmes produits seront soumis aux surtaxes de navigation dont sont ou pourront être frappés les produits importés en France, sous pavillon français, d'ailleurs que des pays d'origine.

Art. 11. Les marchandises de toute origine importées de France par la frontière de terre seront admises, à l'entrée en Italie, aux mêmes droits que si elles y étaient importées directement de France par mer sous pavillon français.

Les marchandises non originaires d'Italie spécifiées ou non dans l'article 22 de la loi de 28 avril 1816, importées d'Italie en France par la frontière de terre, seront admises, pour la consommation intérieure de l'Empire, moyennant l'acquittement des droits établis pour les provenances autres que celles des pays de production, sous pavillon français.

Art. 14. Pour établir que les produits sont d'origine ou de manufacture nationale, l'importateur devra présenter à la douane de l'autre pays, soit une déclaration officielle faite devant un magistrat siégeant au lieu d'expédition, soit un certificat délivré par le chef du service des douanes du bureau d'exportation, soit un certificat délivré par les consuls ou agents consulaires du pays dans lequel l'importation doit être faite, et qui résident dans les lieux d'expédition, ou dans les ports d'embarquement.

Les consuls ou agents consulaires respectifs légaliseront les signatures des autorités locales.

ART. 15. Les droits *ad valorem* stipulés par le présent traité seront calculés sur la valeur au lieu d'origine ou de fabrication de l'objet importé augmentée des frais de transport, d'assurance et de commission nécessaires pour l'importation dans l'un des deux États jusqu'au lieu d'introduction.

L'importateur devra, indépendamment du certificat d'origine, joindre à sa déclaration écrite, constatant la valeur de la marchandise importée, une facture indiquant le prix réel et émanant du fabricant ou du vendeur.

Cette facture sera visée par un consul ou agent consulaire de la puissance dans le territoire de laquelle l'importation doit être faite.

ART. 16. Si la douane juge insuffisante la valeur déclarée, elle aura le droit de retenir les marchandises en payant à l'importateur le prix déclaré par lui, augmenté de 5 p. 100.

Ce paiement devra être effectué dans les quinze jours qui suivront la déclaration, et les droits, s'il en a été perçu, seront en même temps restitués.

ART. 17. L'importateur contre lequel la douane de l'un des deux pays voudra exercer le droit de préemption stipulé par l'article précédent, pourra, s'il le préfère, demander l'estimation de sa marchandise par des experts. La même faculté appartiendra à la douane, lorsqu'elle ne jugera pas convenable de recourir immédiatement à la préemption.

ART. 18. Si l'expertise constate que la valeur de la marchandise ne dépasse pas de cinq pour cent celle qui est déclarée par l'importateur, le droit sera perçu sur le montant de la déclaration.

Si la valeur dépasse de cinq pour cent celle qui est déclarée, la douane pourra, à son choix, exercer la préemption ou percevoir le droit sur la valeur déterminée par les experts.

Ce droit sera augmenté de cinquante pour cent à titre d'amende, si l'évaluation des experts est de dix pour cent supérieure à la valeur déclarée.

Les frais d'expertise seront supportés par le déclarant, si la valeur déterminée par la décision arbitrale excède de cinq pour cent la valeur déclarée : dans le cas contraire, ils seront supportés par la douane.

Art. 19. Dans les cas prévus par l'art. 17, les deux arbitres-experts seront nommés, l'un par le déclarant, l'autre par le chef local du service des douanes ; en cas de partage, ou même au moment de la constitution de l'arbitrage, si le déclarant le requiert, les experts choisiront un tiers-arbitre ; s'il y a désaccord, celui-ci sera nommé par le président du tribunal de commerce du ressort. Si le bureau de déclaration est à plus d'un myriamètre du siége du tribunal de commerce, le tiers-arbitre pourra être nommé par le juge de paix du canton ou le juge de mandement.

La décision arbitrale devra être rendue dans les quinze jours qui suivront la constitution de l'arbitrage.

Art. 20. Les déclarations doivent contenir toutes les indications nécessaires pour l'application des droits. Ainsi, outre la nature, l'espèce, la qualité, la provenance et la destination de la marchandise, elles doivent énoncer le poids, le nombre, la mesure ou la valeur, suivant les cas.

Si par suite de circonstances exceptionnelles le déclarant se trouve dans l'impossibilité d'énoncer la quantité à soumettre aux droits, la douane pourra lui permettre de vérifier lui-même, à ses frais, dans un local désigné ou agréé par elle, le poids, la mesure ou le nombre ; après quoi l'importateur sera tenu de faire la déclaration détaillée de la marchandise dans les délais voulus par la législation de chaque pays.

Art. 21. A l'égard des marchandises qui acquittent les droits sur le poids net, si le déclarant entend que la perception ait lieu d'après le *net-réel*, il devra énoncer ce poids dans sa déclaration. A défaut, la liquidation des droits sera établie sur le poids brut, sauf défalcation de la tare légale.

Art. 22. Il est convenu entre les Hautes Parties contractantes que les droits fixés par le présent traité ne subiront aucune réduction à raison d'avarie ou de détérioration quelconque de marchandises.

Art. 23. On n'exigera, mutuellement, pour l'importation d'aucune marchandise, et notamment pour les machines et mécaniques entières ou en pièces détachées, aucun modèle ou dessin de l'objet importé.

Art. 24. Les marchandises de toute nature, venant de l'un des deux États ou y allant, seront réciproquement exemptes dans l'autre État de tout droit de transit.

Le traitement de la nation la plus favorisée est réciproquement garanti à chacun des deux pays pour tout ce qui concerne le transit.

Art. 25. Les dispositions du présent traité de commerce sont applicables en Algérie, tant pour l'exportation des produits de cette possession que pour l'importation et le transit des marchandises.

Art. 26. Chacune des Hautes Parties contractantes s'engage à faire profiter l'autre de toute faveur, de tout privilége ou abaissement dans les tarifs des droits à l'importation ou à l'exportation des articles mentionnés ou non dans le présent traité que l'une d'elles pourrait accorder à une tierce puissance. Elles s'engagent, en outre, à n'établir, l'une envers l'autre, aucun droit ou prohibition d'importation ou d'exportation qui ne soit, en même temps, applicable aux autres nations.

Disposition additionnelle et transitoire.

Les deux Hautes Parties contractantes prenant en considération la situation exceptionnelle dans laquelle se trouvent placées, par suite de l'annexion de la Savoie à l'Empire français, les fabriques de Pont (Italie), et d'Annecy (Haute-Savoie), sont convenues de la disposition suivante :

Les tissus de coton écrus, fabriqués dans la manufacture de Pont, pourront, jusqu'à concurrence de deux cent cinquante mille kilogrammes et pendant trois années consécutives, être importés en franchise de droits en France pour être imprimés dans la manufacture d'Annecy, et réimportés, après l'impression, également en franchise en Italie.

Les douanes des deux pays prendront les mesures nécessaires pour s'assurer de l'origine et de l'identité de ces tissus.

DROITS A L'ENTRÉE EN FRANCE.

Machines pour la filature........................ les 100 kil.	10ᶠ	»
Machines à nettoyer et ouvrer la laine, le coton, le lin, le chanvre et autres matières textiles................. —	6	»
Machines pour le tissage........................ —	—	
Machines à bouter les plaques et rubans de cardes...... —	10	»
Métiers à tulle................................ —	—	
Cardes non garnies............................ —	—	

Piéces détachées de machines.

Plaques et rubans de cardes sur cuir, caoutchouc ou sur tissus purs ou mélangés........................ —	50	»

Dents de rots en fer ou en cuivre....................... les 100 kil. 30ᶠ »
Rots, ferrures ou peignes à tisser, à dents de fer ou de cuivre.. — 30 »

INDUSTRIES TEXTILES.

Lin et chanvre peigné.. Exempts.
Fils de lin ou de chanvre au kilogramme :
  Simples.
   Écrus, mesurant :

6,000 mètres ou moins..................		—	15ᶠ	»
Plus de 6,000 mètres, pas plus de 12,000 mètres....		—	20	»
— 12,000 — — 24,000 — ...		—	30	»
— 24,000 — — 36,000 — ...		—	36	»
— 36,000 — — 72,000 — ...		—	60	»
— 72,000..................		—	100	»

  Simples.
   Blanchis ou teints, mesurant :

6,000 mètres ou moins..................		—	20	»
Plus de 6,000 mètres, pas plus de 12,000 mètres....		—	27	»
— 12,000 — — 24,000 — ...		—	40	»
— 24,000 — — 36,000 — ...		—	48	»
— 36,000 — — 72,000 — ...		—	80	»
— 72,000..................		—	133	»

  Retors :

Ecrus............ (Le droit afférent au fil simple écru employé au retordage, augmenté de 30 %.)

Blanchis ou teints. (Le droit afférent au fil simple teint ou blanchi employé au retordage, augmenté de 30 %.)

Les fils de lin ou de chanvre mélangés suivront le même régime que les fils de lin ou de chanvre purs, pourvu que le lin ou le chanvre domine en poids.

Tissus de lin ou de chanvre unis ou ouvrés présentant en chaîne dans l'espace de 5 millimètres carrés.

  Écrus :

8 fils ou moins................ les 100 kil.	28ᶠ	»
9 10 et 11 fils................ —	55	»
12 fils................ —	65	»
13 et 14 fils................ —	90	»
15, 16 et 17 fils................ —	115	»
18, 19 et 20 fils................ —	170	»
21, 22 et 23 fils................ —	260	»
24 fils et au-dessus................ —	400	»

  Blanchis, teints ou imprimés, présentant :

8 fils ou moins................ —	38	»
9, 10 et 11 fils................ —	70	»
12 fils................ —	95	»
13 et 14 fils................ —	120	»
15, 16 et 17 fils................ —	155	»
18, 19 et 20 fils................ —	230	»
21, 22 et 23 fils................ —	350	»
24 fils et au-dessus................ —	535	»

Coutils unis ou façonnés, écrus, blanchis, teints ou imprimés.. la valeur. 16 °/₀.

Linge damassé... — 16 °/₀.

Batiste........................... (Même régime que les toiles unies).

Linons................................ — — —

Mouchoirs encadrés................... — — —

Tulle de lin....................................... la valeur. 15 °/₀.

Dentelles de lin................................. — 5 °/₀.

Bonneterie de lin............................... — 15 °/₀.

Passementerie de lin......................... — —

Rubanerie de fil écru, blanchie ou teinte............. — —

Articles en lin ou en chanvre, confectionnés en tout ou en partie.................................... — —

Vêtements et articles non dénommés.............. — —

Tissus de lin ou de chanvre mélangés quand le lin ou le chanvre domine en poids.................... — —

Jute.

En brins, teillé ou peigné......................... Exempt.

Fils de jute, mesurant au kilogramme.

Écrus :

Moins de 1,400 mètres....................... les 100 kil. 5ᶠ »

De 1,400 à 3,700 mètres exclusivement........... — 6 »

De 3,700 à 4,200 — .... — 7 »

De 4,200 à 6,000 — .... — 10 »

Plus de 6,000.................... (Même régime que les fils de lin.)

Blanchis ou teins :

Moins de 1,400 mètres....................... les 100 kil. 7ᶠ »

De 1,400 à 3,700 mètres exclusivement........... — 9 »

De 3,700 à 4,200 — .... — 10 »

De 4,200 à 6,000 — .... — 11 »

Plus de 6,000.................... (Même régime que les fils de lin.)

Tissus de jute, présentant en chaîne, dans l'espace de 5 millimètres.

Écrus :

1, 2 et 3 fils unis......................... les 100 kil. 10ᶠ »

1, 2 et 3 fils croisés........................... — 12 »

4 et 5 fils.................................... — 16 »

6, 7 et 8 fils................................. — 24 »

Plus de 8 fils...... (Même régime que les tissus de lin, suivant la classe.)

Blanchis ou teints :

1, 2 et 3 fils unis......................... les 100 kil. 15ᶠ »

1, 2 et 3 fils croisés........................... — 17 »

4 et 5 fils.................................... — 23 »

6, 7 et 8 fils................................. — 35 »

Plus de 8 fils...... (Même régime que les tissus de lin, suivant la classe.)

Tapis de jute, ras ou à poil.................. les 100 kil. 24ᶠ »

Les fils de jute mélangés avec d'autres matières suivront le même régime que les fils de jute purs, pourvu que le jute domine en poids.

Tissus de jute mélangés quand le jute domine en poids.. la valeur. 20 °/₀.

Végétaux filamenteux.

Phormium tenax, abaca et autres végétaux filamenteux non dénommés :
Filaments : bruts teillés... Exempts.
—   peignés ou tordus................................. —
—   fils.. la valeur. 5 %.
—   tissus.. — 10 %.

Crin.

Crin brut de toute nature, même préparé ou frisé...... Exempt.
Tissus et ouvrages de crin ou de poils de vache purs ou
mélangés... la valeur. 10 %.

Coton.

Coton de l'Inde en laine............................... Exempt.
Coton en feuilles cardées ou gommées (ouates)......... le kilogr. » f 10

Fils de coton simples, mesurant au demi-kilogramme :
  Écrus :

20,000 mètres ou moins....................	—	» 15
De 21,000 à 30,000 mètres................	—	» 20
De 31,000 à 40,000 —	—	» 30
De 41,000 à 50,000 —	—	» 40
De 51,000 à 60,000 —	—	» 50
De 61,000 à 70,000 —	—	» 60
De 71,000 à 80,000 —	—	» 70
De 81,000 à 90,000 —	—	» 90
De 91,000 à 100,000 —	—	1 »
De 101,000 « 110,000 —	—	1 20
De 111,000 à 120,000 —	—	1 40
De 121,000 à 130,000 —	—	1 60
De 131,000 à 140,000 —	—	2 »
De 141,000 à 170,000 —	—	2 50
De 171,000 et au-dessus..................	—	3 »

Blanchis............ (Le droit sur le fil simple écru, augmenté de 15 %.)
Teints............. (Le droit sur le fil simple écru, augmenté de 25 cent.
             par kilogramme.)

  Fils de coton retors en deux bouts :

Écrus............ (Le droit afférent au n° du fil simple employé en re-
             tordage, augmenté de 30 %.)
Blanchis........... (Le droit sur le fil écru retors en deux bouts, aug-
             menté de 15 %.)
Teints. .... (Le droit sur le fil écru retors en deux bouts, aug-
             menté de 25 cent. par kilogramme.)

  Chaînes ourdies :

Écrues............ (Le droit sur le fil simple, augmenté de 30 %.)
Blanchies......... (Le droit sur les chaînes ourdies écrues, augmenté de
             15 %).
Teintes........... (Le droit sur les chaînes ourdies écrues, augmenté de
             25 centimes.)

  Fils écrus, blanchis ou teints en trois bouts ou plus :

A simple torsion... les 1,000 m. » f 6
A plusieurs torsions ou câbles.......................... — » 12

Tissus de coton écrus, unis, croisés; 1re classe pesant 11 kilogrammes et plus les 100 mètres carrés :

De 35 fils et au-dessous aux 5 millimètres carrés........ le kilogr.	» f	50
De 36 fils et au-dessus............................... —	»	80

2e classe, pesant de 7 à 11 kilogrammes exclusivement, les 100 mètres carrés :

De 35 fils et au-dessous........................... —	»	60
De 36 à 43 fils................................... —	1	»
De 44 fils et au-dessus.... .... —	2	»

3e classe, pesant de 3 à 7 kilogrammes exclusivement, les 100 mètres carrés :

De 27 fils et au-dessous.......................... —	»	80
De 28 à 35 fils.................................. —	1	20
De 36 à 43 fils.................................. —	1	90
De 44 fils et au-dessus.......................... —	3	»

Tissus de coton :

Blanchis.......................	(15 °/₀ en sus du droit sur l'écru.)
Teints.........................	(25 cent. par kilogramme en sus du droit sur l'écru.)
Imprimés.......................	la valeur. 15 °/₀.

Velours de coton ; façon soie (dite *velvets*) :

Écrus....................................... —	»	85
Teints ou imprimés......................... —	1 f	10

Autres (*corps, moleskins*, etc.) :

Écrus. .... —	»	60
Teints ou imprimés. .... —	»	85
Tissus de coton écrus, unis ou croisés, pesant moins de 3 kilogrammes par 100 mètres carrés............... —		—
Piqués, basins, façonnés, damassés et brillantés....... —	15 °/₀.	
Couvertures de coton........................... —	—	
Tulles unis ou brodés........................... —	—	
Gazes et mousselines, brodées ou brochées, pour ameublements ou tentures......................... —	—	
Vêtements et articles confectionnés en tout ou en partie. —	—	
Articles non dénommés.......................... —	—	
Broderies à la main............................ —	10 °/₀.	
Dentelles et blondes de coton.................... —	5 °/₀.	

Les fils de coton mélangés paieront les mêmes droits que les fils de coton purs, pourvu que le coton domine en poids dans le mélange.

Tissus de coton mélangés quand le coton domine en poids................................. la valeur. 15 °/₀.

Laines.

Laine en masse..............	Exempte.	
Laine teinte en masse........................... les 100 kil.	25 f	»
Laine peignée, teinte ou non.................... —	25	»

Fils de laine, blanchis ou non, simples, mesurant au kil. :

—	de 30,000 mètres et au-dessous.......... le kilogr.	»	25
—	de 31,000 à 40,000 mètres............. —	»	35
—	de 41,000 à 50,000 · — .... —	»	45
—	de 51,000 à 60,000 — .... —	»	55

Fils de laine, de 61,000 à 70,000 mètres............. le kilogr. »f 65
— de 71,000 à 80,000 — .... — » 75
— de 81,000 à 90,000 — .... — » 85
— de 91,000 à 100,000 — .... — » 95
— de 101,000 mètres et au-dessus.......... — 1 »
Fils de laine, blanchis ou non, retors pour tissage... (Le droit afférent aux fils de laine simples employés au retordage, augm. de 30 °/o.)
Fils de laine, blanchis ou non, retors pour tapisserie. (Le droit sur le fil simple élevé au double.)
Fils de laine, teints, simples ou retors............ (Le droit sur le fil bon teint, augm. de 25 c. par kilogr.

Tissus de laine............................... le valeur. 10 °/o.
Feutres de toute sorte......................... —
Couvertures de laine.......................... — —
Tapis de toute espèce.......................... — 15 °/o.
Bonneterie de laine............................ — 10 °/o.
Passementerie de laine......................... —
Rubanerie de laine............................. — —
Dentelles de laine.............................. — —
Chaussons de lisières.......................... — —
Châles et écharpes de cachemire des Indes........... — 5 °/o.
Articles non dénommés.......................... — 10 °/o.
Lisières de draps de toute espèce, entières ou coupées.. Exemptes.
Vêtements et articles confectionnés : neufs........... — 10 °/o.
— vieux........... les 100 kil. 20 °/o.

Les fils et tissus d'alpaca, de lama, de vigogne et de chameau, purs ou mélangés de laine, suivront le même régime, quelle que soit la proportion du mélange.

Les fils et tissus de laine et des autres matières ci-dessus dénommées, mélangés de coton ou d'autres filaments quelconques, paieront les mêmes droits que les fils et tissus de laine pure, pourvu que la laine domine dans le mélange.

Les fils de poils de chèvre conserveront le régime qui leur est actuellement applicable.

Les tissus de poils de chèvre suivront le régime des tissus de laine.

Soies.

En cocons................................... Exemptes.
Gréges et moulinées........................... —
Teintes : à coudre, à broder et à dentelles........... —
— Autres................................. —
Bourre de soie : en masse....................... —
— peignée.......................... le kilogr. »f 10
Filée, simple et retorse, écrue, blanche, azurée, teinte :
— De 80,000 mètres simples au kilogramme et au-dessous............................. — » 75
— De 81,000 mètres simples au kilogramme et au-dessus.............................. — 1 20
— Tissus, bonneterie, dentelles de pure soie.. Exempts.

Tulles : unis, écrus...................................... Exempts.
—   apprêtés.. —
—   façonnés, écrus ou apprêts.................... —
Tissus de bourre de soie pure, de soie et bourre de soie,
  écrus, blancs, teints, imprimés.................... le kilogr.   2^f »
Tissus, passementerie et dentelles de soie. (Même traitement que les tissus
                              suivant l'espèce).
Avec or ou argent mi-fin ou faux...................... le kilogr.   3^f 50
Tissus de soie ou de bourre de soie mélangés, la soie ou
  la bourre de soie dominant en poids............... —   3 »
Rubans de soie ou bourre de soie : de velours......... —   5 »
—   autres.......... —   8 »
—   mélangés........ la valeur. 10 %.
Les vêtements et articles confectionnés en soie suivront le régime des
tissus dominant en poids.

Articles divers.

Objets de mode. .... Exempts.
Tresses en paille de toute sorte...................... les 100 kil.   5^f »
Chapeaux de paille.................................... —   10 »
  Caoutchouc :
Appliqué sur tissus en pièces on sur d'autres matières.. —   100 »
Vêtements confectionnés............................... —   120 »
En tissus élastiques, pièces de toute dimension......... —   200 »
  Toiles cirés :
Pour emballage.. —   5 »
Pour ameublement, tentures et autres usages......... —   15 »
Filets de pêche....................................... —   20 »
Poils non spécialement tarifés, bruts et filés........... Exempts.
Poils de chèvre peignés............................... les 100 kil. 10^f »
Cordes et câbles...................................... —   15 »

DROITS A L'ENTRÉE EN ITALIE.

MACHINES ET MÉCANIQUES.

Machines et mécaniques non dénommées.............. la valeur.   1 %.
  N.. B. — Le gouvernement italien se réserve la faculté de dénommer
dans le tarif des machines non dénommées, et de les assujettir à des droits
spécifiques qui, en tous cas, ne pourront dépasser les droits établis dans le
tarif francais.
Pièces détachées de machines. (Même régime que les machines.)
Peignes à tisser et broches.......................... les 100 kil. 5^f 75
Cardes à carder et leurs garnitures.................. —   5 75

INDUSTRIES TEXTILES.

Lin et chanvre.

Brut ou peigné.. Exempts.
Fils de lin ou de chanvre, simples, écrus, lessivés ou

blanchis... les 100 kil.		11f 55
Fils de lin ou de chanvre teints.............................	—	23 10
— — retors, écrus, lessivé ou blanchis.	—	23 10
— — teints...........................	—	.34 65
Tissus de lin ou de chanvre unis, ayant moins de 6 fils en chaîne dans l'espace de 5 millimètres, écrus ou blanchis........................	—	23 30
Tissus de lin ou de chanvre, de 6 fils en chaîne dans l'espace de 5 millimètres et au-dessus, écrus, blanchis ou mélangés de blanc......................	—	57 75
Tissus de lin ou de chanvre teints ou fabriqués avec des fils teints, ayant moins de 6 fils...................	—	38 »
Au-dessus.........................	—	90 »
Imprimés........................ le kil.		1 15
Coutil, linge damassé, batiste, etc. (Comme les tissus.)		
Tulles et dentelles de lin........................	—	9 25
Bonneterie, passementerie et boutons. (Comme les tissus.)		
Rubanerie de fil écru, blanchie on teinte............	—	» 80
Vêtements, lingerie et articles non dénommés. (Comme l'étoffe principale dont ils sont formés.)		
Tissus de lin ou de chanvre mélangés de laine ou de coton. (Régime de la matière dominante.)		
Tapis de pieds............................ le kil.		» 40

Jute.

Fils et tissus. (Même traitement que les fils et tissus de chanvre.)
Fils et tissus. (Mêmes droits que ceux du tarif franco-belge.)
Phormium tenax. (Même régime que le lin et le chanvre.)

Crin.

Brut de toute nature..........................		Exempt.
Frisé et cordés........................... les 100 kil.		3f »
Ouvrages grossiers.........................	—	4 »
Tissus de crin pour tamis.....................	—	25 »
Tissus de crin pour autres.....................	—	40 »

Coton.

En laine ou en masse.........................		Exempt.
En feuilles cardées ou gommées (ouates)............	—	5f 75
Fils de coton écrus, simples, du n° 45 et au-dessous...	—	11 55
— écrus, simples, au-dessus............	—	23 10
— écrus, retors, de tout numéro.........	—	28 85
— blanchis ou teints, de toute qualité ou numéro............................	—	34 65
— écrus ou blanchis....................	—	46 20
— teints...........................	—	69 30
— de fils teints......................	—	86 60
— imprimés........................	—	115 50
— brodés en lin, coton ou laine, gazes et mousselines, brodées ou brochées............	—	232 »

N. B. — Le gouvernement italien se réserve la faculté de remanier le tarif des fils et des tissus de coton. En tous cas, on ne pourra dépasser, pour les qualités inférieures, les droits du tarif conventionnel français, et, pour les qualités supérieures, 25 centimes le kilogramme pour les fils, et 90 centimes le kilogramme pour les toiles.

Velours de coton de toute espèce. . . . . les 100 kil.	85ᶠ	»
Tapis de coton, de pied. . . . . —	23	10
Tulles, dentelles et blondes. . . . . le kil.	2	30
Vêtements, lingerie et autres articles non dénommés. (Même régime que l'étoffe principale dont ils sont formés.)		
Tissus de coton mélangés de lin ou de laine. (Régime de la matière dominante.)		

Laines.

Laines en masse et bourre de laine.	Exemptes.	
Laine en masse et bourre de laine teintes. . . . . les 100 kil.	3	45
Fils de laine de toute espèce. . . . . —	46	20
Fils de laine teints. . . . . —	69	30
Tissus de laine. . . . . la valeur.	15 %.	

N. B. — Toutefois, l'importateur aura la faculté de payer, au lieu des droits *ad valorem* sus-indiqués, le droit spécifique de 1 franc 60 centimes par kilogramme pour les tissus de laine. L'importateur devra faire son option entre les droits à la valeur et les droits spécifiques au moment de la déclaration en douane.

Feutres à doublage, pour semelles et à filtrer. . . . . les 100 kil.	5	75
Feutres pour chapeaux. . . . . —	17	30
Couvertures de bourre de laine, de lambeaux et lisières de drap. . . . . —	57	75
Couverture de toute autre qualité. . . . . le kil.	»	80
Tapis de laine. . . . . —	1	«
Bonneterie et passementerie de laine. (Même régime que les tissus.)		
Rubanerie de laine ou poil, même mélangée de fil de coton. . . . . le kil.	2	30
Dentelles de laine . . . . —	2	30
Châles, mouchoirs, cravates et autres articles à la pièce ; châles valant 50 fr. au moins. . . . . —	3	45
Châles de valeur supérieure, même mélangée de soie ou bourre de soie ou brodés. . . . . la valeur.	(En plus 5 %.)	
Vêtements et tous autres ouvrages non dénommés. (Comme l'étoffe principale.)		

Vêtements vieux. (La moitié du droit.)

(Les poils et tissus de chèvre, d'alpaca, de vigogne et de chameau, purs ou mélangés de laine, suivront le même régime que les poils, fils et tissus de laine, quelle que soit la proportion du mélange. Les tissus de laine et des autres matières ci-dessus dénommées, mélangées de coton ou d'autres filaments quelconques, paieront les mêmes droits que les tissus de laine pure, pourvu que la laine domine en poids dans le mélange.)

Soie.

En cocons, grége ou moulinée. le kil.	Exempte.	
Bourre de soie et déchets de soie, en masse ou filée. . . . —	—	
Soie et bourre de soie teinte. —	2	»
— au 1ᵉʳ octobre 1866.	Exempte.	
Tissus de soie pure, en 1863. —	9	»
— au 1ᵉʳ janvier 1865. . . . . —	6	»

Tissus de soie pure, au 1er janvier 1868. . . . . le kil.   3f »
Tissus de bourre de soie ou de bourre et de soie, en 1863.   —   8 »
    —   au 1er janvier 1865. . . . .   —   6 »
    —   même époque 1868. . . . .   —   3 »
    (Les tissus mélangés paieront le droit de la matière dominante en poids ; toutefois, lorsqu'ils contiendront plus de 12 °/₀ et jusqu'à 50 °/₀ de soie ou de bourre de soie, ils seront soumis à un droit de 3 fr. par kilogr.).
Rubans de soie ou de bourre de soie, de velours, en 1863. le kil.   9 »
    —   au 1er janvier 1865. . . . .   —   7 »
    —   même époque 1868. . . . .   —   5 »
    —   autres, en 1863. . . . .   —   9 »
    —   —   au 1er janvier 1865. . .   —   8 »
    —   mélangés. . . . . la valeur. 10 °/₀.
Foulards écrus, imprimés ou teints. . . . . le kil.   3 »
Passementerie, bonneterie, couvertures et tapis. (Comme les tissus.)
Tulles et dentelles. . . . . la valeur. 5 °/₀.
Tissus, passementerie et dentelles, avec or ou argent fin. le kil.   11 55
    —   —   —   avec or ou argent faux.   —   3 50
Vêtements et tout autre article non dénommés. (Même régime que l'étoffe principale dont ils sont formés.)

Articles divers.

Tresses en paille de toute sorte. . . . . les 100 kil.   5 »
    —   pour cordages.   —   2 »
Chapeaux de paille. . . . . Exempts.
Caoutchouc et gutta-percha ouvrés. . . . .   —   28 85
    —   —   en passementerie et rubans.   —   115 50
    —   —   pour machines et mécaniques. . . . .   —   4 60
Toiles cirées pour emballages, pour ameublement, tentures et autres usages. . . . . la valeur. 10 °/₀.
Filets de pêche. . . . . les 100 kil. 13 85
Cordes et câbles. . . . .   —   3 »

A l'égard des articles tarifés spécifiquement à leur importation en Italie et tarifés à la valeur à leur importation en France, le gouvernement italien se réserve la faculté de remplacer ces droits spécifiques par des droits à la valeur qui ne pourront être supérieurs à ceux fixés pour l'importation en France desdits articles.

Cette réserve n'est pas applicable aux tissus de laine.

DROITS DE SORTIE DE FRANCE.

Soies.

Soies en cocons, soies teintes de toute sorte, soies à coudre, bourre de soie filée, chiffons de laine sans mélange, chardons, cardères . . . . Exempts.
Autres chiffons et drilles de toute espèce, pâte à papier. les 100 kil. 12 »
Vieux cordages, goudronnés ou non. . . . .   —   12 »

TRAITÉ FRANCO-SUISSE

CONCLU LE 30 JUIN 1864 POUR 12 ANNÉES A PARTIR DU
MOMENT DES RATIFICATIONS.

Dispositions applicables en France.

ART. 14. Les Suisses jouiront en France de la même protection que les nationaux, pour tout ce qui concerne la propriété des marques de fabrique ou de commerce, ainsi que des dessins de fabrique.

Si la marque de fabrique et de commerce ou de dessin de fabrique appartient au domaine public, en Suisse, elle pourra être l'objet d'une jouissance exclusive en France.

Les droits des ressortissants suisses ne sont pas subordonnés en France à l'obligation d'y exploiter les dessins de fabrique.

ART. 15. Les Suisses ne pourront revendiquer en France la propriété exclusive d'une marque ou d'un dessin, s'ils n'ont déposé, pour la marque, deux exemplaires au greffe du tribunal de commerce de la Seine, et, pour les dessins de fabrique, une esquisse ou un échantillon au secrétariat du conseil des prudhommes des tissus à Paris, qui se chargera de transmettre aux conseils compétents ceux des dessins dont il ne serait pas autorisé à conserver le dépôt.

ART. 16. En cas de contravention aux dispositions des articles précédents, la saisie des objets de contrefaçon sera opérée et les tribunaux appliqueront les peines déterminées par la loi, de la même manière que si l'infraction avait été commise au préjudice d'un ouvrage ou d'une production française.

Les caractères constituant la contrefaçon seront déterminés par les tribunaux français d'après la législation en vigueur sur le territoire de l'Empire.

Dispositions applicables en Suisse.

ART. 19. Le dépôt prescrit pour l'acquisition de la propriété des marques et dessins de fabrique ou de commerce se fera, au bureau du département fédéral de l'intérieur, à Berne.

Art. 29. Sont considérés comme marques de fabrique et de commerce les noms sous une forme distinctive, les dénominations, emblèmes, empreintes, timbres, cachets, vignettes, reliefs, lettres, chiffres, enveloppes et tous autres signes servant à distinguer les produits d'une fabrique ou les objets d'un commerce.

Art. 30. Le dépôt n'assurera la propriété des marques de fabrique en Suisse que pour quinze années. Mais la durée de ce droit pourra toujours être prorogée pour une nouvelle période de quinze ans, au moyen d'un nouveau dépôt.

Art. 31. Seront punis d'une amende de cinquante francs à trois mille francs et d'un emprisonnement de trois mois à trois ans, ou de l'une de ces deux peines seulement :

1° Ceux qui auront contrefait une marque ou fait usage d'une marque contrefaite ;

2° Ceux qui auront frauduleusement apposé sur leurs produits ou les objets de leur commerce une marque appartenant à autrui ;

3° Ceux qui auront sciemment vendu ou mis en vente un ou plusieurs produits revêtus d'une marque contrefaite ou frauduleusement apposée.

Art. 32. Seront punis d'une amende de cinquante francs à deux mille francs et d'un emprisonnement d'un mois à un an, ou de l'une de ces peines seulement :

1° Ceux qui, sans contrefaire une marque, en auront fait une imitation frauduleuse de nature à tromper l'acheteur, ou auront fait usage d'une marque frauduleusement imitée ;

2° Ceux qui auront fait usage d'une marque portant des indications propres à tromper l'acheteur sur la nature du produit ;

3° Ceux qui auront sciemment vendu ou mis en vente un ou plusieurs produits revêtus d'une marque frauduleusement imitée ou portant des indications propres à tromper l'acheteur sur la nature du produit.

Art. 33. La confiscation des produits dont la marque serait reconnue contraire aux dispositions des articles 31 et 32 pourra, même en cas d'acquittement, être prononcée par le tribunal, ainsi que celle des instruments et ustensiles ayant spécialement servi à commettre le délit.

Le tribunal pourra ordonner que les produits confisqués soient remis au propriétaire de la marque contrefaite ou frauduleusement apposée ou imitée, indépendamment de plus amples dommages-intérêts, s'il y a lieu.

Il prescrira, dans tous les cas, la destruction des marques reconnues contraires aux dispositions desdits articles.

ART. 35. Ces dispositions sont aussi applicables aux marques de fabrique et de commerce.

ART. 36. Il est perçu un droit fixe de cinq francs pour le dépôt de chaque marque de fabrique et de commerce.

ART. 37. Le dépôt des dessins de fabrique, effectué conformément à l'art. 19, assurera la propriété des déposants pour un, deux ou trois ans, suivant leur déclaration et à compter de sa date, mais la durée de ce droit pourra toujours être prorogée pour une nouvelle période de trois ans, au moyen d'un nouveau dépôt.

ART. 38. Le déposant pourra faire son dépôt, soit ouvertement, certifié de sa signature et de son cachet, soit sous enveloppe cachetée. Dans ce dernier cas, l'enveloppe contenant le dessin ou l'échantillon ne pourra être ouverte qu'un an après l'acte de son dépôt.

Après ce terme, il sera permis de prendre inspection des dessins ou échantillons déposés. L'enveloppe pourra, à toute époque, et sur la réquisition du déposant, être ouverte, ou, en cas de contestation, en vertu d'une ordonnance judiciaire.

ART. 39. Le dépôt sera considéré comme non avenu dans les cas suivants :

1° Si le dessin n'est pas nouveau ;

2° Si, antérieurement au dépôt, des produits fabriqués sur le dessin déposé ont été livrés au commerce.

ART. 40. Sera déchu du droit résultant du dépôt le déposant qui n'aura pas exploité en France le dessin faisant l'objet du dépôt dans le cours des deux années qui auront suivi ledit dépôt.

ART. 43. Il sera perçu un droit fixé au maximum à un franc pour le dépôt de chaque dessin de fabrique.

Tout acte de cession d'un dessin de fabrique sera enregistré moyennant un droit de un franc.

Pour le dépôt, comme pour la cession, la taxe fixée est exclusive de tous autres frais.

ART. 44. La poursuite devant les tribunaux suisses pour les délits définis dans cette convention n'aura lieu que sur la demande de la partie lésée ou de ses ayants-droit.

ART. 45. Les actions relatives à la contrefaçon des marque et dessin de fabrique seront portées, en Suisse, devant le tribunal du district, dans lequel la contrefaçon ou la vente illicite aura eu lieu.

Les actions civiles seront jugées comme matière sommaire.

ART. 48. Les peines portées aux articles ci-dessus pourront être élevées au double en cas de récidive. Il y a récidive lorsqu'il a été prononcé contre le prévenu, dans les cinq années antérieures, une condamnation pour un délit de la même nature.

Art. 49. Les tribunaux pourront, s'il existe des circonstances atténuantes, réduire les peines prononcées contre les coupables, au-dessous du minimum prescrit, et même substituer l'amende à l'emprisonnement, sans qu'en aucun cas elle puisse être au-dessous des peines de simple police.

DROITS A L'ENTRÉE EN SUISSE.

Ces droits sont *ad valorem*, par quintal suisse, lequel est de 100 livres et égale 50 kilogrammes, ou par collier à 15 quintaux suisses qui égalent 750 kilogrammes.

Batiste avec broderie, tulle, dentelle de lin, articles en lin ou en chanvre, confectionnés en tout ou en partie; tulles en coton, gazes et mousselines brodées, broderies à la main, tapis finis, châles et écharpes de cachemire des Indes, vêtements confectionnés neufs; dentelles en soie, tissus de soie avec or ou argent, fin ou faux... le quint.	15ᶠ	»
Batiste, linon, mouchoirs encadrés sans broderies; bonneterie, passementerie de lin; rubanerie de fils écrus, blanchis ou teints; tissus de coton, blanchis, teints, imprimés; piqués, basins façonnés; tulles noirs unis; étoffes en feutre de toute sorte; couvertures de laine, blanchies, soufrées, teintes; tapis en pièce ou simplement ourlés; bonneterie, passementerie, rubanerie, dentelles, chaussons de laine; tissus, bonneterie, crêpes, rubans, tulles pure soie, et bourre de soie; ouvrages divers en caoutchouc; chaussures sans travail à l'aiguille; toile cirée pour ameublement; cordes minces et fines et ouvrages de cordes; filets de pêche.	—	8 »
Fils de lin, chanvre, jute, coton, blanchis, teints, retors; crin brut préparé en tresse ou frisé; fils de laine pure blanchis, retors pour tapisserie; tissus de laine pure, écrus; couvertures de laine écrues ou grises communes; feutres, tapis grossiers, lisières, soies gréges ou moulinées, teintes, à coudre, à broder et à dentelles; bourre de soie peignée, soie filée simple; poils filés..	—	3 50
Fils de lin et de chanvre, non blanchis, non teints, non retors, fil de cordonnier; toile de lin et de coutil écrus; coton en feuilles cardées ou gommées; fils de coton simples, écrus, tissus de coton écrus; fils de laine non blanchis; bourre de soie et soie brute..............	—	2 »
Crin brut de toute nature; toile cirée pour cordes, câbles; poil de chèvre peigné..................	—	1 50
Sacs à chiffons, à gypse, à sel, à blé, toile à emballer, vieux vêtements....................................	—	» 75

DROITS A L'ENTRÉE EN FRANCE.

Machines et mécaniques, appareils complets de 6 à.....	les 100 kil.	15 f
Pièces détachées, de 6 à............................	—	35
Lin ou chanvre peigné.............................		Exempt.
Fils de lin ou de chanvre selon leur mesure, en étendue par kilogrammes, écrus, 6 catégories de 55 à.........	les 100 kil.	100 f
Blanchis ou teints de 20 à..........................	—	133
Tissus de lin ou de chanvre, mélangés ou purs, de 8 à 24 fils, 8 catégories, écrus, de 28 à....................	—	400
Blanchis, teints ou imprimés, de 38 à................	—	535
Coutils unis ou façonnés :		
Linge damassé....................................	la valeur.	16 °/₀.
Tulle de lin......................................	—	15 °/₀.
Dentelles de lin..................................	—	5 °/₀.
Bonneterie, passementerie, rubanerie et autres articles en lin ou en chanvre.............................	—	15 °/₀.
Crin brut de toute nature, même préparé ou frisé.......		Exempt.
Tissus et ouvrages de crin, etc.....................	la valeur.	10 °/₀.
Tresse de crin....................................	les 100 kil.	160 f.
Coton de l'Inde en laine...........................		Exempt.
Coton en feuilles cardées ou gommées (ouates).........	le kilogr.	» 10
Fils de coton selon ce qu'ils mesurent au demi-kilogr., écrus 15 catégories, de 15 cent. à..................	—	3 »
Blanchis, en sus du droit sur l'écru.................	la valeur.	15 °/₀.
— Idem........................	—	25 °/₀.
Imprimés...	—	15 °/₀.
Laine en masse...................................		Exempte.
Laine teinte, en masse............................	les 100 kil.	25 f »
Fils de laine, blanchis ou non, simples, selon ce qu'ils mesurent au kilogr., 8 catégories, de 25 cent. à......	le kilogr.	1 »
Tissus, feutres, couvertures, bonneterie, passementerie, rubanerie, dentelles, chaussons de laine............	la valeur	10 °/₀.
Tapis de toute espèce.............................	—	15 °/₀.
Châles et écharpes de cachemire des Indes...........	—	5 °/₀.
Vêtements et articles confectionnés, neufs...........	—	10 °/₀.
Vieux..	les 100 kil.	20 »
Soies en cocons, grèges ou moulinées, teintes, à coudre, à broder et à dentelles, bourre de soie en masse......		Exemptes.
Peignées...	le kilogr.	« 10
Filées, selon la finesse, 75 cent. ou................	—	1 20
Tissus, bonneterie, dentelles de pure soie ; crêpes façon d'Angleterre, écrus, noirs ou de couleur ; tulles unis, écrus, apprêtés ; façonnés, écrus ou apprêtés.........		Exempts.
Tissus de bourre de soie pure, de soie et bourre de soie, écrus, blancs, teints, imprimés....................	—	2 »
Tissus, passementerie et dentelles de soie ou de bourre de soie, avec or et argent fin......................	—	12 »
Avec or ou argent mi-fin ou faux...................	—	3 50

Rubans de soie ou de bourre de soie, de velours........ le kilogr.	5	»
Autres.. —	4	»
Mélangés... la valeur.	10 %	.
Caoutchouc ouvré, pur ou mélangé................... les 100 kil.	20 f	»
Appliqué sur tissus en pièces ou sur d'autres matières.. —	100	«
Vêtements confectionnés............................. —	100	»
En tissus élastiques, pièces de toute dimension......... —	200	»
Cordes et câbles..................................... —	15	»

TRAITÉ FRANCO-TURC

TARIF ANNEXÉ AU TRAITÉ

VALABLE POUR 7 ANS A PARTIR DU 1er OCTOBRE 1861.

DÉSIGNATION DES MARCHANDISES.	évaluation en piastres et centimes.	QUOTITÉ DU DROIT piastres et centimes.
	pi. c.	pi. c.
MANUFACTURES DE LAINE.		
Draps superfins de France, Sedan, Louviers, Elbeuf et autres qualités supérieures. ... la valeur.	8 %	
— façon Elbeuf, *Lipsicas* à deux poissons, *id*. anglais, *id*. Sayes............... l'archine.	32 40	2 59
— zéphyrs à couronne, sans couronne, draps de cour, *Corposi*, Sultan, façon Saxonia et Mahouts........................... —	24 65	1 97
— Mahout sérail et façon Mahout sérail. .... —	17 75	1 42
— Londrins seconds, moyens et inférieurs... la valeur.	»	»
Casimirs unis, rayés, façonnés, pour pantalons et autres usages, larges et étroits, supérieurs, moyens et inférieurs........... —	»	»
Bonnets ordinaires, dits *Agatch Marca*..... la douz.	24 10	1 92
— *Sakez* et *orta Sakez*, dits *Medjidiés* et *Harméi*.............................. —	86 65	6 93
— grands pour Hellènes, avec ou sans flot, de toute dimension et de toute qualité. —	200 »	16 »
Couvertures de laine, blanches............. la valeur.	»	»
MANUFACTURES DE COTON DE FRANCE ET DE SUISSE.		
Indiennes d'une et de deux couleurs, blanches et de couleur, de pic endazé 1 2/8 à 1 3/8 de largeur, bon teint et faux teint, qualité supérieure, moyenne et inférieure, pour habillement.................... l'aune.	2 85	» 22
— de trois et plusieurs couleurs, pour habillement de pic endazé 1 2/8 à 1 3/8 de largeur, d'un plus fort aunage que 24		

DÉSIGNATION DES MARCHANDISES.		évaluation en piastres et centimes.	QUOTITÉ DU DROIT, piastres et centimes.
		pi. c.	pi.
aunes, bon teint et faux teint, supérieures, moyennes et inférieures..........	l'aune.	3 35	» 26
— pour ameublements et pour habillements, de 7/8 à 1 pic endazé de largeur, de 22 aunes ou 28 yards de longueur, bon teint et faux teint, supérieures, moyennes et inférieures.......................	la valeur.	»	»
— pour meubles, bon teint et faux teint, moyennes et inférieures, de pic endazé, 1 2/8 à 1 3/8 de largeur..............	l'aune.	3 35	» 26
— pour meubles, bon teint et faux teint, qualité supérieure, de pic endazé, 1 2/8 à 1 3/8 de largeur......................	—	5 75	» 46
Mousselines damassées dite *Bafbouf*........	la valeur.	»	»
— imprimées pour habillements, larges et étroites, bon teint et faux teint, supérieures, moyennes et inférieures.......	l'aune.	3 55	» 28
— pour robes, tissées, brochées ou Jacquard, dessins à raies, à bouquets ou à ramages, de pic endazé, 1 2/8 à 1 6/8 de largeur, et de 6 à 8 aunes de longueur, bon teint et faux teint, qualité supérieure, moyenne et inférieure.....................	la pièce.	27 »	2 16
Indiennes fond rouge, dites d'*Andrinople*, de pic endazé, 1 1/8 à 1 3/8 de largeur, bon teint, faux teint, supérieure, moyennes et inférieures..................	l'aune.	4 10	» 32
— fond rouge, dites d'*Andrinople* de 7/8 à 1 pic endazé de largeur, bon et faux teint, supérieures, moyennes, et inférieures........................	—	3 15	» 25
Calicots et *Hassés* blancs et écrus larges et étroits...........................	l'ocque[1].	16 85	1 34
Batiste (Façon) de coton, de pic endazé de 1 1/8 à 1 3/8 de largeur, et de 6 à 8 aunes de longueur, supérieures, moyennes et inférieures.	la valeur.	»	»
Mouchoirs à coins brodés, à bords rayés, en mousseline ou cambrics supérieurs, moyens et inférieurs, grands et petits............	—	»	»
Printanières et cotonnets à raies, à flammes, à bouquets et autres dessins, de 5/8 à 1 pic endazé de largeur, bon teint et faux teint, supérieurs, moyens et inférieurs..........	l'aune.	1 50	» 12
Cotonnets à raies, à carreaux et autres dessins, de pic endazé, 1 1/8 à 1 1/6 de largeur, bon teint et faux teint, supérieurs, moyens			

1 La tare est de 10 ocques par balle.

DÉSIGNATION DES MARCHANDISES.	évaluation en piastres et centimes.		QUOTITÉ DU DROIT, piastres et centimes.	
	pi.	c.	pi.	c.
et inférieurs. . . . . .la valeur.	»		»	
Dimicatons moréas, façon *moréas*, etc., à raies, mouchetés, à flammes, Jacquard, de 6 1/2 à 7/8 de pic endazé de largeur, bon teint et faux teint, supérieurs, moyens et inférieurs. . . . . la yard.	1	80	»	14
Moréas, façon *moréas* et à raies, mouchetés, à flammes, Jacquard, etc., de 5/8 à 6/8 de pic endazé de largeur, bon teint et faux teint, supérieurs, moyens et inférieurs. . . .	1	05	»	08
Cambrics 14/4 à 24/4, soit de 2 1/2 à 4 pics endazé de largeur, et de 16 aunes de longueur, supérieurs, moyens et inférieurs. la valeur.	»		»	
— 10/4 à 12/4, soit 1 6/8 à 2 pics endazé de largeur, et de 16 aunes de longueur, supérieurs, moyens et inférieurs.	»		»	
Jaconnets brochés 9/4 et 10/4, soit de pic endazé 1 1/2 à 1 6/8 de largeur, dessins à carreaux et à bouquets, la pièce de 8 aunes, bon et faux teint, supérieurs, moyens et inférieurs.	»		»	
Mousselines brodées, tout coton, soit brodées en laine, soit avec or, en couleur et blanches, de toute largeur.	»		»	
Mouchoirs de coton bleus, petits, de 22 à 30 pouces anglais, soit de 7/8 à 1 pic endazé, et de 2 1/2 huitièmes de largeur. . . . . . . la douz.	16	20	1	29
— de coton, en couleur, à carreaux, de 5/8 à 7/8 de pic endazé de largeur, bon teint et faux teint, supérieurs, moyens et inférieurs. . . . . la valeur.	»		»	
— de coton, en couleur et à carreaux, de pic endazé 1 à 1 1/8 de largeur, bon et faux teint, supérieurs, moyens et inférieurs. .	»		»	
— de coton, en couleur et à carreaux, de pic endazé 1 2/8 à 1 5/8 de largeur, bon et faux teint, supérieurs, moyens et inférieurs.	»		»	
— imprimés, dits *Calemkiaris*, grands de 1 6 1/2 huitièmes à 2 pics endazé de largeur, supérieurs moyens.	»		»	
— imprimés, dits *Calemkiaris*, petits, de pic endazé 1 à 1 6/8 de largeur. . . . . la pièce.	2	20	»	17
Châles façon Berlin, tissu croisé, en coton, imprimés, de 9/4 et 10/4, soit de pic endazé 1 1/2 à 1 6/8, bon et faux teint, à franges et sans franges, supérieurs, et moyens et inférieurs. . . . . la valeur.	»		»	
— Berlin, tissu croisé, en coton, imprimés,				

DÉSIGNATION DES MARCHANDISES.	évaluation en piastres et centimes.		QUOTITÉ DU DROIT, piastres et centimes.	
	pi.	c.	pi.	c.
12/4, soit pic endazé 2 à 2 1/8, bon et faux teint, à franges et sans franges, supérieurs, moyens et inférieurs........ la valeur.	»		»	
Cravates à bords rayés, blanches, en cambric, de 29 à 32 pouces anglais, soit pic endazé 1 1/8 à 1 2/8 et demi.................... la douz.	18	»	1	44
Châles carrés, rouges, mérinos, de coton, imprimés de pic endazé 2 à 2 1/2............. la valeur.	»		»	
Mouchoirs de coton rouges, mérinos, imprimés, de pic endazé 1 1/8 à 1 6/8.......... —	»		»	
Cambrics de 34 à 45 pouces anglais, la pièce de 12 yards.................... la pièce.	27	»	2	16
Basins de couleur, de 24 à 44 pouces anglais, la pièce de 24 à 28 yards............. —	46	80	3	74
— blancs, larges de 40 à 48 pouces anglais, la pièce de 24 yards.................. —	41	90	3	35
Mousselines dites *tchapali* larges, de 30 à 42 pouces anglais, la pièce de 24 yards.... —	26	40	2	11
— dites *mulls*, n° 5/6 larges, de 32 à 44 pouces anglais, la pièce de 20 yards.... —	42	»	3	36
— dites *mermers*, larges, de 36 à 44 pouces anglais, la pièce de 20 yards.......... —	26	95	2	15
— *tangibs*, dites *surahi*, de pic endazé 1 2/8 de largeur, soit 31 pouces anglais, la pièce de 17 yards...... .... —	15	»	1	20
— *tangibs*, dits *sévaspour*, de pic endazé, 1 2 1/2 huitièmes à 1 4/8 de largeur, soit 32 à 43 pouces anglais, la pièce de 20 yards. —	22	80	1	82
— *tangibs*, dits *sévaspour*, larges, de pic endazé 1 4 1/2 huitièmes à 2, soit 48 à 50 pouces la pièce de 20 yards............ —	28	50	2	28
Tulle de coton, avec dessins à fleurs, de 40 à 42 pouces anglais...................... la yard.	7	60	»	60
Sacancoul, de 43 à 44 pouces anglais, la pièce de 10 yards............................ la pièce.	24	»	1	92
Velours de coton uni, de 24 à 26 pouces anglais, de 6/8 à 1 pic endazé de largeur.. la yard.	3	95	»	31
— de coton imprimé, large, de 24 à 26 pouces anglais, soit de 6/8 à 1 pic endazé... —	5	40	»	43
Docks en coton de toute espèce............. la valeur.	»		»	
Brillantines................................ —	»		»	
Bas et chaussettes de coton, de lin et de laine, de toute grandeur et de toute qualité....... —	»		»	
Bonnets de coton, de lin, de laine et de soie, blancs et en couleur.................... —	»		»	
Gants de toute espèce et de toute qualité.... —	»		»	
SOIERIES DE FRANCE ET DE SUISSE.				
Rubans en soie, de toute espèce............. —	»		»	

DÉSIGNATION DES MARCHANDISES.	évaluation en piastres et centimes.		QUOTITÉ DU DROIT, piastres et centimes.	
	pi.	c.	pi.	c.
Cravates en soie, *spaleta* et foulards......... la valeur.	»		»	
Velours en soie, dits à 3 poils, et qualité supérieure................................. l'archine.	47	35	3	78
Bas et chaussettes de soie.................. la valeur.	»		»	
Chapeaux de soie......................... la douz.	592	»	47	36
Crêpes en soie, larges et étroits.......... 21/2 pièces.	68	20	5	05
Gaze à fleurs, larges et étroites............. la valeur.	»		»	
Tulle en soie, large et étroit................. —	»		»	
Taffetas, satins, levantines et serges, unis, de 6/8 à 1 pic endazé de largeur.......... l'archine.	10	70	»	85
— satins, levantines et serges, unis, de plus de 1 pic à moins de 1 1/2 pic endazé de largeur............................... —	15	80	1	26
— satins, levantines et serges, unis de 1 1/2 à 2 pics endazé de largeur............. —	21	30	1	70
— à fleurs, dits *croisés*, de 6/8 à 1 pic endazé de largeur............................... —	11	85	»	94
Velours en soie, de 1 1/2 à 2 poils et velours soie et coton. .... —	26	05	2	08
Gazes en soie, unies...................... la valeur.	»		»	
— façonnées et tissées.................. —	»		»	
Gros de Naples de toute qualité et de toute largeur............................... —	»		»	
SOIERIES AVEC OR ET DORURES.				
Châles en tulle, en crêpe et en gaze, brodés en or, en soie et or, bons et faux......... —	»		»	
Mouchoirs et châles en tulle de soie et gaze, brodés en soie et or, bons et faux........ —	»		»	
Étoffes d'or et d'argent (Lustrine).......... —	»		»	
— plus riches........................... —	»		»	
Satins à fleurs et dessins, or et argent...... —	»		»	
Franges à fil d'or, galons à fleurs et chenilles. —	»		»	
TISSUS EN LIN, DE FRANCE ET DE SUISSE.				
Toiles en lin de toute espèce............... —	»		»	
Docks en lin de toute espèce.............. —	»		»	

EXPORTATION DE TURQUIE.

SOIES ÉCRUES ET AUTRES.				
Soies de filatures de l'empire ottoman,...... l'ocque.	217	»	17	36
— de l'empire ottoman, filées au mandjilik.. —	155	»	12	40
— de Chypre, Beyrouth, Aïdin, Mentèché, Sigala, Crète, Chio, Alep, Saïda et Damas. —	108	50	8	68

DÉSIGNATION DES MARCHANDISES.	évaluation en piastres et centimes.		QUOTITÉ DU DROIT, piastres et centimes.	
	pi.	c.	pi.	c.
Bourre de soie.......................... la valeur.	»		»	
Cocons de l'empire ottoman, ceux d'Amassia exceptés............................. l'ocque.	74	50	5	96
— d'Amassia. .... la valeur.	»		»	
— percés, doubles et rebuts............... —	»		»	
Frisons, douppions et déchets divers........ —	»		»	
Graine de vers à soie..................... l'ocque.	450	»	36	»
LAINES, COTONS ET AUTRES PRODUITS BRUTS.				
Laines en suint et pelades dites calcinées, d'Anatolie, de Roumélie et de Constantinople............................. le quint.	192	»	15	36
— lavées............................. —	234	»	18	72
— de Syrie, Tripoli de Barbarie, Bagdad et pays voisins........................ —	134	50	10	76
— lavées............................. —	164	»	13	12
Cotons en laine d'Anatolie, de Chypre et des Dardanelles.......................... —	270	»	21	60
— de Roumélie......................... —	257	20	20	57
Poil de chèvre d'Angora, Koniah, Castambol, Guérèdé et Bey-Bazar (*Tiftik* et *Finik*).... l'ocque.	20	50	1	64
Tapis de Smyrne : dits d'*Ouchak*........... —	25	20	2	01
Feutres dits *Zéili d'Ouchak*................ —	19	40	1	55
— dits de Carahissar, blancs et de coaleur... la pièce.	12	30	»	98
Bonnets de Tunis, grands, supérieurs et inférieurs................... le paquet de 4.	113	30	»	80
— petits.................... la douz.	113	30	9	06
— dits *medjidiés*.............. le paquet de 4.	66	70	5	33
Tapis dits *Séis-hané*, grands............... la pièce.	49	30	3	94
— — petits................ —	26	30	2	10
— à l'usage de l'armée, dits *Kilim*......... —	13	10	1	04
Feutres de Salonique...................... l'ocque.	19	70	1	57
Gros drap, dit *Chayak*................... l'archine.	3	30	»	26
Lin d'Ismit............................. l'ocque.	3	30	»	26
Feutres d'Ismit......................... la pièce.	13	10	1	04
— de Caïssarié......................... —	16	40	1	31
Kulah (bonnets de feutre) de Constantinople. —	3	30	»	26
Ficelles............................. l'ocque.	9	90	»	79
Sacs en crin, dits *Mouitap*, et ficelle de crin de Roumélie et d'Anatolie............... —	7	80	»	62
Tapis de Guèdè, petits tapis de Gueurdos et d'Izladi, dits *Calitcha*, tapis de Coula et autres................................. la valeur.	»		»	
Tapis *turkmen*...................... la pièce.	128	60	10	28
Chanvre d'Ismit........................ l'ocque.	2	40	»	19
— de Castambol........................ —	1	80	»	14
Galons de Constantinople................ la valeur.	»		»	
Poil de chèvre, noir, dit *Platoun*........... la valeur.	»		»	
Fil de lin, dit *Hamalati-Tiré*.............. l'ocque.	31	50	2	52

DÉSIGNATION DES MARCHANDISES.	évaluation en piastres et centimes.		QUOTITÉ DU DROIT, piastres et centimes.	
	pi.	c.	pi.	c.
Fil de poil de chèvre d'Angora......................	25	90	2	07
Tous les artiles d'Egypte.................... la valeur	»		»	
MANUFACTURES VARIÉES DE SOIE, DE SOIE ET COTON, DE LIN, DE LAINE, DE FIL DE CHÈVRE ET DE COTON.				
Étoffe *Sevâi* d'Alep, supérieure............. la pièce.	295	60	23	64
— moyenne............................. —	197	10	15	76
— ordinaire.......................... —	65	70	5	25
— en soie, dite *Kitabi*, d'Alep et de Hama... —	29	50	2	36
Aladja de Magnésie.......... la balle de 100 pièces.	385	70	30	85
— d'Alep............................. la pièce.	38	50	3	08
— de Tyré et de Bord................... —	5	20	»	41
— de Damas, *Kitabi* et *Tchitari*........... —	70	70	5	65
Étoffe dite *Ibrahimié*..................... —	57	90	4	63
Boucassins de toute couleur et *Aladja* de Hamid et Denizli....................... l'ocque.	14	20	1	13
Coussins de Biledjik.................... la paire.	38	50	3	08
Couvertures de sopha et coussins de Biledjik. —	57	90	4	63
— simples, de coussins de Scutari.......... la valeur.	»		»	»
Coussins de Biledjik, brodés en clinquant.... la paire.	209	»	16	72
Indiennes de Castambol et dessus de couvertures...................... la balle de 60 pièces.	566	50	45	32
Dessus de couvertures en indienne, de Tokat et Boucassins de couleur................. la pièce.	6	30	»	50
Bas ordinaires de Yuruks.................... l'ocque.	18	90	1	51
— de Salonique et Drama................. —	62	90	5	03
— d'Andrinople et de Zaara............... —	37	80	3	02
— de Pazardjik et Philippopoli............. —	94	40	7	55
Bas et chaussettes de Volo................. —	88	10	7	04
— de couleur........................... la valeur.	»		»	»
Coton filé de Smyrne, blanc et de couleur.... l'ocque.	13	›	1	04
— d'Arghatch et du détroit des Dardanelles.. —	9	70	»	77
Fil de lin d'Anatolie....................... —	13	»	1	04
— en matteaux......................... —	16	20	1	29
— de Marcoula......................... —	8	40	»	67
— de Keleb et de Surminé................. —	16	20	1	29
— de Caradjalar........................ —	19	40	1	55
— de Bey-Bazar........................ —	16	20	1	29
— de Castambol, Guévé et Alaya........... —	9	70	»	77
— de Monastir........................ la valeur.	»	»	»	»
Ceintures en soie de Tripoli................ l'ocque.	262	80	21	02
Tabliers de Hama, simples, dits *Fouta*...... la paire.	46	70	3	73
— de Brousse, dits *Pechtimal*............. —	16	70	1	33
Ceintures de Tunis..................... la pièce.	46	70	3	73
Indiennes de Chypre, macat et coussins, pour ameublement........................ la valeur.	»	»	»	»
— pour couverture, de table et de lit....... la pièce.	70	»	»	80
— pour matelas....................... —	13	30	1	06

DÉSIGNATION DES MARCHANDISES.		évaluation en piastres et centimes.		QUOTITÉ DU DROIT, piastres et centimes.	
		pi.	c.	pi.	c.
Indiennes de Chypre, dites *Fasla, bogtcha* et coussins	la pièce.	13	30	1	06
Essuie-mains de Chypre, dits *Siledjiks*	—	13	30	1	06
Coutni de Damas	—	66	70	5	33
— d'Alep	—	53	30	4	26
Abas d'Islimié et de Zaara, brodés à 15 cordons de passementerie	—	40	»	3	20
— de Cazan, à 7 cordons *idem*	—	26	70	2	13
Pantalons (*Chalvar*), avec passementerie, pour cavalier	—	86	70	6	93
— ordinaires, à guêtres adhérentes	—	40	»	3	20
Vestes ordinaires en *abas* à 1 ou 3 cordons de passementerie, dites *Demir Coparan*	—	23	30	1	86
Capotes en *abas* de Philippopoli et de Zaara	—	73	30	5	86
— pour soldats, de Baloukecer, Pazardjik et Philippopoli	la pièce de 11 pics.	22	»	1	76
Abas de couleur de Philippopoli, dits *Sivri caya* et *ardou yaouz*	la pièce de 17 à 19 pics.	43	30	3	46
Abas tiftic d'Islimié	la pièce de 11 pics.	53	30	4	26
— de Salonique, noirs et blancs.	la pièce de 12 à 17 pics.	30	»	2	40
Chaussons (*Terlics*) en *abas*, grands.	le paq. de 10 paires.	26	70	2	13
— petits	—	13	30	1	06
Vestes, dites *Demirs Coparan*, en *abas tiftic*, de moyenne qualité	la pièce.	33	30	2	66
Chaussettes en *abas* (*Caltchin*).	le paquet de 10 paires.	66	70	5	33
Bonnets en *abas*, dits *Scoufa*	le paquet de 10.	10	»	»	80
Abas d'Islimié pour chaussettes	la pièce de 3 pics.	23	20	1	86
Guêtres en *abas tiftic*	la pièce.	46	70	3	73
Abas noirs d'Islimié	la pièce de 9 à 11 pics.	36	70	2	93
Chemises ordinaires de Coniah	la pièce.	6	50	»	52
Cabas, dits *Kèbè*, ordinaires de Zaara	l'ocque.	9	90	»	79
Ihrams écarlates pour ameublement	—	39	40	3	15
Essuie-mains de Karaféria	—	39	40	3	15
— de Guévé, dits *Pechtimal*	la paire.	9	90	»	79
Toile dite *Melez*, de Brousse, pour chemise	la pièce de 22 pics	72	30	5	78
Pechtimals de Guévé, dits *Akbach*	la paire.	7	90	»	63
Siledjiks de Brousse, en indienne	—	9	90	»	79
Hakirs de Brousse	la pièce.	65	70	5	25
Chemises de Brousse, en *Melez*	—	26	30	2	10
Fils de soie, dits *Eiirmé*	l'ocque.	78	90	6	31
Bonnets de Brousse, dits *Coula*	la pièce.	3	30	»	26
Cabans de Zaara, fins	l'ocque.	26	30	2	10
— d'Islimié	la pièce.	65	70	5	25
— en *tiftic*	—	230	»	18	40
— de Bosnie	—	26	30	2	10
— *Dagh quèbèci*	—	29	50	2	36
Ceintures de Khamis	—	39	40	3	15
Fil de coton rouge	l'ocque.	19	70	1	57

DÉSIGNATION DES MARCHANDISES.		évaluation en piastres et centimes.	QUOTITÉ DU DROIT, piastres et centimes.
		pi. c.	pi. c.
— de Chio............................	l'ocque.	13 10	1 04
Passementerie pour *abas*, de Roumélie......	—	26 30	2 10
— de Volo............................	—	39 40	3 15
— en soie, de Volo....................	—	262 80	21 02
Toile de coton, de Merzifoun...............	la pièce.	16 40	1 31
Étoffe dite *Guézi* de Sparta et de Brousse...	la pièce de 26 pics	118 30	9 46
Cabans, *Kébé*, de Brassol.................	la pièce.	98 50	7 88
Chali de Constantinople........... la pièce de 27 pics.		178 70	14 29
Étoffe dite *Bin-dalli*..................	la pièce.	99 30	7 94
— *Damga-hané*.......................	—	52 90	4 23
— *Tchitari*, *Coutni* et *Hakirs* de Constantinople...........................	—	66 20	5 29
Aladja dit *Véfa*, supérieur.. la pièce de 9 à 10 pics.		33 10	2 64
— inférieur....................	—	16 50	1 32
Santa Marca, sorte de jaquette ordinaire....	la pièce.	19 80	1 58
— petite............................	—	9 90	» 79
Melez et gaze de Constantinople...........	—	66 20	5 29
Indiennes —	—	16 50	1 32
Gaze dite *Djéhré*.....................	—	26 50	2 12
Étoffe brochée dite *Peten*..............	—	198 50	15 83
Essuie-mains à broderie en faux...........	la paire.	6 60	» 52
Tabliers en soie, dits *Pechtimal*, ordinaires.	—	19 80	1 58
— et essuie-mains, dits *Akbach* de Constantinople........................	—	10 60	» 84
Mouchoirs blancs, dits *Ustlucs*.............	la pièce.	2 »	» 16
Fil dit *Tiréi-Gazaziè*.................	l'ocque.	52 90	4 23
Essuie-mains en soie, de Constantinople, dits *Qyrq Calem*.....................	la paire.	49 60	3 96
Étoffe dite *Abani*, de Constantinople........	l'un.	9 90	» 79
Gaze *eleklik*, pour tamis..................	la pièce.	52 90	4 23
Fil de Tiré, en coton de couleur...........	l'ocque.	19 80	1 58
— pour franges........................	—	33 10	2 64
Gaze dite *Oyabâch*.....................	la pièce.	7 90	» 63
Étoffe dite *Gulmez*....................	—	82 70	6 61
Passementerie dite *Hucéini-Khardj*........	l'ocque.	165 40	13 23
— en fil d'argent......................	—	99 30	7 94
Étoffe dite *Destar*...................	la pièce.	9 90	» 79
Pantalons à guêtres, dits *Dizlics*...........	—	26 50	2 12
Toile dite *Idaré*................. la pièce de 12 pics.		49 60	3 96
— de coton..........................	—	13 30	1 06
Chemise en toile de coton.................	la pièce.	9 90	» 79
Caleçons —	—	6 60	» 52
Chemises — dites *Melez*.......	—	29 80	2 38
Caleçons —	—	23 20	1 85
Indiennes pour dessus de couvertures et essuie-mains........................	—	6 60	» 52
Passementerie.........................	l'ocque.	49 60	3 96
Couvertures de Tunis, blanches et de couleur,			

DÉSIGNATION DES MARCHANDISES.		évaluation en piastres et centimes.		QUOTITÉ DU DROIT, piastres et centimes.	
		pi.	c.	pi.	c.
dite *Batanié* et *Ihrams*..................	la valeur.	»		»	
Toile de Castambol, dite *Astar*...........	la balle de 60 pièces de 18 à 19 pics.	450	»	36	»
— de Tach-Keupru, —	la pièce.	3	90	»	31
— de Hamid, —	la balle de 60 pièces.	443	50	35	43
Tabliers *Akbach* de Brousse, dits *Pechtimal*.	la paire.	9	80	»	78
Coussins de Brousse, dits *Bélédi*..........	—	19	60	1	56
— de Merzifoun	—	26	10	2	08
Tabliers de Salonique, dits *Pechtimal*.......	—	16	30	1	30
Châles *helali*, de Tunis..................	la pièce.	97	80	7	82
— *donlouks*, de Tunis..................	—	52	20	4	17
— blancs, —	—	26	10	2	08
— de couleur, —	—	32	60	2	60
— de Caradjalar..................	—	13	»	1	04
Ceintures avec soie, dite *Cherbab*...........	—	97	80	7	82
Chalis et *sofs* d'Angora, larges et étroits....	la pièce de 32 pics.	424	»	33	92
Ihrams en laine de Roumélie, blancs et de couleur...........................	l'occue.	22	50	1	80
Ceinture dite *Bamri*.................	la pièce.	77	20	6	17
— en soie, dites *Cherbab*..................	—	28	90	2	31
Chalis de Tassia et ceintures de Tallat........	la valeur.	»		»	
Nappes et serviettes de Hama, simples et brodées...........................	la pièce.	257	20	20	57
Tabliers de Brousse, dits *Fouta*.............	la paire.	32	20	2	57
— de Hama, brodés..................	—	128	60	10	28
Toile de lin d'Anatolie..................	l'occue.	12	80	1	02
— de Rizé..................	—	64	30	5	14
— inférieure..................	—	25	70	2	05
Étoffe dite *Abani*, de Bagdad..............	la pièce.	64	30	5	14
— dites *Hakirs*, *Ibrahimiés* et *Kitabi* du Mont-Liban..................	la pièce 9 à 10 pics.	41	20	3	29
Toile de Castambol, dite *Kemerlic*..........	la pièce.	5	80	»	46
Draps de lit de couleur, dits *Tcharchaf*, de Magnésie...........................	—	5	80	»	46
Toile de Guédos, large et étroite...........	le ballot de 50 à 55 pics.	411	80	32	94
— pour vêtements..................	la pièce.	7	»	»	56
Tissus de laine, dits *Tossia*, *Mouhayéri* et *Papas*...........................	—	29	40	2	35
Toile *Alaya*, large..................	—	5	80	»	46
— étroite..................	—	4	70	»	37
— de Merzifoun..................	—	5	80	»	46
Astar de Guévé, Sivas, Caïssarié et Gallipoli.	la valeur.	»		»	
Ceintures de Hama..................	la pièce.	15	40	1	23
Coutni de Brousse..................	—	83	20	6	65

DÉSIGNATION DES MARCHANDISES.		évaluation en piastres et centimes.	QUOTITÉ DU DROIT, piastres et centimes.
		pi. c.	pi. c.
Ceintures de Caradjalar, blanches et de cou-leur..	l'ocque.	10 50	» 84
Siledjik et *Havlou*, de Brousse, grands et petits.....................................	—	33 90	2 71
Sangles brodées, larges et étroites..........	la dizaine.	58 50	4 68
Soie de couleur.	l'ocque.	246 60	19 72
Essuie-mains de Guévé......................	—	24 60	1 96
Toile de Menemen..........................	la pièce.	9 20	» 73
Mouchoirs dits *Calemkiars*, de Constanti-nople, grands, 1re qualité..............	—	6 20	» 49
— dits *Calemkiars*, de Constantinople, moyens.......................	—	4 60	« 36
— petits et ordinaires......................	—	1 50	» 12
Soie dite *Gazâzié*, de Constantinople........	l'ocque.	308 20	24 65
Mouchoirs dits *Basma-Rhana*.. les 20 mouch. carrés.		12 30	» 98
— de Scutari................. —	—	27 80	2 22

CONCLUSION.

Selon les dispositions du nouveau traité de commerce, les marchandises importées en Turquie, sauf les articles prohibés, comme il est dit plus haut, par les négociants français, de même que celles exportées par les négociants de ce pays, sont soumises à un droit de douane de 8 pour 100.

D'après l'art. 4 du traité, les droits de douane devant être prélevés sur la valeur de la marchandise, *à l'échelle*, on a fait subir aux évaluations établies dans le principe sur le prix de la vente en *gros*, le *medjidié* d'or *iuzluk* compté à 100 piastres, un rabais de 10 pour 100, afin de ramener ces évaluations à la valeur à l'*échelle*. Les droits de douane inscrits au présent tarif sont donc calculés et établis sur la valeur *nette*, et seront perçus tels qu'ils sont portés ici.

Le droit de 8 pour 100 à l'exportation n'est applicable qu'à la première année seulement de ce tarif; il sera abaissé de 1/8 pour la seconde, et réduit à 7; de 1/7 pour la troisième et réduit à 6; c'est-à-dire qu'il y aura, chaque année, un rabais de 1 pour 100, jusqu'à la huitième année, et que, peur cette huitième année et les suivantes, le droit ne sera plus que de 1 pour 100, consacré, selon les termes dudit traité, à la rémunération des frais.

Toute marchandise d'exportation non dénommée au présent tarif, ou qui, s'y trouvant inscrite, aura été laissée *ad valorem*, subira au préalable, comme il est dit plus haut, un rabais de 10 pour 100 sur la valeur courante, et payera ensuite la douane sur sa valeur restante, sauf le rabais successif de 1 pour 100 chaque année, de la même façon que les articles tarifés.

Les produits de France et de Suisse importés en Turquie devant payer constamment 8 pour 100, toute marchandise d'importation non tarifée ou laissée *ad valorem*, payera de même constamment 8 pour 100, après le rabais préalable de 10 pour 100 sur sa valeur·

Le payement des droits d'importation et d'exportation sera effectué comptant, en bonne monnaie d'or et d'argent, au taux du gouvernement, savoir : le *iuzluk medjidié* d'or, à 100 piastres ; ces subdivisions, or et argent de aloi, selon cette proportion : 5 *medjidiés* d'argent pour 1 *medjidié* d'or à 100 piastres ; et enfin les monnaies étrangères au taux du *zarbkhâné*, d'après cette base.

Les négociants ayant, à Constantinople, la faculté de donner, à leur gré, du *câimé*, au plus haut cours de la Bourse, au lieu et place du *medjidié* d'or, à raison de 100 piastres, on se procurera chaque jour, à cet effet, le bulletin de la Bourse de la veille, indiquant combien il faut de piastres *câimé* pour représenter 1 *medjidié* d'or. Ce bulletin sera affiché publiquement en douane et le *câimé* sera reçu en calculant combien il faut de piastres *câimé* pour représenter 1 *medjidié* d'or au plus haut cours indiqué dans le bulletin précité.

Le paiement en *câimé*, compté sur la base du *medjidié* d'or à 100 piastres, au lieu et place de monnaie de bon aloi, est actuellement réservé et restreint à la capitale. Si plus tard le *câimé* est mis en circulation dans les provinces, il sera également reçu dans les douanes desdites provinces de la façon indiquée plus haut pour les douanes de Constantinople, c'est-à-dire en calculant combien il faut de piastres *câimé* pour représenter un *iuzluk medjidié* d'or à 100 piastres. Toutefois, comme on ne peut, dès à présent, c'est-à-dire avant l'événement, établir de base sur l'inconnu, quant au mode de ce payement, la question du mode de payement du *câimé*, dans les douanes des provinces, est, pour le moment, réservée, et, s'il y a lieu, il sera pris ultérieurement, entre la Sublime-Porte et l'ambassade, telles mesures qu'exigeront les circonstances. Jusque-là, les droits de douane, dans les provinces, seront perçus dans la modalité indiquée plus haut, c'est-à-dire le *iuzluk medjidié* d'or à raison de 100 piastres ; ses subdivisions de bon aloi, or et argent, sur la même proportion, 5 *medjidié* d'argent à 100 piastres, pour un *medjidié* d'or ; et les monnaies étrangères au taux du *zarbkhâné*, établi sur cette base.

Si les agents de la douane et les négociants ne peuvent s'entendre sur la valeur de la marchandise non tarifée ou laissée *ad valorem*, et s'il y a contestation, les droits de douane seront, selon l'ancien usage, acquittés en nature.

Le présent tarif sera en vigueur à la douane de Constantinople et dans toutes les autres douanes de l'empire, depuis le 1er *mart* 1278 (13 mars 1862 à la franque), jusqu'au 1er *mart* 1285 (13 mars 1869).

EXTRAIT

DU TRAITÉ AVEC LA CHINE.

IMPORTATIONS.

DÉSIGNATION DES ARTICLES.		Taëls.	Maces.	Condarins.	Caches.
Batiste n'excédant pas 1 mètre 16 3/4 en largeur et 21 mètres 84 en longueur........	la pièce.	»	»	7	»
Basin ou piqué n'excédant pas 1 mèt. 01 1/2 en largeur et 10 mètres 97 en longueur..	—	»	»	6	5
Cordages de Manille.....................	les 100 cattis.	»	3	5	»
Toiles à voile en fil et en coton n'excédant pas 45 mètres 71 1/2 en longueur........	la pièce.	»	4	»	»
Toile de lin fine d'Irlande ou d'Écosse, n'excédant pas 45 mètres 71 1/2 en longueur..	—	»	5	»	»
Toile de lin grossière, mélange de fil et de coton ou de soie et de fil, n'excédant pas 45 mètres 71 1/2 en longueur..............	—	»	2	»	»
TISSUS DE COTON.					
Cotonnades écrues, unies, croisées et blanchies, excédant 0 mètre 86 en largeur, et n'excédant pas 36 mètres 57 en longueur..	—	»	»	8	»
Coton en laine.......................	les 100 cattis.	»	3	5	»
Coutils et toiles fortes, n'excédant pas 0 mèt. 76 en largeur, et 36 mèt. 57 en longueur..	la pièce.	»	1	»	»
Coutils et toiles fortes, n'excédant pas 0 mèt. 76 en largeur, et n'excédant pas 27 mètres 43 en longueur.................	—	»	»	7	5
T. Cloth, n'excédant pas 0 mètre 86 en largeur, et n'excédant pas 43 mètres 88 3/4 en longueur.................	—	»	»	8	»
T. Cloth, n'excédant pas 0 mètre 86 en largeur, et n'excédant pas 21 mètres 94 1/3 en longueur.................	—	»	»	4	»
T. Cloth de couleur, façonnées et unies, n'excédant pas 0 mètre 91 1/3 en largeur, et 36 mètres 57 en longueur............	—	»	1	5	»
T. Cloth de fantaisie, brocart blanc et calicot blanc moucheté n'excédant pas 0 mètre 91 1/3 en largeur, et n'excédant pas 36					

DÉSIGNATION DES ARTICLES.		Taëls.	Maces.	Condarins.	Caches.
mètres 57 en longueur....................	la pièce.	»	1	»	»
T. Cloth imprimées, toiles de Perse et fournitures n'excédant pas 0 mètre 78 3/4 en largeur, et n'excédant pas 27 mètres 43 en longueur.......................	—	»	»	7	»
T. Cloth, n'excédant pas 1 mètre 16 3/4 en largeur, et n'excédant pas 10 mètres 7 en longueur......	—	»	»	3	5
Mousseline, n'excédant pas 1 mètre 16 3/4 en largeur, et n'excédant pas 21 mèt. 94 1/3 en longueur....................	—	»	»	7	5
Mousseline, n'excédant pas 1 mètre 16 3/4 en largeur, et n'excédant pas 10 mètres 97 en longueur....................	—	»	»	3	5
Damas, n'excédant pas 0 mètre 91 1/3 en largeur, et n'excédant pas 36 mètres 57 en longueur.	—	»	2	»	»
Damas, excédant 0 mètre 86 en largeur, et excédant 36 mètres 57 en longueur....	les 9 m. 14 1/4.	»	»	2	»
Guingamp, n'excédant pas 0 mètre 81 en largeur, et n'excédant pas 27 mètres 43 en longueur.	la pièce.	»	»	3	5
Mouchoirs, n'excédant pas 0 mètre 91 1/2 carrés....................	la douzaine.	»	»	2	5
Futaine, n'excédant pas 32 m. en longueur.	la pièce.	»	2	»	»
Velours (de coton), n'excédant pas 31 mètres 08 1/2 en longueur....................	—	»	1	5	»
Velours (de soie), n'excédant pas 31 mètres 08 1/2 en longueur....................	—	»	1	8	»
Fil................................	les 100 cattis.	»	7	2	»
Coton filé............................	—	»	7	»	»
TISSUS DE LAINE.					
Couvertures de laine....................	la paire.	»	2	»	»
Drap et drap léger, fin et moyen, de 1 mèt. 29 1/2 à 1 mèt. 62 1/2 en largeur........	le chang. 3 m. 65 3/4	»	1	2	»
Serge de 0 mètre 78 2/3 en largeur........	—	»	»	4	5
Camelot anglais, 0 mèt. 8 2/3 en largeur....	—	»	»	5	»
— hollandais, 0 m. 83 3/4 en largeur..	—	»	1	»	»
— imité et bombasin.	—	»	»	3	5
Casimir, flanelle et draps étroits..........	—	»	»	4	»
Lastings, 0 mètre 78 2/3 en largeur.	—	»	»	5	»
— imité et d'Orléans...............	—	»	»	3	5
Étamine, n'excédant pas 0 mètre 61 en largeur, et 36 57 en longueur..............	la pièce.	»	2	»	»
MÉLANGE DE LAINE ET DE COTON.					
Lustrine unie et façonnée, n'excédant pas 28					

DÉSIGNATION DES ARTICLES.	Taëls.	Maces.	Condarins.	Caches.
mètres 34 1/3 en longueur.............. la pièce.	»	2	»	»
Draps légers inférieurs......... le chang. 3 mèt. 65 3/4.	»	1	»	»
Laine en fil.................... les 100 cattis.	3	»	»	»

EXPORTATIONS.

DÉSIGNATION DES ARTICLES.	Taëls.	Maces.	Condarins.	Caches.
Chanvre........................ les 100 cattis.	»	3	5	»
Chiffons de coton..................... —	»	»	4	5
Feutres (rognures de)................. —	»	1	»	»
— (chapeaux de)................ le cent.	1	2	5	»
Ficelles de chanvre de Canton.......... les 100 cattis.	»	1	5	»
— de Sou-Tcheou..................... —	»	5	»	»
Habits en coton confectionnés............ —	1	5	»	»
— en soie confectionnés................ —	10	»	»	»
Laine........................... —	»	3	5	»
Mèches de lampes..................... —	»	6	»	»
Poils de chameau..................... —	1	»	»	»
— de chèvre...................... —	»	1	8	»
Tapis en crins ou peaux.............. la pièce.	»	»	9	»
— et moquettes..................... le cent.	3	5	»	»
TISSUS DE COTON.				
Nankin et toiles de coton indigènes........ les 100 cattis.	1	5	»	»
Coton en laine..................... —	»	3	5	»
Tissus de *Ma* fin..................... —	2	5	»	»
Tissus de *Ma* grossier (connu dans le commerce sous le nom de *Grass-Cloth*)..... —	»	7	5	»
TISSUS DE SOIE.				
Soie grège et ouvrée.................. —	10	»	»	»
— jaune du Szé-Tchuen................. —	7	»	»	»
— de douppions..................... —	5	»	»	»
— grége sauvage.................... —	2	5	»	»
— (Déchets de).................... —	1	»	»	»
— (Cocons de).................... —	3	»	»	»
— à coudre, de Canton.............. —	4	3	»	»
— à coudre, d'autres provinces.......... —	10	»	»	»
Rubans et fil de soie.................. —	10	»	»	»
SOIERIES.				
Foulards, châles, écharpes, crêpe, satin, gaze, velours et broderies.............. —	12	»	»	»
Satin du Szé-Tchuen et du Chang-Tong..... —	4	5	»	»
Soie (Liens de).................... —	10	»	»	»
Soies (Bonnets de)...... .... le cent.	»	9	»	»
Mélange de soie et de coton.............. les 100 cattis.	5	5	»	»

DEUXIÈME PARTIE.

MONNAIES. — POIDS ET MESURES.

I. TABLEAU GÉNÉRAL DES MONNAIES.

[Les valeurs en monnaie française inscrites à la droite de ce tableau correspondent à l'unité monétaire de chaque pays, qui est désignée ici par l'emploi du caractère penché ou *italique*. Ainsi c'est le *liang* qui vaut 7 fr. 536,605 ; c'est la *roupie* qui vaut 2 fr. 400,277, etc.]

Pays	Monnaies	Valeur
CHINÉ.	*Liang* (tael) Tsian Condorin Li (casch) 1 = 1 = 100 = 1,000	7ᶠ 536,605
INDE.	*Roupie* (de la compagnie) Annas Pice 1 = 16 = 192 (1 lac = 100,000 roupies)	2 400,277
PERSE.	*Thoman* Sacheb-Kiran Pénébad Schalis 1 = 10 = 20 = 200	11 621,34
TURQUIE.	*Piastre* (grusch) Para (fadda) Aspres courants 1 = 40 = 120 (1 bourse = 500 piastres) (1 bourse d'or = 30,000 piastres)	0 234,375
PORTUGAL. . . .	*Milréis* Crusados Reales Réis 1 = 2 1/12 = 25 = 1000 (conto = 1,000,000 réis)	5 950,000
TOSCANE.	*Lira toscana* Soldi Centesimi 1 = 20 = 100	0 846,774
NAPLES.	*Ducat* Carlini Grani (bajocchi) 1 = 10 = 100	4 292,244
ROME.	*Scudo* Paoli Bajocchi Quattrini 1 = 10 = 100 = 500	5 379,600
ÉTATS-UNIS. . .	Aigle *Dollars* Cents 1 = 10 = 1,000	5 357,143
ESPAGNE.	Piastre (duro) Réal de Plata *Réal de veillon* Decimas 1 = 8 = 20 = 200	0 271,318
GRÈCE.	*Drachme* Lepta 1 = 100	0 900,000
HOLLANDE. . . .	*Florin* Stuvers Gros Cents 1 = 20 = 40 = 100 (1 Ducat = 5 florins 50 c.)	2 100,000
SUÈDE.	Thaler species *Riksdaler* Schilling 1 = 4 = 48 (1 = 12)	1 431,449

DANEMARK...	Thaler species *Rigsbankdaler* Schilling 1 = 2 = 192	2	837,838
HAMBOURG....	Thaler *Marc Banco* Schilling 1 = 3 = 48	1	891,892
AUTRICHE.....	*Florin* Neukreuzer 1 = 100	2	469,136
WURTEMBERG.	Reichsthaler *Florins* Kreutzer 1 = 1 1/2 = 90	2	116,402
PRUSSE.......	*Thaler* Gros d'argent (Silbergroschen) Deniers 1 = 30 = 360	3	703,704
ANGLETERRE..	*Livre sterling* Couronne Schelling Penny 1 = 4 = 20 = 240	25	207,900
RUSSIE.......	*Rouble* Kopek 1 = 100 (Impériale = 100 Roubles)	4	000,000
FRANCE......	Franc Décimes Centimes 1 = 10 = 100		

Le franc pèse 5 gr. et contient 4 1/2 gr. d'argent et 1/2 gr. de cuivre.

La pièce d'or de 20 fr. pèse 6 gr. (165 = 1 kilog.) et contient 5 gr. 806 d'or et 0 gr. 645 de cuivre.

ÉQUIVALENCES DU FRANC DE FRANCE.

0,250,000 de rouble de Russie.
0,039,670 de la livre sterling d'Angleterre.
0,270,000 du thaler de la Prusse, de la Saxe-Royale, du Hanovre, du grand duché d'Oldenbourg, de la Hesse-Cassel et du duché de Saxe.
0,472,500 du florin de Wurtemberg, de Bavière, de Bade, de Hesse-Darmstadt, de Saxe-Cobourg, de Nassau, de Francfort-sur-le-Mein.
0,405,000 du florin d'Autriche.
0,528,571 du marc banko de Hambourg.
0,352,381 du rigsbankdaler de Danemark.
0,698.593 du riksdaler de Suède.
0,476,190 du florin de Hollande (Java et Moluques).
1,111,111 de la drachme de Grèce.
3,685,714 du réal de veillon ou piastre d'Espagne (Mexique, Haïti, Amérique centrale et méridionale).
0,186,667 du dollar des États-Unis de l'Amérique du Nord.
0,185,887 du scudo de Rome.
0,232,978 du ducat de l'ancien royaume de Naples.

1,180,953 de la lire de l'ancien duché de Toscane.
1,168,067 du milréis de Portugal (Brésil).
4,266,667 de la piastre (grusch) de Turquie.
0,086,049 du thoman de Perse.
0,416,619 de la roupie de l'Inde.
0,132,686 du liang ou taël de Chine.

COMPTES FAITS.

PAYS.	1 FR.	10 FR.	100 FR.
ANGLETERRE..........	9 pence 1/3 (39/100).	7 shill. 9 pence 2/5.	3 liv. 17 shil. 9 pence.
AUTRICHE............ (V. aussi ZOLLVEREIN).	23 kreutzer, 1 pfenning 4/5 (ancien) ou 40 kreutz. nouveaux.	3 florins, 56 kreutz. 2 5 (anc. pied) ou 4 flor. d'Aut. (nouveau) ou 2 reichsthaler 56 kreutzer 2/5 (ancien).	39 florins, 24 kreutzer, ou 40 florins d'Autriche ou 26 reichsthaler, 24 kreutzer.
BADE............... (V. aussi ZOLLVEREIN).	30 kreutz. ou 28 (anc. pied), 31 kreutzer 1/6 (17/100) ancien pied.	4 florins 40 kreutzer 4/5 ou 3 thalers, 11 kreutzer 7/10.	46 florins, 18 kreutzer, 31 thalers, 17 kreutzer.
BAVIÈRE.............. (V. aussi ZOLLVEREIN).	28 kreutzer 3/10, 27 kr. 7/10 (77/100).	4 flor. 43 kreutz. 3 thal. 7 kreutz. 7/10	47 florins, 10 kreutz. 30 thal., 77 kreutz.
BELGIQUE.............	Comme en France.		
BRÉSIL..............	350 reis (variable).	3,500 reis.	35,000 reis.
BRÊME..............	1 grooten, 238 schwaren.	16 groot., 220 schwaren.	2 reichs., 22 groot., 40 schwaren.
BUENOS-AYRES........	2 piastres, 5 réaux.	26 piastres, 2 réaux.	262 piastres, 4 réaux.
CHILI................	V. Espagne.		
CHINE...............	1 mace, 3 condorines, 3 cashes 1/3.	1 tael, 3 maces, 3 condorines, 3 cashes 1/3.	13 taels, 3 maces, 3 condorines. 3 cashes 1/3.
DANEMARK...........	34 skill. 1/6 (16/100).	3 rigsbankdaler, 53 skillings 3/5.	35 rigsbankdaler, 56 skillings.
DEUX-SICILES (Naples).	2 carlini, 3 grani, 6 cavalli 1/3 ou 1 tari.	2 ducats, 1 tari, 1 carlini, 6 grani, 3 cavalli 1/3.	21 ducats, 4 tari, 3 grani, 3 cavalli 1/3.
SICILE..............	4 carlini, 7 grani 1/10 (8/100) ou 2 tari.	2 duc., 3 tari, 1 carlino, 8/10 de grano.	23 ducats, 9 tari.
EGYPTE.............	3 piastres 32 paras.	38 piastres 20 paras.	385 piastres.
ESPAGNE.............	3 réaux de vellon, 23 mar. 1/6 (17/100). 1 réal de plate vieille, 15 cuartos 1 maravédis 1/2.	37 réaux de vellon, 1/2 maravédis. 19 réaux de plate vieille, 9 cuartos, 3 maravédis.	370 réaux de vellon, 5 maravédis. 196 réaux de plate vieille, 1 cuarto, 2 maravédis.
ETATS ROMAINS.......	18 baïoques 1/2 (58/100).	1 écu 85 baioques 8/10	18 écus 58 baioques.
ETATS-UNIS...........	18 cents 7/10 (68/100).	1 dollar, 86 cents 4/5.	18 dollars, 68 cents.
FRANCF.-S.-LE-MEIN...	Comme en Autriche.		
GRÈCE..............	1 drachme 11 lepta 1/10 (11/100).	11 drachmes 11 lepta 1/10.	111 drachmes 11 lepta.
HAMBOURG...........	8 skillings 1 gros vlamisch 1/10 (11/100).	5 marcs banco 5 skillings, 1 gros vlamisch 1/10.	53 marcs banco, 7 skillings, 1 gros vlamisch.

PAYS.	1 FR.	10 FR.	100 FR.
HANOVRE.............	6 gutgroschen 3/20.	2 reichsthaler, 13 gutgroschen 1/2.	25 reichsthaler, 25 gutgroschen.
HOLLANDE............	47 cents 1/4.	4 florins 72 cents 1/2.	47 florins, 25 cents.
INDES ORIENTALES....	2/5 de roupie d'argent (42/100)	4 roupies d'argent 1/5.	42 roupies.
ITALIE (V. SARDAIGNE).	»	»	»
MILAN...............	1 lire, 2 sous, 11 denari 3/4.	11 lire, 9 sous, 9 denari 2/5	114 lire, 17 sous, 10 denari.
VENISE.............	100. 52 1/4 de la lire piccoli = 1 lire 9/10.	19 lire 1/10	191 lire 3/10.
LUBECK.............	10 skillings 5 den. 2/3 (65/100).	6 marcs, 8 skillings, 8 den. 1/2.	65 marcs, 7 skillings 1 denier.
MAROC.............	10 blankillos, 7 fluns 2/3 (68/100).	2 liv. 5 onces 3 blankill., 4 fluns 4/5.	25 livres (metikal), 8 onces (ukias).
MEXIQUE.............	V. Espagne.		
MODÈNE.............	V. France.		
MONTEVIDEO.........	1 réal, 2 vintins, 3 cuivres 1/2.	1 patacon, 6 réaux, 4 vint., 3 cuiv. 1/2	18 patacons, 4 réaux, 3 cuivres.
NORVÉGE.............	21 skillings 3/10 (35/100).	8 ort ou marcs 21 skillings 1/2.	17 species daler.
NOUVELLE-GRENADE...	1/5 de peso ou 20 cent.	2 piastres (pesos).	20 piastres (pesos).
PARME et PLAISANCE...	4 lire 1/20.	1 ducat 19 lire 1/2.	19 ducats 6 lire.
PÉROU.............	V. Espagne.		
PERSE.............	1 abassi, 1 chayé, 4 denars.	12 ab., 1 mahmoudi, 4 denars bistis.	2 tomans, 27 abassis.
PORTUGAL............	160 reis.	1,600 reis.	16,000 reis.
PRUSSE.............	11 silbergroschen 4/5 de deniers. — 8 gutgroschen 4/5.	3 reichsthal. 20 silbergr. 8 den. 2/5. — 3 reichsthaler, 16 gutgroschen.	36 reichsthaler, 27 silbergroschen. 36 reichsthaler, 21 gutgroschen.
RUSSIE.............	25 kopecks.	2 1/2 roubl. 50 kopcc.	25 roubles.
SARDAIGNE...........	1 lire (nuova).	10 lire.	100 lire
SAXE...............	3 reichsthaler (ou 4 1/2 florins) 1 groschen 11/13.	30 reichsthaler (ou 45 flor.), 18 groschen 2/5.	307 reichsthal. (460 1/2 florins) 16 groschen.
SUÈDE.............	8 skill. 2/5 (43/100).	1 rixdale species, 36 skil. 3/10, 4 rixdales banco 7/10.	27 rixdales species, 27 skil.; 47 rixdales banco 1/10.
SUISSE,.............	Comme en France.		
TOSCANE............	1 lire 16 centesime 2/5 (54/100).	11 lire, 65 centesime 2/5.	116 lire, 5 centesime.
TURQUIE............	4 piastres, 1 para, 25 aspres (variable).	45 piastres, 1 para, 14 aspres.	454 piastres, 20 aspres.
WURTEMBERG.........	Comme en Bavière.		
ZOLLVEREIN...........	8 silbergroschen (du Nord), ou 6 gutgroschen 4 deniers 2/5, ou 28 kreutz. (du Sud), ou 40 nouveaux kreutzer (d'Autriche).	2 thalers, 20 silbergroschen (ou 16 gutgroschen) 4 florins, 4 kreutzer ou 4 florins d'Autriche.	26 thalers, 20 silbergroschen (ou 16 gutgroschen), 46 florins, 40 kreutzer ou 40 florins d'Autriche.

II. POIDS.

Turquie.

Oka	Tcheki	Derhem (drachmes)
1	4	400

1 Tcheki = 319 grammes 620.
1 drachme = 3 gr. 196.
1 métical ou 1 dr. 1/2 = 4,794.
1 cantaro = 44 okas = 100 rotoli.
1 batman = 6 okas = 7 kilog. 671.
1 contaro = 56 kilog. 253.
1 rotolo = 562 gr. 531.

Grèce.

Livre	Onces	Karats	Grains
1	12	2,304	9,216

1 once = 39 grammes 750.
1 karat = 207 milligr. 031.
1 millar = 1,000 liv. = 477 kil.
1 drachme nouvelle = 1 gramme.
1 mine = 1 kil. 1/2.
1 tonne = 1,500 kil.

Naples.

Livre	Onces	dramme	Trappesi	Oboli
1	12	120	360	720

1 once = 26 grammes 7299.
1 trappesi = 890 milligr. 997.
1 rotolo = 1,000 trappesi = $\frac{25}{9}$ livre = 890 gr. 997.
1 cantaro grosso = 100 rotolo = 89 kil. 100.
1 cantaro piccolo = 100 livres = 32 kil. 076.

Rome.

Livre	Onces	Denari	Grani
1	12	288	6,912

1 oncia = 24 denari = 28 grammes 263.
1 denaro = 1 gr. 178.

1 decina = 10 livres = 3 kil. 391.
1 centinajo = 100 livres = 33 kil. 916.
1 migliajo = 1,000 livres = 339 kil. 156.

Portugal.

Livre	Marcs	Onças	Outavas	Escropulos	Granos
1	2	16	128	384	9,216

1 arroba = 32 livres = 14 kil. 687.
1 quintal = 4 arrobas = 58 kil. 749.
1 marc d'or = 24 quilates à 4 grains.
1 marc d'argent = 12 dinheiros à 24 grains.

Espagne.

Livre	Marcs	Onzas	Ochavas	Adarmas	Grains
1	2	16	128	256	9,216

1 marc de Castille = 230 grammes 0465.
1 onzas = 28,7558.
1 ochava = 3,5945.
1 adarma = 1,7972.
1 arroba = 11 kil. 509.
1 quintal = 46,001.
1 quintal macho = 69,014.
1 laste = 920,186.
1 quintal = 4 arrobas à 25 livres.
1 livre de Barcelone = 400 grammes.
1 livre Alicante = 533.
  — Guipuzcoa = 492.
  — Valence = 355.
  — Sarragosse = 350.

Suède.

Livre du marc	Onces	Lod	Quintin	Ass
1	16	32	128	8,848

1 once = 2 lod = 26 grammes 568.
1 lod = 4 quintin = 13,284.
    1 quintin = 3,321.
1 quintal = 120 livres = 51 kil. 010.
1 livre d'exportation = 4/5 de la livre de commece = 340 gr. 066.
1 laste = 7,200 livres d'exportation (Stapelstads-wigt) = 2,448 kil. 475.

Hollande.

Livre	Marcs	Onces	Esterlings	As
1	2	16	320	10,200

1 marc = 246 gr. 08886.
1 as = 48 millig. 06325.
1 livre d'Amsterdam = 10,280 as.
        = 494 gr. 090.
1 laste = 4,000 livres = 1,976 kil. 362.

Hambourg.

1 livre = 32 loth.
1 loth = 4 quentchen = 15 gr. 14,401.
1 quentchen = 4 pfenniggewicht = 3 gr. 7,860.
1 quintal = 112 livres = 54 kil. 2,763.
La livre de banque et de matière d'or et d'argent se divise en 2 marcs et contient $33\frac{5}{22}$ loth de commerce, soit = 467 gr. 70,978.

Autriche.

Livre = 32 loth = 128 quentchen.
1 centner = 100 livres = 56 kil. 001.
1 livre de Bohême = 514 gr. 354.
1 livre de Moravie — 418 gr. 995.
Venise — libbra grossa = 476,999.
    —   libbra sottile = 301,230.

Bavière.

Livre	Loth	Quentchen (drachmes)
1	32	128

1 loth = 4 quent = 17 1/2 gr.
    1 quent = 4 gr. 375.
1 centner = 100 livres = 56 k.
Pour l'or et l'argent le marc = 233 gr. 950.

Wurtemberg.

Livre	Marcs	Loth	Quentchen
1	2	32	128

1 marc = 16 loth = 233 gr. 864
1 loth = 4 quentch. = 14,616.
    1 quentch. = 3,654.

1 centner = 104 livres = 49 kil. 568.

Prusse.

Livre	Marcs	Loth	Quentchen
1	2	32	128

1 marc = 16 loth = 233 gr. 8,555.
1 loth = 4 quentchen = 14,616.
1 quentchen = 3,654.
1 centner = 110 livres = 51 kil. 448.
1 laste = 3 centner = 154 kil. 345.
1 laste de navire = 4,000 livres = 1,870 k. 844.

Cologne.

Marc	Onces	Loths	Quentchen	As
1	8	16	64	4020

1 marc d'or = 24 karats à 12 grains.
1 marc d'argent = 16 loths à 18 grains.
Autrefois toute l'Allemague se servait du marc de Cologne pour déterminer le poids et le titre des monnaies et des matières d'or et d'argent.

Saxe-Royale.

Centner	Lispfund	Livre	Kilas	Hectas	Dekas	As
1	10	100	1,000	10,000	100,000	1,000,000
			1	10	100	1,000

1 centner (quintal) = 50 kil.
1 lispfund = 5 kil.
1 livre = 30 loth.
1 as = 50 milligr.
1 kilas = 30 grammes.
1 ancienne livre = 499 gr. 3,090.

Angleterre.

Tonne	Hundredw	Quarters	Stones
1	20	80	160
Livres avoir du poids		Onces	Drachms
2,240		35,840	573,440
1		16	256

1 ounce = 16 drachms = 28 gr. 3494
1 drachm = 1,7718.

1 tonne = 1,016 k. 04.
1 cwt. = 50 k. 802.
1 stone = 6 k. 350.

Pound	Ounces	Pennyweights	Grains
1	12	240	5,760

1 ounce = 20 pennyweights = 31 gr. 1033.
1 pennyweight = 24 grains = 1,552.
1 grain = 20 mites à 24 doits = 64 millig. 7986.
175 livr. troy = 144 livr. av. du p.

Russie.

1 livre = 32 loths = 96 zolotniks = 9,216 dotis.
1 loth = 3 zolotniks = 12 gr. 7972.
1 zolotnik = 96 dolis = 4,2657.
1 doli = 44 milligr. 4348.
1 poud = 40 livres = 16 kilog. 38046.
1 berkowetz = 400 livres = 163,80462.

France.

Anciens poids.
1 livre = 2 marcs = 16 onces = 108 gros = 7,766 grains.
1 marc = 8 onces = 244 grammes 75292.
1 once = 8 gros = 30,59411.
1 gros = 72 grains = 4,78033.
1 grain = 53,1148 milligr.

Système métrique.

Kil.	Hectog.	Décag.	Gram.	Décig.	Centig.	Mill.
1	10	100	1,000	10,000	100,000	1,000,000

1 quintal métrique = 100 kilogr.
1 tonne métrique = 1,000 kilogr.
1 gramme = 18,82715 grains anciens de Paris.
      = 22,50486 dolis de Russie.
      = 15,43243 troy grains.

ÉQUIVALENCES DU KILOGRAMME DE FRANCE.

L'ancienne livre française = 0,489,50585 du kilogr.
La livre russe = 0,409,51156.

La livre anglaise imperial troy pound = 0,373,24.
La livre avoir du poids pound = 0,453,5976.
La livre (zollpfund) de la Saxe-Royale = 0,500.
Marc de Cologne = 0,233,8123.
La livre (pfund) de Prusse = 0,467,7110.
La livre (pfund) de Wurtemberg = 0,467,7280.
La livre (pfund) de Bavière = 0,560.
La livre de Vienne (Autriche = 0,560,0122.
La livre de Hambourg = 0,484,60945
La livre Troy Pound de Hollande = 0,492,1677.
La livre de commerce de Suède = 0,425,0824.
La livre de Castille (Espagne) = 0,460,093.
L'arratel, livre de Portugal = 0,458,976.
La livre de Rome = 0,339,156.
La livre de Naples = 0,320,759.
La livre forte de Venise (Grèce) = 0,476,9987.
L'oka de Turquie = 1,278,480.

VALEURS DU KILOGRAMME.

Vis-à-vis de la livre de France, ancienne livre de Paris, poids de marc, le kilogramme = 2,042,8765.
» de la livre de Russie (1835) = 2,441,933.
» de la livre troy d'Angleterre—États-Unis (1824) = 2,679,241.
» de la livre avoir du poids d'Angleterre — États-Unis (1824) = 2,204,633.
» de la livre de Saxe-Royale (1846). — Union douanière, Danemark, Bade, H.-Darmstadt, Suisse = 2,000.
» du marc de Cologne = 4,276,935.
» de la livre de Prusse (1816) = 2,138,072.
» de la livre de Wurtemberg (1806) = 2,137,995.
» de la livre de Bavière (1811) = 1,785,714.
» de la livre de Vienne-Autriche (1756) = 1,785,675.
» de la livre de Hambourg (1841) = 2,063,517.
de la livre troy de Hollande = 2,036,511.
» de la livre de Suède (1824) = 2,352,485.
» de la livre de Castille, — Espagne et Amérique méridionale = 2,173,474.
» de l'arratel, livre de Portugal (1835) = 2,178,763.
» de la livre de Rome = 2,948,496.

Vis-à-vis de la livre de Naples (1811) = 3,110,435.
  »   de la livre de Grèce = 2,096,4415.
  »   de l'oka de Turquie = 0,782,1789.

III. MESURES.

Chine.

1 Tchich ou pied d'ingénieur = 10 pount.
1 Tchann, brasse = 10 pieds = 3 m. 1,972.
1 Li = 180 brasses = 575 m. 496.

Pieds ou covids
{
1 pied d'architecture = 322,81 millim.
1 pied de commerce = 338,37.
1 pied mathémathique = 333,19.
1 pied ordinaire = 374,64.
}

Sicile.

41 palmes de Sicile = 40 palmes de Naples.
 1 palme = 12 onces = 144 livres = 1,728 punti.
 1 canne = 8 palmes = 2 m. 06478.
 1 corde = 16 cannes = 33 m. 03652.
 1 miglio' = 5,760 palmes = 1486 m. 643.

Naples.

1 palmo = 10 décime = 100 centesime.
        = 12 once = 60 minuti.
1 toise (passo) = 7 palmes = 1 m. 851,852.
1 canne = 8 palmes = 2 m. 116,402.
1 miglio (60 au degré moyen du méridien) = 1,851 m. 852.
1 miglio (mille) = 1,000 toises = 7,000 palmes.

Suède.

1 pied = 12 pouces (verktum) à 12 lignes.
1 aln (aune) = 2 pieds = 0 m. 593,802.
1 famn (toise) = 6 pieds = 1 m. 781,406.
1 mil = 6,000 toises = 10,688 mètres.

Rome.

1 toise (canna) d'architecte = 7 1/2 pieds = 2 m. 231,902.
1 toise = 10 palmes = 120 oncie = 600 minuti = 1,200 decimi.

1 chaîne (catena) = 5 3/4 toises d'architecte.
1 aune (canna mercantile) = 1 m. 99,263.
1 mille romain = 5,000 = 1,487 m. 934.

Portugal.

1 pied = 12 pouces = 330 millim.
1 pouce = 12 lignes = 27,50.
       = 1 ligne = 2,29167.
1 palme = 8 pouces = 220.
1 covado = 24 pouces = 660.
1 grand covado = 24 3/4 pouces = 680,625.
1 vara = 5 palmes = 1,100 mètres.
1 brasse = 2 varas = 2,200.
1 estadio = 1,173 $\frac{2}{3}$ palmes = 258,207.
1 milha = 8 estadios = 2,966 m.
1 legoa = 3 milhas = 6,197.

Turquie.

1 pilk = 4 rub = 24 kirat.
1 endazé (petit pik) = 652,5 millim.
1 haleb = 708,647 millim.
1 agatch (20 5/6 au degré) = 5,333 mètres.

Espagne.

1 vara = 3 pieds = 4 palmes = 36 pouces à 12 lignes.
1 pied = 0 mèt. 278,635.
1 palme = 0 mèt. 208,976.
1 brasse = 2 varas = 1 m. 671,810.
1 passo = 5 pieds = 1 m. 393,175.
1 cuerda = 33 palmes = 6 m. 896,216.
1 mille légal = 5,000 varas = 4,179 m. 525.
Vara de Madrid = 843 millim.
  —   Tolède = 837.
  —   Sarragosse = 772.
  —   Pampelune = 785.
  —   Canaries = 842.
Canne de Barcelone = 1,555.

Saxe-Royale.

1 pied = 12 pouces (10 pouces décimaux).

1 aune = 2 pieds = 0 mèt. 566,380.
1 klafter = 6 pieds = 1 mètre 69,914.
1 perche = 15 pieds 2 pouces = 4 m. 295,049.
1 mille ancien = 32,000 pieds = 9,062 m. 082.
1 mille nouveau = 7,500 mètres.

Wurtemberg.

1 pied = 10 pouces = 100 lignes.
1 aune = 2 pieds 144 = 0 m. 614,235.
1 perche = 10 pieds = 2 m. 864,903.
1 mille de Wurtemberg = 26,000 pieds = 7,448 m. 748.

Hesse-Cassel.

12 pieds de Hesse = 11 pieds de Prusse.
1 pied = 12 pouces = 144 lignes.
1 aune = 6 m. 5704.
1 ancien pied = 0 m. 284,911.
1 perche = 14 anciens pieds = 3 m. 98876.

Bavière.

1 pied = 12 pouces ordinaires à 12 lignes ou encore
        = 10 pouces décim. à 10 lignes décimales.
1 aune = 2 pieds 10 1/4 pouces = 833,0147 millim.
1 klafter = 6 pieds = 1 mèt. 751,1550.
1 perche = 10 pieds = 2 mèt. 918,5916.
1 mètre = 3 pieds de la Bavière Rhénane.

Hanovre.

24 pieds de Hanovre = 23 pieds d'Angleterre.
1 pied = 12 pouces à 12 lignes.
1 aune = 2′ = 58 4,1894 millim.
1 klafter = 6′ = 1 mèt. 752,568.
1 perche décimale = 16′ = 4 m. 673,515.
1 mille = 25,400 pieds = 7,419 m. 206.

Bade.

1 pied = 10 pouces = 100 lignes.
1 aune = 2′ = 600 millim.
1 stab = 4′ = 1 mèt. 200.
1 klafter = 6′ = 1 m. 800.

1 perche = 10' = 3 mètres.
1 lieue de Bade = 4,444 m. 4/9.
1 mille = 2 lieues = 8,888 mèt.
1 lieue de Suisse = 16,000' = 4,800 mèt.

Angleterre.

1 yard imperial = 3 pieds = 914 millim. 38348.
1 pied = 12 pouces.
1 pouce (inch) = 10 lignes = 25 millim. 39954.
1 fathom (brasse) = 2 yards = 1 m. 828,767.
1 pole (perche) = 5 1/2 yards = 5 m. 029,109.
1 furlong = 220 yards = 201 m. 164,366.
1 british mile = 5,280' = 1,609 m. 315.
1 london mile = 5,000' = 1,523 m. 972.
1 sea mile (60 au degré) = 1,851 m. 852.

Prusse.

1 pied = 12 pouces.
1 pouce = 12 lignes = 26 millim. 1545.
1 ligne = 2,1795 millim.
1 aune = 25 pouces 1/2 = 0 mèt. 666,9388.
1 brasse = 6 pieds = 1 m. 88312.
1 perche décimale = 12 pieds = 3 m. 76624.
1 mille de Prusse = 2,000 perches = 7532 m. 485.

Autriche.

1 klafter = 6 pieds = 1 m. 896,6657.
1 pied = 12 pouces.
1 pouce = 12 lignes = 26 millim. 3446.
      = 1 ligne = 2,1952.
1 aune = 2 pieds 465 = 779 millim. 2135.
1 perche ordinaire = 12 pieds = 3 m. 793,3314.
1 perche d'ingénieur = 10 pieds décimaux.
1 mille de poste = 24,000 pieds = 7,586 m. 663.

Russie.

1 sagène = 7 pieds = 3 archinnes.
1 pied = 12 pouces = 304,79449 millim.
1 pouce = 12 lignes = 25,39954.
      = 1 ligne = 2,11666.

1 archinne = 16 werchock = 28 pouces = 711,18715 millim.
1 werst (104,1555 par degré de l'équateur) = 500 sagènes = 1,066 m. 7807.

France.

Anciennes Mesures.

1'   = 1 toise = 6 pieds = 1 mètre 949, 03659.
1'   = 1 pied = 12 pouces.¦
1"   = 1 pouce = 12 lignes = 27,06995 millim.
1''' = 1 ligne = 2 millim. 255,829.
1 lieue terrestre de 25 au degré moyen du méridien = 4,444 m. 4/9.
1 lieue marine ou géographique de 20 au degré = 5555 5/9.
1 mille marin de 60 au dégré = 1851

Système métrique.

1 mètre = 0,513074 toise = 3' 0" 11''' 295,936.
1 décimètre = 3" 8''' 330.
1 centimètre = 4''' 433.
1 millim. = 0''' 443,296.

ÉQUIVALENCES DU MÈTRE.

1 mètre (26 mars 1791), = 3 pieds de Paris, 078,8444 = 0 sagène de Russie 468,6999 (1835), = 3 pieds de Vienne 163,446 (1756).
»   3 pieds de Prusse (1816), 186,199.
»   3 pieds anglais (1760) et américains (1824) 280,8992.
»   3 pieds de Bade (1831) et de Suisse 333,333.
»   3 pieds de Hanovre (1836) 423,547.
»   3 pieds de Bavière (1811) 426,309.
»   3 pieds de Hesse-Cassel (1820) 475,853.
»   3 pieds de Wurtemberg (1557) 490,520.
»   3 pieds de Saxe-Royale (1811, 1847) 531,197.
»   1 vara 196,308. — Espagne, Amérique espagnole.
»   1 pik 454,944. — Turquie.
»   3 pieds 030,303. — Portugal (1835) et Brésil.
»   3 pieds 360,362. — Rome.
»   3 pieds 368,126, Suède (1739, 1824).
»   3 palmes 780, Naples (1840).
»   3 palmes 874,500, Sicile (1811).
»   3 Tchich de Chine, 127,736.

Vis-à-vis du mètre le pied ancien = 0,324,8394.
» la sagène = 2,1335,645.
» le pied de Vienne = 0,316,11095.
» le pied du Rhin (Prusse) = 0,3138,5354.
» le pied anglais = 0,3047,9449.
» le pied de Bade = 0,300.
» le pied de Hanovre = 0,292,0947.
» le pied de Bavière = 0,2918,15916. ·
» le pied de Hesse-Cassel = 0,2876,9908.
» le pied de Wurtemberg = 0,286,4903.
» le pied de Saxe-Royale = 0,283,1901.
» la vara de Castille = 0,835,905.
» le pik (drââ) de Turquie = 0,687.3116.
» le pied de Portugal = 0,330.
» le pied de Rome = 0,297,587.
» le pied de Suède = 0,296,9010.
» la palme de Naples = 0,264,5503.
» la palme de Sicile = 0,258,098.
» le pied d'ingénieur de Chine = 0,319,720.

Le mille géogr., ou mille allemand (15e du degré) = 7,420 m. 158, d'après le B. des Long. = 7,408; d'après Noback, 20/27 de myriam. ou 7,407 m. 407.

IV. TABLEAU SPÉCIAL

DES MESURES, POIDS ET MONNAIES DE L'ANGLETERRE

Comparaison des mesures de longueur anglaises et des françaises et détermination de leur valeur exacte.

ANGLAISES.	FRANÇAISES.
Inch (pouce) 1/36 du *Yard*.	2 centim. 539954
Foot (pied) 1/3 du *Yard*.	3 décim. 0479449
Yard imperial.	0 mètre 91438348
Fathom (deux *Yards*).	1 mètre 82876696
Pole ou *Perch* (5 *Yards* 1/2).	5 mètres 02911

FRANÇAISES.	ANGLAISES.
Millimètre.	0 pouce 03937
Centimètre.	0 pouce 39378
Décimètre.	3 pouces 937079

Mètre. . . . . $\left\{\begin{array}{ll} 39 \text{ pouces} & 37079 \\ 3 \text{ pieds} & 2808992 \\ 1 \text{ yard} & 093633 \end{array}\right.$

Comparaison des poids [1] anglais et des français.

ANGLAIS (*Avoir du poids*).	FRANÇAIS.
Dram (16e d'*ounce*).	1 gram. 771846
Ounce (16e de la *Livre*).	28 gram. 349540
Livre avoir du poids (7000 grains). . .	453 gram. 592645
Quintal (112 livres).	50 kilog. 802
Ton (20 quintaux).	1016 kilog. 048

FRANÇAIS. ANGLAIS.

Gramme. $\left\{\begin{array}{l} 15 \text{ grains troy } 432349 \\ \\ 0 \text{ pennyweight } 643015 \end{array}\right.$

Kilogramme. . . . . $\left\{\begin{array}{l} 15432 \text{ grains troy } 349 \\ 2 \text{ livres troy } 679227 \\ 2 \text{ liv. av. du poids } 204621 \end{array}\right.$

ANGLAIS (*Troy*) (*inusité pour les Tissus*).	FRANÇAIS.	
Grain (24e de *Pennyweight*).	6 centigr.	479895
Pennyweight (20e d'*ounce*).	1 gram.	555175
Ounce (12e de *Livre Troy*).	31 gram.	103496
Livre Troy Imperiale (5760 grains). . . .	373 gram.	251938

Liste et valeur des monnaies anglaises.

Crown (argent) 5 *shillings* avant 1818.	6 f.	10
Crown id. 5 *shillings* depuis 1818	5	70
1/2 *Crown id.* 2 *shillings* 1/2.	2	85
Denier (cuivre) *one penny* (1/12 shilling).	0	10
2 *Deniers id. two pence*.	0	20
1/2 *Denier id. a half penny*.	0	05
3/4 *Denier id. farthing*.	0	025

[1] Suivant la loi anglaise, un pouce cube d'eau pesé, à la latitude de Londres, dans le vide, au niveau de la mer, et à 62 degrés de Farenheit (+ 16° 2/3), vaut 252 grains 458, dont 5,760 font la *livre troy*, et 7,000 la *livre avoir du poids*. La *livre troy* sert au pesage des matières précieuses ; elle se divise en 12 onces : l'once vaut 20 pennyweight ou deniers, le denier vaut 20 grains, le grain 20 mites, le mite 24 doit, le doit 20 périots, et le périot 24 blank. La *livre avoir du poids* se divise en 16 onces, l'once en 16 drachmes, la drachme en 3 scrupules, et le scrupule en 10 grains.

Florin (argent) 2 *shillings*.	2 f.	25
Guinée (or) jusqu'en 1816, monnaie faite avec l'or de la Guinée (ne circule guère).	26	45
Livre sterling (or) 20 shillings (monnaie de compte). La livre sterling a pour équivalent réel le *souverain*.. . .	25	»
Mohur (or) monnaie des Indes Britanniques (4 *pagodes*). .	36	70
Pagode (or) monnaie des Indes Britanniques..	9	25
Penny (cuivre) *denier sterling*.	0	10
Half-Penny (cuivre) 1/2 denier, 1/2 penny.	0	05
6 *Pence* (argent) 1/2 *shilling*..	0	60
Roupie (or) monnaie des Indes Britanniques, à l'effigie de la reine Victoria comme la monnaie suivante [1].	63	40
Roupie (argent) idem. (La roupie se divise en 1/2 roupie, 1/4 de roupie et 1/8 de roupie, qui vaut 2 *annas*). . . .	2	37
Shilling (argent) 12 *pence* ou *deniers sterling*..	1	25
1/2 *Shilling* (argent) 6 *pence*.	0	60
Souverain ou *Sovereign* (or) *pound sterling, livre sterling*, 20 *shillings* à 12 *pence*.	25	»
1/2 *Souverain* (or)..	12	50

Le titre légal du souverain ou de la livre sterling est de 0,917, le poids de 7 grammes 980855, et la pièce contient 7 grammes 318444035 de matière pure ; d'où il suit qu'en faisant une comparaison exacte avec la pièce de 20 francs, le souverain vaut 25 fr. 2079.

En Angleterre, l'or est à l'argent comme 14,28 est à 1 et non pas comme 15,5 est à 1, qui est, en France, le rapport des deux métaux.

Le nouveau shilling d'argent pèse 5 grammes 65, au titre de 0,925, et contient 5 grammes 226 d'argent pur ; il vaut donc 1 fr. 16.

Mesures diverses. — Longueur.

Yard (3 pieds.	mètre.		0.9144
Pied (12 pouces)..	—		0.3048
Pouce.	—		0.0254
Fathom (6 pieds)..	—		1.829

Mesures itinéraires.

Mille dit *Statute mile* (1,760 *yards*)..	kilomètre.		1.609
Lieue marine (3 milles 454).	—		5.558

---

[1] Il y a beaucoup d'autres monnaies dans l'Inde ; mais celle-ci seulement et le *mohur* sont frappées à l'effigie de la reine Victoria.

Mesures de superficie.

Yard carré (9 pieds carrés). . . . . mètre carré. 0.8361
Pied id. (144 pouces id.). . . . .   —   0.0929
Pouce id.. . . . . décim. cube. 0.0645

Mesures de solidité.

Pied cube. . . . . décim. cube. 28.315
Pouce id. . . . .   —   0.016386
Load (*last*) de bois (50 pieds cubes).. . . . mètre cube. 1.415852
Fathom cube (216 id.). . . . . —   6.116040
Tonneau de mer (40 id.).. . . . . —   1.132682

Mesures de capacité.

(*Liquides.*)

Gallon (4 *quarts*).. . . . . litre.   4.543
Quarts (2 *pints*).. . . . . —   1.136
Pint. . . . . —   0.568
Gill (1/4 de *pint*).. . . . . —   0.142
Baril autre qu'à bière (pas plus de 31 1/2
   gallons). . . . . —   143.105
Baril à bière (pas plus de 32 *gallons*). . . . —   145.376
Tonne (252 *gallons*).. . . . . — 1,144.836
Last (Goudron) (12 barils n'ayant chacun
   pas plus de 31 1/2 *gallons*). . . . . — 1,717.254

MARCHANDISES SÈCHES.

Boisseau (8 *gallons*).. . . . . —   36.344
Quarter (8 boisseaux). . . . . —   290.752

N. B. Dans les comptes qui suivent on a pris la valeur moyenne :
   25 francs pour la livre sterling.
   1 fr. 25 c. pour le shilling.
   0 fr. 10 c. pour le penny, ou encore 0 fr. 10 c. 1/2.

4

TROISIÈME PARTIE

COMPTES FAITS.

Conversion des Francs et Centimes

En Livres, Shillings et Deniers (ou *pences*) Anglais.

Fr. c.	s. d.	Fr. c.	s. d.	Fr. c.	s. d.
5 =	— 1/2	1 80 =	1 5 1/4	4 25 =	3 4 3/4
10	1	1 90 =	1 6 1/4	4 30	3 5 1/4
15	1 1/2	2 —	1 7 1/8	4 40	3 6 1/4
20	1 7/8	2 10	1 8 1/8	4 50	3 7 1/4
25	2 3/8	2 20	1 9 1/8	4 60	3 8 1/4
30	2 7/8	2 25	1 9 5/8	4 70	3 9 1/8
35	3 3/8	2 30	1 10 1/8	4 75	3 9 5/8
40	3 7/8	2 40	1 11	4 80	3 10 1/8
45	4 3/8	2 50	2 —	4 90	3 11
50	4 3/4	2 60	2 1	5 —	4
55	5 1/4	2 70	2 1 7/8	5 10	4 1
60	5 3/4	2 75	2 2 3/8	5 20	4 1 7/8
65	6 1/4	2 80	2 2 7/8	5 25	4 2 3/8
70	6 3/4	2 90	2 3 7/8	5 30	4 2 7/8
75	7 1/4	3 —	2 4 3/4	5 40	4 3 7/8
80	7 5/8	3 10	2 5 3/4	5 50	4 4 3/4
85	8 1/8	3 20	2 6 3/4	5 60	4 5 3/4
90	8 5/8	3 25	2 7 1/4	5 70	4 6 3/4
95	9 1/8	3 30	2 7 5/8	5 75	4 7 1/4
1 —	9 5/8	3 40	2 8 5/8	5 80	4 7 5/8
1 10	10 1/2	3 50	2 9 5/8	5 90	4 8 5/8
1 20	11 1/2	3 60	2 10 1/2	6 —	4 9 5/8
1 25	1 —	3 70	2 11 1/2	6 10	4 10 1/2
1 30	1 — 1/2	3 75	3 —	6 20	4 11 1/2
1 40	1 1 1/2	3 80	3 — 1/2	6 25	5 —
1 50	1 2 3/8	3 90	3 1 1/2	6 30	5 — 1/2
1 60	1 3 3/8	4 —	3 2 3/8	6 40	5 1 1/2
1 70	1 4 3/8	4 10	3 3 3/8	6 50	5 2 3/8
1 75	1 4 3/4	4 20	3 4 3/8	6 60	5 3 3/8

Fr. c.		s.	d.
6	70	5	4 $3/8$
6	75	5	4 $3/4$
6	80	5	5 $1/4$
6	90	5	6 $1/4$
7	—	5	7 $1/8$
7	10	5	8 $1/8$
7	20	5	9 $1/8$
7	25	5	9 $5/8$
7	30	5	10 $1/8$
7	40	5	11
7	50	6	—
7	60	6	1
7	70	6	1 $7/8$
7	75	6	2 $3/8$
7	80	6	2 $7/8$
7	90	6	3 $7/8$
8	—	6	4 $3/4$
8	10	6	5 $3/4$
8	20	6	6 $3/4$
8	25	6	7 $1/4$
8	30	6	7 $5/8$
8	40	6	8 $5/8$
8	50	6	9 $5/8$
8	60	6	10 $1/2$
8	70	6	11 $1/2$
8	75	7	—
8	80	7	— $1/2$
8	90	7	1 $1/2$
9	—	7	2 $3/8$
9	10	7	3 $3/8$
9	20	7	4 $3/8$
9	25	7	4 $3/4$
9	30	7	5 $1/4$
9	40	7	6 $1/4$
9	50	7	7 $1/4$
9	60	7	8 $1/8$
9	70	7	9 $1/8$
9	75	7	9 $5/8$
9	80	7	10 $1/8$
9	90	7	11
10	—	8	—
11	—	8	9 $1/2$
11	25	9	—
12	—	9	7 $1/4$
12	50	10	—

Fr. c.		L.	s.	d.
13		—	10	4 $3/4$
13	75	—	11	
14		—	11	2 $1/2$
15		—	12	
16		—	12	9 $1/2$
16	25	—	13	
17		—	13	7 $1/4$
17	50	—	14	
18		—	14	4 $3/4$
18	75	—	15	
19		—	15	2 $1/2$
20		—	16	
21		—	16	9 $1/2$
21	25	—	17	
22		—	17	7 $1/4$
22	50	—	18	
23		—	18	4 $3/4$
23	75	—	19	
24		—	19	2 $1/2$
25		1	—	—
26		1	—	9 $1/2$
27		1	1	7 $1/4$
28		1	2	4 $3/4$
29		1	3	2 $1/2$
30		1	4	
31		1	4	9 $1/2$
32		1	5	7 $1/4$
33		1	6	4 $3/4$
34		1	7	2 $1/2$
35		1	8	
36		1	8	9 $1/2$
37		1	9	7 $1/4$
38		1	10	4 $3/4$
39		1	11	2 $1/2$
40		1	12	
41		1	12	9 $1/2$
42		1	13	7 $1/4$
43		1	14	4 $3/4$
44		1	15	2 $1/2$
45		1	16	
46		1	16	9 $1/2$
47		1	17	7 $1/4$
48		1	18	4 $3/4$
49		1	19	2 $1/2$
50		2		

Fr. c.	L.	s.	d.
51	2	—	9 $1/2$
52	2	1	7 $1/4$
53	2	2	4 $3/4$
54	2	3	2 $1/4$
55	2	4	
56	2	4	9 $1/2$
57	2	5	7 $1/4$
58	2	6	4 $3/4$
59	2	7	2 $1/2$
60	2	8	
61	2	8	9 $1/2$
62	2	9	7 $1/4$
63	2	10	4 $3/4$
64	2	11	2 $1/2$
65	2	12	
66	2	12	9 $1/2$
67	2	13	7 $1/4$
68	2	14	4 $3/4$
69	2	15	2 $1/2$
70	2	16	
71	2	16	9 $1/2$
72	2	17	7 $1/4$
73	2	18	4 $3/4$
74	2	19	2 $1/2$
75	3		
76	3		9 $1/2$
77	3	1	7 $1/4$
78	3	2	4 $3/4$
79	3	3	2 $1/2$
80	3	4	
81	3	4	9 $1/2$
82	3	5	7 $1/4$
83	3	6	4 $3/4$
84	3	7	2 $1/2$
85	3	8	
86	3	8	9 $1/2$
87	3	9	7 $1/4$
88	3	10	4 $3/4$
89	3	11	2 $1/2$
90	3	12	
91	3	12	9 $1/2$
92	3	13	7 $1/4$
93	3	14	4 $3/4$
94	3	15	2 $1/2$
95	3	16	

Fr. c.	L. s. d.	Fr. c.	L. s. d.	Fr. c.	L. s. d.
96 =	3 16 9 $^1/_2$	98 =	3 18 4 $^3/_4$	100 =	4
97	3 17 7 $^1/_4$	99	3 19 2 $^1/_2$	1000	40

Conversion de la Livre, du Shilling
et du Denier (ou *penny*) anglais
En Francs et Centimes.

s. d.	Fr. c.	s. d.	Fr. c.	s. d.	Fr. c.
$^1/_4$ =	— 2 $^1/_2$	2 8 =	3 33	5 6 =	6 87 $^1/_2$
$^1/_2$	5	2 9	3 44	5 7	6 98
$^3/_4$	7 $^1/_2$	2 10	3 54	5 8	7 8
1	10	2 11	3 65	5 9	7 19
2	21	3	3 75	5 10	7 29
3	31	3 1	3 85	5 11	7 40
4	42	3 2	3 96	6	7 50
5	52	3 3	4 6	6 1	7 60
6	62 $^1/_2$	3 4	4 17	6 2	7 71
7	73	3 5	4 27	6 3	7 81
8	83	3 6	4 37 $^1/_2$	6 4	7 92
9	94	3 7	4 48	6 5	8 2
10	1 4	3 8	4 58	6 6	8 12 $^1/_2$
11	1 15	3 9	4 69	6 7	8 23
1 —	1 25	3 10	4 79	6 8	8 33
1 1	1 35	3 11	4 90	6 9	8 44
1 2	1 46	4	5	6 10	8 54
1 3	1 56	4 1	5 10	6 11	8 65
1 4	1 67	4 2	5 21	7	8 75
1 5	1 77	4 3	5 31	7 1	8 85
1 6	1 87 $^1/_2$	4 4	5 42	7 2	8 96
1 7	1 98	4 5	5 52	7 3	9 6
1 8	2 8	4 6	5 62 $^1/_2$	7 4	9 17
1 9	2 19	4 7	5 73	7 5	9 27
1 10	2 29	4 8	5 83	7 6	9 37 $^1/_2$
1 11	2 40	4 9	5 94	7 7	9 48
2	2 50	4 10	6 4	7 8	9 58
2 1	2 60	4 11	6 15	7 9	9 69
2 2	2 71	5	6 25	7 10	9 79
2 3	2 81	5 1	6 35	7 11	9 90
2 4	2 92	5 2	6 46	8	10
2 5	3 2	5 3	6 56	8 1	10 10
2 6	3 12 $^1/_2$	5 4	6 67	8 2	10 21
2 7	3 23	5 5	6 77	8 3	10 31

s.	d.		Fr.	c.		s.	d.		Fr.	c.		s.	d.		Fr.	c.
8	4	=	10	42		12	1	=	15	10		15	10	=	19	79
8	5		10	52		12	2		15	21		15	11		19	90
8	6		10	62 $^1/_2$		12	3		15	31		16			20	
8	7		10	73		12	4		15	42		16	1		20	10
8	8		10	83		12	5		15	52		16	2		20	21
8	9		10	94		12	6		15	62 $^1/_2$		16	3		20	31
8	10		11	4		12	7		15	73		16	4		20	42
8	11		11	15		12	8		15	88		16	5		20	52
9			11	25		12	9		15	94		16	6		20	62 $^1/_2$
9	1		11	35		12	10		16	4		16	7		20	73
9	2		11	46		12	11		16	15		16	8		20	83
9	3		11	56		13			16	25		16	9		20	94
9	4		11	67		13	1		16	35		16	10		21	4
9	5		11	77		13	2		16	46		16	11		21	15
9	6		11	87 $^1/_2$		13	3		16	56		17			21	25
9	7		11	98		13	4		16	67		17	1		21	35
9	8		12	8		13	5		16	77		17	2		21	46
9	9		12	19		13	6		16	87 $^1/_2$		17	3		21	56
9	10		12	29		13	7		16	98		17	4		21	67
9	11		12	40		13	8		17	8		17	5		21	77
10			12	50		13	9		17	19		17	6		21	87 $^1/_4$
10	1		12	60		13	10		17	29		17	7		21	98
10	2		12	71		13	11		17	40		17	8		22	8
10	3		12	81		14			17	50		17	9		22	19
10	4		12	92		14	1		17	60		17	10		22	29
10	5		13	2		14	2		17	71		17	11		22	40
10	6		13	12 $^1/_2$		14	3		17	81		18			22	50
10	7		13	23		14	4		17	92		18	1		22	60
10	8		13	33		14	5		18	2		18	2		22	71
10	9		13	44		14	6		18	12 $^1/_2$		18	3		22	81
10	10		13	54		14	7		18	23		18	4		22	92
10	11		13	65		14	8		18	33		18	5		23	2
11			13	75		14	9		18	44		18	6		23	12 $^1/_2$
11	1		13	85		14	10		18	54		18	7		23	23
11	2		13	96		14	11		18	65		18	8		23	33
11	3		14	6		15			18	75		18	9		23	44
11	4		14	17		15	1		18	85		18	10		23	54
11	5		14	27		15	2		18	96		18	11		23	65
11	6		14	37 $^1/_2$		15	3		19	6		19			23	75
11	7		14	48		15	4		19	17		19	1		23	85
11	8		14	58		15	5		19	27		19	2		23	96
11	9		14	69		15	6		19	37 $^1/_2$		19	3		24	6
11	10		14	79		15	7		19	48		19	4		24	17
11	11		14	90		15	8		19	58		19	5		24	27
12			15			15	9		19	69		19	6		24	37 $^1/_2$

s. d.	Fr. c.		L. s. d.	Fr.		L. s. d.	Fr.
19 7 =	24 48		3 — — =	75		30 — — =	750
19 8	24 58		4 — —	100		40 — —	1000
19 9	24 69		5 — —	125		50 — —	1250
19 10	24 79		6 — —	150		60 — —	1500
19 11	24 90		7 — —	175		70 — —	1750
			8 — —	200		80 — —	2000
L. s. d.	Fr.		9 — —	225		90 — —	2250
1 — — =	25		10 — —	250		100 — —	2500
2 — —	50		20 — —	500		1000 — —	25000

Conversion des Shillings

En Francs.

	Fr.	c.			Fr.	c.			Fr.	c.
1 shill. =	1	25		28 shill. =	35	»		55 shill. =	68	75
2	2	50		29	36	25		56	70	»
3	3	75		30	37	50		57	71	25
4	5	»		31	38	75		58	72	50
5	6	25		32	40	»		59	73	75
6	7	50		33	41	25		60	75	»
7	8	75		34	42	50		61	76	25
8	10	»		35	43	75		62	77	50
9	11	25		36	45	»		63	78	75
10	12	50		37	46	25		64	80	»
11	13	75		38	47	50		65	81	25
12	15	»		39	48	75		66	82	50
13	16	25		40	50	»		67	83	75
14	17	50		41	51	25		68	85	»
15	18	75		42	52	50		69	86	25
16	20	»		43	53	75		70	87	50
17	21	25		44	55	»		71	88	75
18	22	50		45	56	25		72	90	»
19	23	75		46	57	50		73	91	25
20	25	»		47	58	75		74	92	50
21	26	25		48	60	»		75	93	75
22	27	50		49	61	25		76	95	»
23	28	75		50	62	50		77	96	25
24	30	»		51	63	75		78	97	50
25	31	25		52	65	»		79	98	75
26	32	50		53	66	25		80	100	»
27	33	75		54	67	50		81	101	25

	Fr.	c.		Fr.	c.		Fr.	c.
82 shill.=	102	50	89 shill.=	111	25	96 shill.=	120	»
83	103	75	90	112	50	97	121	25
84	105	»	91	113	75	98	122	50
85	106	25	92	115	»	99	123	75
86	107	50	93	116	25	100	125	»
87	108	75	94	117	50			
88	110	»	95	118	75			

Conversion du Penny et des Pence

(*Deniers anglais*)

EN CENTIMES ET EN FRANCS.

	Fr.	c.		Fr.	c.		Fr.	c.
1 penny=	—	10 $\frac{1}{2}$	19 penny =	1	99 $\frac{1}{2}$	37 penny =	3	88 $\frac{1}{2}$
2 pence		21	20	2	10	38	3	99
3		31 $\frac{1}{2}$	21	2	20 $\frac{1}{2}$	39	4	09 $\frac{1}{2}$
4		42	22	2	31	40	4	20
5		52 $\frac{1}{2}$	23	2	41 $\frac{1}{2}$	41	4	30 $\frac{1}{2}$
6		63	24	2	52	42	4	41
7		73 $\frac{1}{2}$	25	2	62	43	4	51 $\frac{1}{2}$
8		84	26	2	73	44	4	12
9		94 $\frac{1}{2}$	27	2	83 $\frac{1}{2}$	45	4	72 $\frac{1}{2}$
10	1	05	28	2	94	46	4	83
11	1	15 $\frac{1}{2}$	29	3	04 $\frac{1}{2}$	47	4	93 $\frac{1}{2}$
12	1	26	30	3	15	48	5	04
13	1	36 $\frac{1}{2}$	31	3	25 $\frac{1}{2}$	49	5	14 $\frac{1}{2}$
14	1	47	32	3	36	50	5	25
15	1	57 $\frac{1}{2}$	33	3	46 $\frac{1}{2}$	100	10	50
16	1	68	34	3	57	200	21	»
17	1	78 $\frac{1}{2}$	35	3	67 $\frac{1}{2}$			
18	1	89	36	3	78			

Réduction du Centimètre et du Mètre

EN INCHES (*pouces*) ET EN YARDS.

Cent.	Inches.	Yards.	Cent.	Inches.	Yards.	Cent.	Inches.	Yards.
5 =	2	ou —	30 =	11 $\frac{7}{8}$	ou — $\frac{3}{8}$	55 =	21 $\frac{5}{8}$	ou — $\frac{5}{8}$
10	4	— $\frac{1}{8}$	35	13 $\frac{3}{4}$	— $\frac{3}{8}$	60	23 $\frac{5}{8}$	— $\frac{5}{8}$
15	5 $\frac{7}{8}$	— $\frac{1}{8}$	40	15 $\frac{3}{4}$	— $\frac{3}{8}$	65	25 $\frac{5}{8}$	— $\frac{3}{8}$
20	7 $\frac{7}{8}$	— $\frac{1}{4}$	45	17 $\frac{7}{8}$	— $\frac{1}{2}$	70	27 $\frac{1}{2}$	— $\frac{3}{4}$
25	9 $\frac{7}{8}$	— $\frac{1}{4}$	50	19 $\frac{5}{8}$	— $\frac{1}{2}$	75	29 $\frac{1}{2}$	— $\frac{3}{4}$

Cent.		Inches.	Yards.
80	=	31 $\frac{1}{2}$	— $\frac{7}{8}$
85		33 $\frac{1}{2}$	— $\frac{7}{8}$
90		35 $\frac{1}{2}$	1
95		39 $\frac{3}{8}$	1 $\frac{1}{8}$

Mètres.		Yards.	Huit.
1	=	1	1
2		2	1
3		3	2
4		4	3
5		5	4
6		6	4
7		7	5
8		8	6
9		9	7
10		11	
11		12	
12		13	1
13		14	2
14		15	2
15		16	3
16		17	4
17		18	5
18		19	5
19		20	6
20		21	7
21		23	
22		24	
23		25	1
24		26	2
25		27	3
26		28	3
27		29	4
28		30	5
29		31	6
30		32	6

Mètres.		Yards.	Huit.
31	=	33	7
32		35	
33		36	1
34		37	1
35		38	2
36		39	3
37		40	4
38		41	4
39		42	5
40		43	6
41		44	7
42		45	7
43		47	
44		48	1
45		49	2
46		50	2
47		51	3
48		52	4
49		53	5
50		54	5
51		55	6
52		56	7
53		58	
54		59	
55		60	1
56		61	2
57		62	3
58		63	3
59		64	4
60		65	5
61		66	6
62		67	6
63		68	7
64		70	
65		71	1
66		72	1

Mètres.		Yards.	Huit.
67	=	73	2
68		74	3
69		75	4
70		76	4
71		77	5
72		78	6
73		79	7
74		80	7
75		82	
76		83	1
77		84	2
78		85	2
79		86	3
80		87	4
81		88	5
82		89	5
83		90	6
84		91	7
85		93	
86		94	
87		95	1
88		96	2
89		97	3
90		98	3
91		99	4
92		100	5
93		101	6
94		102	6
95		103	7
96		105	
97		106	1
98		107	1
99		108	2
100		109	3

Réduction du Yard

En Mètres.

Yards.	Mèt.	Cent.	Yards.	Mèt.	Cent.	Yards.	Mèt.	Cent.
1/8	—	11 1/2	30	27	43	66	60	35
1/4		23	31	28	35	67	61	26
3/8		34 1/4	32	29	26	68	62	18
1/2		45 3/4	33	30	17	69	63	9
5/8		57 1/4	34	31	9	70	64	
3/4		68 3/4	35	32		71	64	92
7/8		80	36	32	92	72	65	84
1		91 1/2	37	33	83	73	66	75
2	1	83	38	34	75	74	67	66
3	2	74	39	35	66	75	68	58
4	3	66	40	36	58	76	69	49
5	4	57	41	37	49	77	70	41
6	5	49	42	38	40	78	71	32
7	6	40	43	39	32	79	72	24
8	7	32	44	40	23	80	73	15
9	8	23	45	41	15	81	74	6
10	9	14	46	42	6	82	74	98
11	10	6	47	42	98	83	75	89
12	10	97	48	43	89	84	76	81
13	11	89	49	44	80	85	77	72
14	12	80	50	45	72	86	78	64
15	13	72	51	46	63	87	79	55
16	14	63	52	47	55	88	80	47
17	15	54	53	48	46	89	81	38
18	16	46	54	49	38	90	82	29
19	17	37	55	50	29	91	83	21
20	18	28	56	51	21	92	84	12
21	19	20	57	52	12	93	85	4
22	20	12	58	53	3	94	85	95
23	21	3	59	53	95	95	86	87
24	21	95	60	54	86	96	87	78
25	22	86	61	55	78	97	88	69
26	23	77	62	56	69	98	89	61
27	24	69	63	57	61	99	90	52
28	25	60	64	58	52	100	91	44
29	26	52	65	59	43	1000	914	38

Conversion des Pouces anglais

(*Inches*)

En Centimètres.

Pouces.	Cent.	Pouces.	Cent.	Pouces.	Cent.
1 =	2 $^1/_2$	35	87 $^1/_2$	69	172 $^1/_2$
2	5	36	90	70	175
3	7 $^1/_2$	37	92 $^1/_2$	71	177 $^1/_2$
4	10	38	95	72	180
5	12 $^1/_2$	39	97 $^1/_2$	73	182 $^1/_2$
6	15	40	100	74	185
7	17 $^1/_2$	41	102 $^1/_2$	75	187 $^1/_2$
8	20	42	105	76	190
9	22 $^1/_2$	43	107 $^1/_2$	77	192 $^1/_2$
10	25	44	110	78	195
11	27 $^1/_2$	45	112 $^1/_2$	79	197 $^1/_2$
12	30	46	115	80	200
13	32 $^1/_2$	47	117 $^1/_2$	81	202 $^1/_2$
14	35	48	120	82	205
15	37 $^1/_2$	49	122 $^1/_2$	83	207 $^1/_2$
16	40	50	125	84	210
17	42 $^1/_2$	51	127 $^1/_2$	85	212 $^1/_2$
18	45	52	130	86	215
19	47 $^1/_2$	53	132 $^1/_2$	87	217 $^1/_2$
20	50	54	135	88	220
21	52 $^1/_2$	55	137 $^1/_2$	89	222 $^1/_2$
22	55	56	140	90	225
23	57 $^1/_2$	57	142 $^1/_2$	91	227 $^1/_2$
24	60	58	145	92	230
25	62 $^1/_2$	59	147 $^1/_2$	93	232 $^1/_2$
26	65	60	150	94	235
27	67 $^1/_2$	61	152 $^1/_2$	95	237 $^1/_2$
28	70	62	155	96	240
29	72 $^1/_2$	63	157 $^1/_2$	97	242 $^1/_2$
30	75	64	160	98	245
31	77 $^1/_2$	65	162 $^1/_2$	99	247 $^1/_2$
32	80	66	165	100	250
33	82 $^1/_2$	67	167 $^1/_2$		
34	85	68	170		

Réduction de l'Aune en Yard

(MESURE USITÉE POUR LES SOIES).

Aunes.	Yards.	Huit.	Aunes.	Yards.	Huit.	Aunes.	Yards.	Huit.
1/8	—	1	30	37	6	66	83	—
1/4	—	2	31	39		67	84	2
3/8	—	4	32	40	2	68	85	4
1/2	—	5	33	41	4	69	86	6
5/8	—	6	34	42	6	70	88	
3/4	—	7	35	44		71	89	2
7/8	1	1	36	45	2	72	90	4
1	1	2	37	46	4	73	91	6
2	2	4	38	47	6	74	93	
3	3	6	39	49		75	94	2
4	5		40	50	2	76	95	4
5	6	2	41	51	4	77	96	6
6	7	4	42	52	6	78	98	
7	8	6	43	54		79	99	2
8	10		44	55	2	80	100	5
9	11	2	45	56	4	81	101	7
10	12	4	46	57	6	82	103	1
11	13	6	47	59	1	83	104	3
12	15		48	60	3	84	105	5
13	16	2	49	61	5	85	106	7
14	17	4	50	62	7	86	108	1
15	18	7	51	64	1	87	109	3
16	20	1	52	65	3	88	110	5
17	21	3	53	66	5	89	111	7
18	22	5	54	67	7	90	113	1
19	23	7	55	69	1	91	114	3
20	25	1	56	70	3	92	115	5
21	26	3	57	71	5	93	116	7
22	27	5	58	72	7	94	118	1
23	28	7	59	74	1	95	119	4
24	30	1	60	75	4	96	120	6
25	31	4	61	76	6	97	122	
26	32	6	62	78		98	123	2
27	34		63	79	2	99	124	4
28	35	2	64	80	4	100	125	6
29	36	4	65	81	6	1000	1257	4

Réduction du poids français

En Poids anglais

(Tonnes, Quintaux, Quarters, Livres, Onces).

	Quint.	Quart.	Liv.	Onces.		Quint.	Quart.	Liv.	Onces.
¼ Kilog. ou 250 grammes	—	—	—	8 $^4/_5$	8			17	9 $^3/_5$
½ Kilog. ou 500 grammes			1	3 $^3/_5$	9			19	12 $^4/_5$
¾ Kilog. ou 750 grammes			1	10 $^2/_5$	10			22	
1 Kilog.			2	3 $^1/_5$	20		1	16	1
2			4	6 $^2/_5$	30		2	10	2
3			6	9 $^3/_5$	40		3	4	3
4			8	12 $^4/_5$	50		3	26	4
5			11		60	1		20	4
6			13	3 $^1/_5$	70	1	1	14	5
7			15	6 $^2/_5$	80	1	2	8	6
					90	1	3	2	7
					100	1	3	24	7

Kilog.	Quint.	Quart.	Liv.	Kilog.	Tonnes.	Quint.	Quart.	Liv.
200	3	3	21	2000	1	19	2	15
300	5	3	17	3000	2	19		6
400	7	3	14	4000	3	18	2	26
500	9	3	10	5000	4	18	1	19
600	11	3	7	6000	5	18		12
700	13	3	3	7000	6	17	3	4
800	15	3		8000	7	17	1	21
900	17	2	24	9000	8	17		14
1000	19	2	21	10000	9	16	3	6

N. B. — Nous avons déjà et nous allons voir encore que *l'once* = 28 gr. 35 ; la *livre* = 453 gr. 59 ; (le *quarter* = 12 kilog. 70 gr.) le *quintal* = 50 kilog. 802 gr. ; et que la *tonne* = 1016 kilog. 048 gr.

Réduction du poids anglais

En Poids français.

Onces.	Kilos.	Grms.	Onces.	Kilos.	Grms.	Onces.	Kilos.	Grms.
1 =	—	28	6 =	—	170	11 =	—	312
2	—	57	7	—	198	12	—	340
3	—	85	8	—	227	13	—	369
4	—	113	9	—	255	14	—	397
5	—	142	10	—	284	15	—	425

Livres.	Kilos.	Grms.	Livres.	Kilos.	Grms.	Livres.	Kilos.	Grms.
1 =	—	454	10 =	4	536	19 =	8	619
2	—	907	11	4	990	20	9	72
3	1	361	12	5	443	21	9	526
4	1	814	13	5	897	22	9	980
5	2	268	14	6	351	23	10	433
6	2	722	15	6	804	24	10	887
7	3	175	16	7	258	25	11	341
8	3	629	17	7	711	26	11	794
9	4	82	18	8	165	27	12	248

Quarters.		Kilos.	Quarters.		Kilos.
1	=	12.70	3	=	38.10
2		25.40	4		50.80

Quintaux.	Kilos.	Quintaux.	Kilos.	Quintaux.	Kilos.
1 =	50.80	8 =	406.40	15 =	762
2	101.60	9	457.20	16	812.80
3	152.40	10	508	17	863.60
4	203.20	11	558.80	18	914.40
5	254	12	609.60	19	965.20
6	304.80	13	660.40	20	1016
7	355.60	14	711.20		

Tonnes.	Kilos.	Tonnes.	Kilos.	Tonnes.	Kilos.
1 =	1016	8 =	8128.40	60 =	60963
2	2032.10	9	9144.40	70	71123.40
3	3049.10	10	10160.50	80	81284
4	4064.20	20	20321	90	91444.30
5	5080.20	30	30481.40	100	101604.80
6	6096.30	40	40642	1000	1016048
7	7112.30	50	50802.40		

TABLE DE COMPTES FAITS

Pour la comparaison des prix au Mètre et au Yard

Avec 4 valeurs d'augmentation.

PRIX PAR YARD.	PRIX PAR MÈTRE.	AUGMENTATION SUR LE PRIX PAR MÈTRE de			
		10 %	15 %	20 %	25 %
den-ou-penny.	fr. c.	fr. c.	fr. c.	fr. c.	fr. c.
1	» 11	» 12	» 12 1/2	» 13	» 13 1/2
1 1/16	» 11 1/2	» 12 1/2	» 13	» 13 1/2	» 14
1 1/8	» 12 1/2	» 13 1/2	» 14	» 14 1/2	» 15
1 3/16	» 13	» 14	» 14 1/2	» 15	» 16
1 1/4	» 14	» 15	» 16	» 16 1/2	» 17
1 5/16	» 14 1/2	» 16	» 16 1/2	» 17	» 18
1 3/8	» 15 1/2	» 17	» 18	» 18 1/2	» 19 1/2
1 7/16	» 16	» 17 1/2	» 18 1/2	» 19	» 20
1 1/2	» 17	» 18 1/2	» 19	» 20	» 21
1 9/16	» 18	» 19 1/2	» 20	» 21	» 22
1 5/8	» 18 1/2	» 20	» 21 1/2	» 22	» 23
1 11/16	» 19	» 21 1/2	» 22	» 23	» 24
1 3/4	» 20	» 22	» 23	» 24	» 25
1 13/16	» 21	» 23	» 23 1/2	» 24 1/2	» 25. 1/2
1 7/8	» 21 1/2	» 23 1/2	» 24 1/2	» 25	« 26
1 15/16	» 22	» 25	» 26	» 27	» 27 1/2
2	» 23	» 25 1/2	» 26 1/2	» 27	» 28
2 1/16	» 23 1/2	» 26	» 27	» 28	» 29
2 1/8	» 24 1/2	» 26 1/2	» 27 1/2	» 29	» 30
2 3/16	» 25 1/2	» 27 1/2	» 28 1/2	» 29 1/2	» 31
2 1/4	» 26	» 29	» 30	» 31	» 32
2 5/16	» 27	» 30	» 31	» 32	» 33
2 3/8	» 27 1/2	» 31	» 32	» 33	» 34
2 7/16	» 28	» 31 1/2	» 33	» 34	» 35
2 1/2	» 29	» 32 1/2	» 34	» 35	» 36
2 9/16	» 29 1/2	» 33 1/2	» 34 1/2	» 35 1/2	» 37
2 5/8	» 30	» 34	» 35 1/2	» 36	» 37 1/2
2 11/16	» 30 1/2	» 34 1/2	» 36	» 37	» 38
2 3/4	» 31	» 35	» 36 1/2	» 38	» 39
2 13/16	» 32	» 36	» 37	» 38 1/2	» 39 1/2
2 7/8	» 32	» 36 1/2	» 37 1/2	» 38 1/2	» 40
2 15/16	» 33 1/2	» 37	» 38	» 39	» 41 1/2
3	» 34	» 37	» 39	» 41	» 42

PRIX PAR YARD.	PRIX PAR MÈTRE.	AUGMENTATION SUR LE PRIX PAR MÈTRE de			
		10 %	15 %	20 %	25 %
deniers.	fr. c.	fr. c.	fr. c.	fr. c.	fr. c.
3 $\frac{1}{4}$	» 37	» 40	» 42	» 44	» 46
3 $\frac{1}{2}$	» 40	» 44	» 46	» 48	» 50
3 $\frac{3}{4}$	» 43	» 47	» 49	» 51	» 53
4	» 45	» 50	» 52	» 54	» 57
4 $\frac{1}{4}$	» 48	» 53	» 56	» 58	» 60
4 $\frac{1}{2}$	» 51	» 56	» 59	» 61	» 64
4 $\frac{3}{4}$	» 54	» 59	» 62	» 65	» 68
5	» 57	» 63	» 65	» 68	» 71
5 $\frac{1}{4}$	» 60	» 66	» 69	» 72	» 75
5 $\frac{1}{2}$	» 63	» 69	» 72	» 75	» 78
5 $\frac{3}{4}$	» 65	» 72	» 75	» 78	» 82
6	» 68	» 75	» 79	» 82	» 85
6 $\frac{1}{4}$	» 71	» 78	» 82	» 85	» 89
6 $\frac{1}{2}$	» 74	» 81	» 85	» 89	» 92
6 $\frac{3}{4}$	» 77	» 84	» 88	» 92	» 96
7	» 80	» 88	» 92	» 96	1 »
7 $\frac{1}{4}$	» 83	» 91	» 95	» 99	1 03
7 $\frac{1}{2}$	» 85	» 94	» 98	1 02	1 07
7 $\frac{3}{4}$	» 88	» 97	1 01	1 06	1 10
8	» 91	1 »	1 05	1 09	1 14
8 $\frac{1}{4}$	» 94	1 03	1 08	1 13	1 17
8 $\frac{1}{2}$	» 97	1 06	1 11	1 16	1 21
8 $\frac{3}{4}$	1 »	1 10	1 15	1 20	1 24
9	1 02	1 13	1 18	1 23	1 28
9 $\frac{1}{4}$	1 05	1 16	1 21	1 26	1 32
9 $\frac{1}{2}$	1 08	1 19	1 24	1 30	1 35
9 $\frac{3}{4}$	1 11	1 22	1 28	1 33	1 39
10	1 14	1 25	1 31	1 37	1 42
10 $\frac{1}{4}$	1 17	1 28	1 34	1 40	1 46
10 $\frac{1}{2}$	1 20	1 31	1 37	1 43	1 49
10 $\frac{3}{4}$	1 22	1 35	1 41	1 47	1 53
11	1 25	1 38	1 44	1 50	1 56
11 $\frac{1}{4}$	1 28	1 41	1 47	1 54	1 60
11 $\frac{1}{2}$	1 31	1 44	1 51	1 57	1 64
11 $\frac{3}{4}$	1 34	1 47	1 54	1 61	1 67
12	1 37	1 50	1 57	1 64	1 71
12 $\frac{1}{4}$	1 39	1 53	1 60	1 67	1 74
12 $\frac{1}{2}$	1 42	1 57	1 64	1 71	1 78
12 $\frac{3}{4}$	1 45	1 60	1 67	1 74	1 81
13	1 48	1 63	1 70	1 78	1 85
13 $\frac{1}{4}$	1 51	1 66	1 73	1 81	1 89
13 $\frac{1}{2}$	1 54	1 69	1 77	1 84	1 92

PRIX PAR YARD.	PRIX PAR MÈTRE.		AUGMENTATION SUR LE PRIX PAR MÈTRE de							
			10 %		15 %		20 %		25 %	
deniers.	fr.	c.	fr.	c.	fr.	c.	fr.	c.	fr.	c.
13 3/4	1	57	1	72	1	80	1	88	1	96
14	1	59	1	75	1	83	1	91	1	99
14 1/4	1	62	1	78	1	87	1	95	2	03
14 1/2	1	65	1	82	1	90	1	98	2	06
14 3/4	1	68	1	85	1	93	2	01	2	10
15	1	71	1	88	1	96	2	05	2	13
15 1/4	1	74	1	91	2	»	2	08	2	17
15 1/2	1	76	1	94	2	03	2	12	2	21
15 3/4	1	79	1	97	2	06	2	15	2	24
16	1	82	2	»	2	09	2	19	2	28
16 1/4	1	85	2	03	2	13	2	22	2	31
16 1/2	1	88	2	07	2	16	2	25	2	35
16 3/4	1	91	2	10	2	19	2	29	2	38
17	1	93	2	13	2	23	2	32	2	42
17 1/4	1	96	2	16	2	26	2	36	2	45
17 1/2	1	99	2	19	2	29	2	39	2	49
17 3/4	2	02	2	22	2	32	2	42	2	53
18	2	05	2	25	2	36	2	46	2	56
18 1/4	2	08	2	28	2	39	2	49	2	60
18 1/2	2	11	2	32	2	42	2	53	2	63
18 3/4	2	13	2	35	2	45	2	56	2	67
19	2	16	2	38	2	49	2	60	2	70
19 1/4	2	19	2	41	2	52	2	63	2	74
19 1/2	2	22	2	44	2	55	2	66	2	77
19 3/4	2	25	2	47	2	59	2	70	2	81
20	2	28	2	50	2	62	2	73	2	85
20 1/4	2	30	2	54	2	65	2	77	2	88
20 1/2	2	33	2	57	2	68	2	80	2	92
20 3/4	2	36	2	60	2	72	2	83	2	95
21	2	39	2	63	2	75	2	87	2	99
21 1/4	2	42	2	66	2	78	2	90	3	02
21 1/2	2	45	2	69	2	81	2	94	3	06
21 3/4	2	48	2	72	2	85	2	97	3	09
22	2	50	2	75	2	88	3	»	3	13
22 1/4	2	53	2	79	2	91	3	04	3	17
22 1/2	2	56	2	82	2	95	3	07	3	20
22 3/4	2	59	2	85	2	98	3	11	3	24
23	2	62	2	88	3	01	3	14	3	27
23 1/2	2	67	2	94	3	07	3	21	3	34
24	2	73	3	»	3	14	3	28	3	41
24 1/2	2	79	3	07	3	21	3	35	3	49
25	2	85	3	13	3	27	3	41	3	56

PRIX PAR YARD.	PRIX PAR MÈTRE.		AUGMENTATION SUR LE PRIX PAR MÈTRE de							
			10 %/0		15 %/0		20 %/0		25 %/0	
deniers.	fr.	c.	fr.	c.	fr.	c.	fr.	c.	fr.	c.
25 1/2	2	90	3	19	3	34	3	48	3	63
26	2	96	3	26	3	40	3	55	3	70
26 1/2	3	02	3	32	3	47	3	62	3	77
27	3	07	3	38	3	53	3	69	3	84
27 1/2	3	13	3	44	3	60	3	76	3	91
28	3	19	3	51	3	66	3	82	3	98
28 1/2	3	24	3	57	3	73	3	89	4	05
29	3	30	3	63	3	80	3	96	4	13
29 1/2	3	36	3	69	3	86	4	03	4	20
30	3	41	3	76	3	93	4	10	4	27
30 1/2	3	47	3	82	3	99	4	17	4	34
31	3	53	3	88	4	06	4	25	4	41
31 1/2	3	59	3	94	4	12	4	30	4	48
32	3	64	4	01	4	19	4	37	4	55
32 1/2	3	70	4	07	4	25	4	44	4	62
33	3	76	4	13	4	32	4	51	4	70
33 1/2	3	81	4	19	4	38	4	58	4	77
34	3	87	4	26	4	45	4	64	4	84
34 1/2	3	93	4	32	4	52	4	71	4	91
35	3	98	4	38	4	58	4	78	4	98
35 1/2	4	04	4	44	4	65	4	85	5	05
36	4	10	4	51	4	71	4	92	5	12
36 1/2	4	15	4	57	4	78	4	99	5	19
37	4	21	4	63	4	84	5	05	5	26
37 1/2	4	27	4	69	4	91	5	12	5	34
38	4	32	4	76	4	97	5	19	5	41
38 1/2	4	38	4	82	5	04	5	26	5	48
39	4	44	4	88	5	10	5	33	5	55
39 1/2	4	50	4	95	5	17	5	39	5	62
40	4	55	5	01	5	24	5	46	5	69
40 1/2	4	61	5	07	5	30	5	53	5	76
41	4	67	5	13	5	37	5	60	5	83
41 1/2	4	72	5	20	5	43	5	67	5	90
42	4	78	5	26	5	49	5	73	5	97
42 1/2	4	83	5	32	5	56	5	80	6	04
43	4	89	5	38	5	62	5	87	6	11
43 1/2	4	95	5	44	5	69	5	94	6	19
44	5	»	5	51	5	76	6	01	6	26
44 1/2	5	06	5	57	5	82	6	07	6	33
45	5	12	5	63	5	89	6	14	6	40
45 1/2	5	18	5	69	5	95	6	21	6	47
46	5	23	5	76	6	02	6	28	6	54

PRIX PAR YARD.	PRIX PAR MÈTRE.	AUGMENTATION SUR LE PRIX PAR MÈTRE de			
		10 %	15 %	20 %	25 %
deniers	fr. c.	fr. c.	fr. c.	fr. c.	fr. c.
46 $^1/_2$	5 29	5 82	6 08	6 35	6 61
47	5 35	5 88	6 15	6 42	6 68
47 $^1/_2$	5 40	5 94	6 21	6 48	6 75
48	5 46	6 »	6 28	6 55	6 83
48 $^1/_2$	5 52	6 07	6 34	6 62	6 90
49	5 57	6 13	6 41	6 69	6 97
49 $^1/_2$	5 63	6 19	6 48	6 76	7 04
50	5 69	6 26	6 54	6 82	7 11
50 $^1/_2$	5 74	6 32	6 61	6 89	7 18
51	5 79 $^1/_2$	6 38	6 68	6 96	7 25
51 $^1/_2$	5 85	6 44	6 75	7 03	7 32
52	5 90 $^1/_2$	6 50	6 82	7 10	7 39
52 $^1/_2$	5 96	6 56	6 89	7 17	7 46
53	6 01	6 64	6 96	7 24	7 53
53 $^1/_2$	6 06 $^1/_2$	6 70	7 03	7 30	7 60
54	6 13	6 76	7 09	7 37	7 67
54 $^1/_2$	6 18 $^1/_2$	6 82	7 16	7 44	7 74
55	6 24	6 88	7 22	7 51	7 81
55 $^1/_2$	6 30	6 94	7 29	7 58	7 88
56	6 36 $^1/_2$	7 01	7 36	7 65	7 95
56 $^1/_2$	6 42	7 07	7 43	7 71	8 02
57	6 47	7 13	7 49	7 78	8 09
57 $^1/_2$	6 52	7 19	7 55	7 85	8 16
58	6 58	7 25	7 62	7 92	8 23
58 $^1/_2$	6 64	7 31	7 69	7 99	8 30
59	6 70	7 37	7 76	8 06	8 37
59 $^1/_2$	6 75	7 44	7 83	8 13	8 43
60	6 81	7 50	7 90	8 20	8 50
60 $^1/_2$	6 87	7 56 $^1/_2$	7 96 $^1/_2$	8 27	8 57
61	6 93	7 63	8 03	8 34	8 65
61 $^1/_2$	6 99	7 68 $^1/_2$	8 09 $^1/_2$	8 41	8 72
62	7 05	7 75	8 16	8 48	8 80
62 $^1/_2$	7 11	7 81 $^1/_2$	8 22 $^1/_2$	8 55	8 87
63	7 17	7 87	8 29	8 62	8 95
63 $^1/_2$	7 23	7 93 $^1/_2$	8 35 $^1/_2$	8 69	9 02
64	7 29	8 »	8 42	8 76	9 10
64 $^1/_2$	7 36	8 07	8 48 $^1/_2$	8 83	9 17
65	7 41	8 13 $^1/_2$	8 55	8 90	9 25
65 $^1/_2$	7 47	8 20	8 61 $^1/_2$	8 97	9 32
66	7 53	8 26	8 68	9 04	9 40
66 $^1/_2$	7 59	8 32 $^1/_2$	8 74 $^1/_2$	9 11	9 47
67	7 65	8 39	8 81	9 18	9 55

PRIX PAR YARD.	PRIX PAR MÈTRE.		AUGMENTATION SUR LE PRIX PAR MÈTRE de							
			10 %		15 %		20 %		25 %	
deniers.	fr.	c.	fr.	c.	fr.	c.	fr.	c.	fr.	c.
67 $^1/_2$	7	71	8	46	8	87 $^1/_2$	9	25	9	62
68	7	76	8	53	8	94	9	32	9	70
68 $^1/_2$	7	81	8	60	9	»	9	39	9	77
69	7	88	8	67	9	07	9	46	9	85
69 $^1/_2$	7	94	8	73	9	14	9	53	9	92
70	8	»	8	80	9	20	9	60	10	»
70 $^1/_2$	8	05	8	86	9	27	9	67	10	07
71	8	11	8	92	9	34	9	74	10	15
71 $^1/_2$	8	16	8	98	9	40	9	81	10	22
72	8	22	9	04	9	47	9	88	10	30
72 $^1/_2$	8	27	9	10	9	53	9	95	10	39
73	8	33	9	16	9	59	10	02	10	45
73 $^1/_2$	8	38	9	22	9	66	10	09	10	52
74	8	44	9	28	9	73	10	16	10	60
74 $^1/_2$	8	49	9	34	9	80	10	23	10	67
75	8	55	9	40	9	87	10	30	10	75
75 $^1/_2$	8	60	9	46	9	93	10	37	10	82
76	8	66	9	52	10	»	10	44	10	90
76 $^1/_2$	8	71	9	58	10	06	10	51	10	97
77	8	77	9	64	10	13	10	58	11	05
77 $^1/_2$	8	82	9	70	10	19	10	65	11	12
78	8	88	9	76	10	25	10	72	11	20
78 $^1/_2$	8	93	9	82	10	31	10	79	11	27
79	8	99	9	88	10	37	10	86	11	35
79 $^1/_2$	9	04	9	94	10	43	10	93	11	42
80	9	10	10	»	10	50	11	»	11	50
80 $^1/_2$	9	15	10	06	10	56	11	06	11	56
81	9	21	10	13	10	63	11	13	11	63
81 $^1/_2$	9	26	10	19	10	69	11	19	11	69
82	9	32	10	26	10	76	11	26	11	76
82 $^1/_2$	9	37	10	32	10	82	11	32	11	82
83	9	43	10	39	10	89	11	39	11	89
83 $^1/_2$	9	48	10	45	10	95	11	45	11	95
84	9	54	10	52	11	02	11	52	12	02
84 $^1/_2$	9	59	10	58	11	08	11	58	12	08
85	9	65	10	65	11	15	11	65	12	15
85 $^1/_2$	9	70	10	71	11	21	11	71	12	21
86	9	76	10	78	11	28	11	78	12	28
86 $^1/_2$	9	81	10	84	11	34	11	84	12	34
87	9	87	10	91	11	41	11	91	12	41
87 $^1/_2$	9	92	10	97	11	47	11	97	12	47
88	9	98	11	04	11	54	12	04	12	54

| PRIX PAR YARD. | PRIX PAR MÈTRE. | | AUGMENTATION SUR LE PRIX PAR MÈTRE de | | | | | | |
| | | | 10 % | | 15 % | | 20 % | | 25 % | |
denicrs.	fr.	c.	fr.	c.	fr.	c.	fr.	c.	fr.	c.
88 1/2	10	03	11	10	11	60	12	10	12	60
89	10	09	11	17	11	67	12	17	12	67
89 1/2	10	15	11	23	11	73	12	23	12	73
90	10	21	11	30	11	80	12	30	12	80
90 1/2	10	27	11	36	11	86	12	36	12	87
91	10	33	11	42	11	93	12	43	12	94
91 1/2	10	40	11	48	11	99	12	50	13	01
92	10	46	11	54	12	06	12	56	13	08
92 1/2	10	53	11	60	12	12	12	62	13	15
93	10	60	11	66	12	19	12	69	13	22
93 1/2	10	67	11	72	12	25	12	76	13	29
94	10	74	11	78	12	32	12	82	13	36
94 1/2	10	80	11	84	12	38	12	89	13	44
95	10	85	11	90	12	45	12	97	13	51
95 1/2	10	91	11	97	12	51	13	04	13	58
96	10	96	12	03	12	57	13	10	13	65
96 1/2	11	02	12	10	12	64	13	16	13	72
97	11	07	12	16	12	70	13	23	13	79
97 1/2	11	13	12	22	12	77	13	30	13	86
98	11	18	12	28	12	83	13	37	13	93
98 1/2	11	22	12	34	12	89	13	43	14	»
99	11	27	12	40	12	95	13	50	14	08
99 1/2	11	32	12	46	13	02	13	57	14	15
100	11	38	12	52	13	08	13	64	14	22
200	22	80	25	»	26	20	27	40	28	50
300	34	70	38	20	39	90	41	70	43	40
400	45	50	50	10	52	40	54	60	56	90
500	56	90	62	60	65	40	68	20	71	10
600	68	10	75	»	79	»	82	»	85	»
700	80	»	88	»	92	»	96	»	100	»
800	91	»	100	»	105	»	110	»	115	»
900	102	70	113	60	118	60	123	60	128	60
1000	113	80	125	20	130	80	136	40	142	20

Rapport des Mesurages belges.

PRIX AU MÈTRE FRANÇAIS	A L'AUNE DE HAINAUT	A L'AUNE DE BRABANT	A L'AUNE DE LIÉGE	AU YARD ANGLAIS
0 fr. 01 c.	0,0074	0,0070	0,0066	0,0091
0 02	0,0148	0,0140	0,0132	0,0183
0 03	0,0222	0,0210	0,0198	0,0274
0 04	0,0296	0,0280	0,0264	0,0366
0 05	0,0370	0,0350	0,0330	0,0457
0 06	0,0444	0,0420	0,0396	0,0549
0 07	0,0518	0,0490	0,0462	0,0640
0 08	0,0592	0,0560	0,0528	0,0731
0 09	0,0666	0,0630	0,0594	0,0820
0 10	0,0740	0,0700	0,0660	0,0914
0 11	0,0814	0,0770	0,0726	0,1006
0 12	0,0888	0,0840	0,0792	0,1097
0 13	0,0962	0,0910	0,0858	0,1189
0 14	0,1036	0,0980	0,0924	0,1280
0 15	0,1110	0,1050	0,0990	0,1371
0 16	0,1184	0,1120	0,1056	0,1463
0 17	0,1258	0,1190	0,1122	0,1554
0 18	0,1332	0,1260	0,1188	0,1646
0 19	0,1460	0,1330	0,1254	0,1737
0 20	0,1480	0,1400	0,1320	0,1829
0 25	0,1850	0,1750	0,1650	0,2286
0 50	0,3700	0,3500	0,3300	0,4571
0 75	0,5550	0,5250	0,4950	0,6857
1 » »	0,7400	0,7000	0,6600	0,9143
1 05	0,7770	0,7350	0,6930	0,9600
1 10	0,8140	0,7700	0,7260	1,0057
1 15	0,8510	0,8050	0,7590	1,0514
1 20	0,8880	0,8400	0,7920	1,0971
1 25	0,9250	0,8750	0,8250	1,1428
1 50	1,1100	1,0500	0,9900	1,3714
2 » »	1,4800	1,4000	1,3200	1,8286
3 » »	2,2200	2,1000	1,9800	2,7428
4 » »	2,9600	2,8000	2,6400	3,6571
5 » »	3,7000	3,5000	3,3000	4,5714
10 » »	7,4000	7,0000	6,6000	9,1438
100 » »	74,0000	70,0000	66,0000	91,4383

CONVERSION DES MONNAIES ALLEMANDES.

N. B. — Le thaler de Prusse valant 3 fr. 70.3 et se composant de 30 silbergroschen (gros d'argent) ou de 360 deniers — et le florin de Wurtemberg, composé de 90 Kreutzers, valant 2 fr. 11.6. — Ce sont là les monnaies portées au tarif du traité conclu avec le Zollverein.

Conversion des Silbergroschen et Thalers
EN CENTIMES ET EN FRANCS.

Silbergros.		cent.	Silbergros.	Fr.	c.	Thalers.	Fr.
1	= —	12.3	19	= 2	33.7	10 =	37
2		24.5	20	2	46.0	20	74
3		36.9	21	2	58.3	30	111
4		49.2	22	2	70.6	40	148
5		61.5	23	2	82.9	50	185
6		73.8	24	2	95.2	60	222
7		86.1	25	3	07.5	70	259
8		98.4	26	3	19.8	80	296
			27	3	32.1	90	333
	Fr.	c.	28	3	44.4	100	370
9	1	10.7	29	3	57.7	200	740
10	1	23.0	30 (1 thal.)	3	70.	300	1110
11	1	35.3	2	= 7	40	400	1480
12	1	47.6	3	11	10	500	1850
13	1	59.9	4	14	80	600	2220
14	1	72.2	5	18	50	700	2590
15	1	84.5	6	22	20	800	2960
16	1	96.8	7	25	90	900	3330
17	2	09.1	8	29	60	1000	3700
18	2	21.4	9	33	30		

Conversion des Centimes et des Francs
EN DENIERS, SILBERGROSCHEN ET EN THALERS.

		cent.		deniers.	cent.		silberg.	den.
1 c. $= \frac{36}{37}$ de denier et, approximativement, un denier.		5	=	5	20	=	1	8
		6		6	30		2	6
		7		7	40		3	4
2	= — 2	8		8	50		4	2
3	3	9		9	60		5	1
4	4	10		10	70		5	11

cent.	silberg.	den.		Fr.	thal.	silb.		Fr.	thal.	silb.
80 =	6	9		8 =	2	7		100 =	27	1
90	7	7		9	2	16		200	54	2
100 (1 fr.)	8	5		10	2	24		300	81	3
2 —	16	10		20	5	18		400	108	4
3 —	25	4		30	8	11		500	135	5
				40	11	5		600	162	6
Fr.	thal.	silb.		50	13	28		700	189	7
4 =	1	3		60	16	20		800	216	8
5	1	12		70	19	13		900	243	9
6	1	20		80	21	25		1000	270	10
7	1	29		90	24	28				

Conversion des Kreutzers et des Florins

En Centimes et en Francs.

Kreutz.		c.	Kreutz.	Fr.	c.	Kreutz.	Fr.	c.
1 =	—	02.35	27 =	—	63.45	53 =	1	24.55
2		04.70	28		65.80	54	1	26.90
3		07.05	29		68.15	55	1	29.25
4		09 30	30		70.50	56	1	31.60
5		11.75	31		72.85	57	1	33.95
6		14.10	32		75.20	58	1	36.30
7		16.45	33		77.55	59	1	38.65
8		18.80	34		79.90	60	1	41
9		21.15	35		82.25	61	1	43.35
10		23.50	36		84.60	62	1	45.70
11		25.85	37		86 95	63	1	48.05
12		28.20	38		89.30	64	1	50.40
13		30.55	39		91.65	65	1	52.75
14		32.90	40		94	66	1	55.10
15		35.25	41		96.35	67	1	57.45
16		37.60	42		98.70	68	1	59.80
17		39.95	43	1	01.05	69	1	62.15
18		42.30	44	1	03.40	70	1	64.50
19		44.65	45	1	05.75	71	1	66.85
20		47	46	1	08.10	72	1	69.20
21		49.35	47	1	10.45	73	1	71.55
22		51.70	48	1	12.80	74	1	73.90
23		54.05	49	1	15.15	75	1	76.25
24		56.40	50	1	17.50	76	1	78.60
25		58.75	51	1	19.85	77	1	81.95
26		61.10	52	1	22.20	78	1	83.30

Kreutz.	Fr.	c.
79 =	1	85.65
80	1	88
81	1	90.35
82	1	92.70
83	1	95.05
84	1	97.40
85	1	99.75
86	2	02.10
87	2	04.45
88	2	06.80
89	2	09.15
90 (1 fl.)	2	11.50
(exactement	2	11.6)
2 flor.	4	23.2

Flor.	Fr.	c.
3 =	6	34.8
4	8	46.4
5	10	58.0
6	12	69.6
7	14	81.2
8	16	92.8
9	19	04.4
10	21	16
20	42	32
30	63	48
40	84	64
50	105	80
60	126	90
70	148	12

Flor.	Fr.	c.
80 =	169	28
90	190	44
100	211	60
200	423	20
300	634	80
400	846	40
500	1058	00
600	1269	60
700	1481	20
800	1692	80
900	1904	40
1000	2116	—

Conversion des Centimes et des Francs
En Kreutzers et en Florins.

Cent.	Kreutz.	
1 =	0	425
2		850
3	1	275
4	1	700
5	2	125
6	2	550
7	2	975
8	3	400
9	3	825
10	4	250
11	4	675
12	5	100
13	5	525
14	5	950
15	6	375
16	6	800
17	7	225
18	7	650
19	8	075
20	8	500
25	10	625
30	12	750

Cent.	Kreutz.	
35 =	14	875
40	17	
45	19	125
50	21	250
55	23	375
60	25	500
65	27	625
70	29	700
75	31	825
80	34	
85	36	125
90	38	250
95	40	375
100 (1 fr.)	42	500
2	—	85
3	— 127	5

(1 florin 37.5)

Fr.	Flor.	Kreutz.
4 =	1	80
5	2	32.5
6	2	75

Fr.	Flor.	Kreutz.
7 =	3	27.5
8	3	70
9	4	22.5
10	4	65
20	9	40
30	14	15
40	18	80
50	23	55
60	28	30
70	33	5
80	37	70
90	42	45
100	47	20
200	94	40
300	141	60
400	188	80
500	236	10
600	283	30
700	330	50
800	377	70
900	425	
1000	472	20

Conversion du Quart de Pouce français

EN CINQ MILLIMÈTRES.

Au 1/4 p.	Aux 5 millim.	Au 1/4 p.	Aux 5 millim.	Au 1/4 p.	Aux 5 millim.
10 =	7.407	24 =	17.777	38 =	28.148
11	8.148	25	18.518	39	28.888
12	8.888	26	19.259	40	29.629
13	9.629	27	20.	41	30.370
14	10.370	28	20.740	42	31.111
15	11.111	29	21.481	43	31.851
16	11.851	30	22.222	44	32.592
17	12.592	31	22.962	45	33.333
18	13.333	32	23.703	46	34.074
19	14.074	33	24.444	47	34.814
20	14.814	34	25.185	48	35.555
21	15.555	35	25.925	49	36.296
22	16.296	36	26.666	50	37.037
23	17.037	37	27.407	100	74.074

Conversion du nombre de Fils au 1/4 pouce anglais

AU 1/4 POUCE FRANÇAIS.

4	4.263	13	13.855	22	23.447
4 1/2	4.796	13 1/2	14.388	22 1/2	23.980
5	5.329	14	14.921	23	24.513
5 1/2	5.862	14 1/2	15.454	23 1/2	25.046
6	6.395	15	15.987	24	25.578
6 1/2	6.928	15 1/2	16.519	24 1/2	26.111
7	7.460	16	17.052	25	26.644
7 1/2	7.993	16 1/2	17.585	25 1/2	27.177
8	8.526	17	18.118	26	27.710
8 1/2	9.059	17 1/2	18.651	26 1/2	28.243
9	9.592	18	19.184	27	28.776
9 1/2	10.125	18 1/2	19.717	27 1/2	29.309
10	10.658	19	20.250	28	29.841
10 1/2	11.191	19 1/2	20.783	28 1/2	30.374
11	11.723	20	21.315	29	30.907
11 1/2	12.256	20 1/2	21.848	29 1/2	31.440
12	12.789	21	22.381	30	31.973
12 1/2	13.322	21 1/2	22.914	30 1/2	32.506

31	33.039	45 $^1/_2$	48.492	60	63.946
31 $^1/_2$	33.572	46	49.025	111	94.017
32	34.105	46 $^1/_2$	49.558	112	94.864
32 $^1/_2$	34.637	47	50.091	113	95.711
33	35.170	47 $^1/_2$	50.624	114	96.558
33 $^1/_2$	35.703	48	51.157	115	97.405
34	36.236	48 $^1/_2$	51.690	116	98.252
34 $^1/_2$	36.769	49	52.233	117	99.099
35	37.302	49 $^1/_2$	52.755	118	99.946
35 $^1/_2$	37.835	50	53.288	119	100.793
36	38.368	50 $^1/_2$	53.821	120	101.640
36 $^1/_2$	38.901	51	54.354	130	110.110
37	39.433	51 $^1/_2$	54.887	140	118.580
37 $^1/_2$	39.966	52	55.420	150	127.050
38	40.499	52 $^1/_2$	55.953	160	135.520
38 $^1/_2$	41.032	53	56.486	170	143.990
39	41.565	53 $^1/_2$	57.019	180	152.459
39 $^1/_2$	42.098	54	57.551	190	160.929
40	42.631	54 $^1/_2$	58.084	200	169.399
40 $^1/_2$	43.164	55	58.617	300	254.099
41	43.696	55 $^1/_2$	59.150	400	338.799
41 $^1/_2$	44.229	56	59.683	500	423.499
42	44.762	56 $^1/_2$	60.216	600	508.198
42 $^1/_2$	45.295	57	60.749	700	583.898
43	45.828	57 $^1/_2$	61.282	800	677.598
43 $^1/_2$	46.361	58	61.815	900	762.297
44	46.894	58 $^1/_2$	62.347	1000	846.997
44 $^1/_2$	47.427	59	62.880		
45	47.960	59 $^1/_2$	63.413		

Concordance des numéros anglais et français pour les fils.

Anglais.	Français.	Anglais.	Français.	Anglais.	Français.
1	0.847	10	8.470	19	16.093
2	1.694	11	9.317	20	16.940
3	2.541	12	10.164	21	17.787
4	3.388	13	11.011	22	18.634
5	4.235	14	11.858	23	19.481
6	5.082	15	12.705	24	20.328
7	5.929	16	13.552	25	21.175
8	6.776	17	14.399	26	22.021
9	7.623	18	15.246	27	22.869

Anglais.	Français.	Anglais.	Français.	Anglais.	Français.
28	23.716	56	47.432	84	71.148
29	24.563	57	48.279	85	71.995
30	25.410	58	49.126	86	72.842
31	26.257	59	49.973	87	73.689
32	27.104	60	50.820	88	74.536
33	27.951	61	51.667	89	75.383
34	28.798	62	52.514	90	76.230
35	29.645	63	53.361	91	77.077
36	30.492	64	54.208	92	77.924
37	31.339	65	55.055	93	78.771
38	32.186	66	55.902	94	79.618
39	33.033	67	56.749	95	80.465
40	33.880	68	57.596	96	81.312
41	34.727	69	58.443	97	82.159
42	35.574	70	59.290	98	83.006
43	36.421	71	60.137	99	83.853
44	37.268	72	60.984	100	84.700
45	38.115	73	61.831	101	85.547
46	38.962	74	62.678	102	86.394
47	39.809	75	63.525	103	87.241
48	40.656	76	64.372	104	88.088
49	41.503	77	65.219	105	88.935
50	42.350	78	66.066	106	89.782
51	43.197	79	66.913	107	90.629
52	44.044	80	67.760	108	91.476
53	44.891	81	68.607	109	92.323
54	45.738	82	69.454	110	93.170
55	46.585	83	70.301		

QUATRIÈME PARTIE.

DOCUMENTS.

I. COTON.

PLACE DE MULHOUSE.

Tableau des prix moyens, par année, des calicots 70 portées, 68 portées et 60 portées pendant les années 1850 et suivantes jusqu'au 30 juin 1860.

CALICOTS.

	70 portées, 21 fils le m.	68 portées, 20 fils.	60 portées, 18 fils.
1850	44 c. 3/4	42 c. 1/2	38 c. 3/4
1851	36 3/4	34 3/4	32 1/2
1852	40 3/4	38 1/2	36 1/4
1853	41 1/4	39 1/4	37 1/2
1854	36 1/8	34 1/4	32 3/8
1855	36 1/2	34 1/4	33
1856	38 1/4	36 1/2	34 1/2
1857	40 3/4	38 1/4	35 1/2
1858	40 2/2	38 1/4	34 7/8
1859	43 1/2	42 1/4	38·
1860 (1er sem.)	43 1/2	41 1/4	38

(Les dates postérieures, vu la crise, ne donnent plus de prix réguliers).

État comparatif des prix moyens des cotons filés, de 1850 à 1860.

CHAINE	1850	1851	1852	1853	1854	1855	1856	1857	1858	1859	1860 1 Sem.	Moyenne générale.
	le kil.	le kil.	le kil.	le kil.	le kil.	le kil.	le kil.	le kil.	le kil.	le kil.	le kil.	le kil.
27/29	3 82	3 20	3 29	3 41	2 87	»	»	3 27	3 22	3 60	3 50	3 26
60	7 02	7 32	7 62	7 92	6 48	5 82	6 06	6 42	6 54	6 78	6 72	6 80
84/86	13 15	13 64	13 94	15 04	13 77	11 81	12 24	13 09	12 49	11 98	11 90	13 03
120	21 12	21 15	22 81	24 74	20 64	19 44	20 01	21 00	14 70	19 68	19 68	20 87
TRAME.												
36/38	3 92	3 22	3 12	3 44	2 97	2 81	3 00	3 34	3 30	3 69	3 65	3 22
100	12 60	13 10	13 40	15 00	14 20	» 60	11 40	10 80	11 10	11 20	10 20	12 23
114/116	13 74	15 27	15 04	16 41	15 61	13 22	13 14	14 02	13 10	12 83	12 54	14 08
150	»	»	»	»	»	»	»	29 60	26 22	22 90	22 20	23 77
160	29 76	29 28	29 76	32 10	29 28	28 80	28 80	»	»	»	»	29 66

Tableau des variations des prix du coton en laine à Liverpool de **1853** à **1859** (qualité middling).

1er octobre 1853, 6 deniers 1/4 la livre anglaise. — 1er mai 1854, 6 1/8. — 1er octobre 1854, 6. — Mai 1855, 6 1/4. — Octobre 1855, 6. — Mai 1856, 6 5/8. — Octobre 1856, 7. — Mai 1857, 7 7/8. — Octobre 1857, 9. — Mai 1858, 7 3/8. — Octobre 1858, 7 1/4. — Mai 1859, 6 7/8. — Octobre 1859, 7 3/8. (Depuis, les prix ne sont pas normaux).

Moyennes semestrielles du coton très-ordinaire, du Havre, droits compris, pendant les années **1853** à **1859**.

	1er Semestre.	2e Semestre.	Année.
1853...............	92.44	94.10	93.27
1854...............	88.10	86.10	87.10
1855...............	85.70	94	89.80
1856...............	92.75	102	97.37
1857...............	111.80	115.22	113.51
1858...............	102.20	107.75	104.97
1859...............	103.80	112.70	108.25

Ces prix sont par 50 kilogrammes.

La qualité dite *Bas* vaut, au Havre, moyennant 6 ou 8 fr. de moins par 50 kilogrammes.

Moyennes générales du mouvement des cotons bruts en France.

Années.	Importation.	Exportation.	Consommation.
1826—30.	36,838,580 kil.	4,176,661 kil.	34,191,356 kil.
1831—35.	40,430,025	5,023,635	39,657,651
1836—40.	63,022,758	10,784,905	57,373,814
1841—45.	71,935,660	12,565,509	71,134,840
1846—50.	66,609,768	8,424,836	64,082,607
1851—55.	81,015,696	10,854,977	81,529,920
1856—60.	105,825,330	19,013,451	105,664,050

(Monographie du Conseil d'Etat).

Approvisionnement comparé du coton en Angleterre pour les neuf premiers mois de **1863** et de **1864**.

	1863.	1864.
Amérique.........	88,376 balles.	159,923 balles.
Brésil............	116,376	174,618
Égypte..........	164,430	209,138
Inde.............	957,294	1,375,435
Pays divers.......	47,710	104,916
	1,374,195	2,024,029

On juge qu'en 1864, l'Angleterre aura acheté pour 2 milliards de coton brut.

Production du coton dans l'Italie méridionale en 1863, 42,690 balles.

Cotons d'Algérie. — Récolte de 1864.

Le nombre des planteurs de la province d'Oran, qui ont pris part à cette culture, est de 577. La superficie des plantations a été de 2,458 hectares 13 ares de coton Géorgie longue soie, et de 75 hectares seulement de courte soie, la première variété fournissant 531 kil. de coton brut, en moyenne, et la seconde 427. En tout, on a récolté 1,338,103 kil.

Le rendement des cotons, après l'égrenage, a été presque partout de 25 kil. au quintal, résultat d'une fixité très-satisfaisante.

Le chiffre des cotons marchands, admis à bénéfice de la prime d'exportation, s'est élevé à 3,193 balles, pesant 312,014 kil.

Le prix moyen obtenu sur le marché français a été de 9 fr. 50 le kil.

Coton d'Égypte.

La culture du coton, introduite en Égypte vers 1820, fut d'abord l'objet d'un monopole exercé par le vice-roi, qui a été aboli il y a une quinzaine d'années. Depuis cette époque elle a fait peu de progrès, bien que le climat, le sol et les habitudes mêmes de la population de l'Égypte se prêtent parfaitement aux grandes cultures, et à celle du coton en particulier.

Les expériences faites pour y naturaliser le coton de Géorgie n'ont pas réussi, et la graine semée a fini par ne produire que du vrai coton d'Égypte, de la qualité dite Jumel. Le coton des Indes et le coton de Ceylan y sont aussi cultivés; mais on n'en tire que des sortes communes.

La crise américaine ne pouvait pas ne pas accroître en Europe, et surtout en France, la consommation du Jumel, coton déjà très-apprécié des filateurs, et qui tient le second rang dans les longues soies. La production ordinaire du pays était de 25 millions de kil., dont 15 millions pour l'Angleterre, 14 pour la France, et 6 pour l'Allemagne et la Suisse.

La culture, surexcitée par les événements, a produit, en 1861, 30,000,000 kil., et 47 millions en 1862.

Coton d'Asie.

On estime que le coton a été cultivé, dans l'Inde, pour le marché de Bombay, sur une étendue de 5,400,000 acres, et, qu'en 1864, il a été mis 1,400,000 acres de plus. La récolte de cette dernière année a donc pu, toutes les circonstances étant favorables, s'élever à la quantité de 1,700,000 balles d'environ 152 kil., dont 300,000 sont uécessaires à la consommation intérieure, et 1,400,000 peuvent être exportées.

Les cotons des Indes sont de qualités très-différentes, et, parmi les vingt ou trente sortes qui se vendent à Bombay, Il en est qui obtiennent des prix de 25, 50 et même jusqu'à 100 p. 100 plus élevés que d'autres. Les achats sont donc difficiles, et il faut être connaisseur pour s'en occuper convenablement, d'autant plus que les marchands indigènes cherchent toujours à faire passer une sorte pour une autre, ou à livrer une qualité inférieure à celle qu'ils ont vendue.

Les cotons des Indes ne valent pas ceux des États-Unis; mais leur brin est plus gros et plus court, et ils sont généralement plus chargés de feuilles. Cependant, quelques sortes sont très-bonnes, et d'ailleurs l'industrie, poussée par la nécessité, est parvenue à les travailler parfaitement. On fait avec les Broach, Dhollerah, Hingenghaut et Sauwginned Darwar, les filés qu'autrefois on croyait ne pouvoir faire qu'avec du Louisiane. Aussi, quoi qu'il arrive, les Surates conserveront-ils une place importante dans la consommation européenne.

La France n'achetait pour ainsi dire aucun coton directement sur le marché de Bombay avant la guerre d'Amérique; mais, à partir de 1863, ses achats y ont pris de l'importance. En six mois, de janvier à juin, les expéditions, presque toutes dirigées sur le Havre, ont été de 27,000 balles valant 15 millions. Ces relations ne peuvent que grandir, surtout si les négociants de France savent se créer dans l'Inde des débouchés de vente de nos produits.

L'Inde consomme beaucoup de tissus d'Europe. Rien qu'en cotonnades, on a importé à Bombay, en 1862, pour une valeur de 60 millions. La longueur des pièces en usage dans le pays est celle-ci : *Shirtings*, 37 yards 1/2 : *Long cloths*, 36; *Printers*, 29 ; *Jaconets*, 20 ; *Madapolams*, 23; *Cambrics*, 24; *T. Cloths*, 24, *Domestics*, 75 *Mulls*, 20; *Lappets* (mousseline brochée), 10; *Dhoties* (jupons), 10.

Le coton de l'Inde ne se vend pas qu'à Bombay. Madras et Calcutta sont aussi de grands marchés d'expédition.

Relevé comparatif des exportations du coton de Bombay pendant les six dernières années.

1857-58, 613,870 balles, valant 100,944,260 fr. ou 163 fr. la balle. —1858-59, 527,635, valant 98,939,098 fr. ou 188 fr. la balle.—1859-60, 819,223, valant 132,642,925 fr. ou 163 fr. la balle. — 1860-61, 906,007, valant 174,479,110 fr. ou 193 fr. la balle. — 1861-62, 875,230, valant 231,591,120 fr. ou 265 fr. la balle. — 1862-63, 950,147, valant 370,716,630 fr. ou 390 fr. la balle.

L'exportation de l'année 1862-63 s'est ainsi répartie : 890,848 balles pour la Grande-Bretagne ; 37,886 pour la France ; 14,830 pour la Chine ; 5,072 pour l'Amérique du Nord ; 1,130 pour Sainte-Hélène, et 381 pour divers pays.

En 1861-62, Calcutta n'avait exporté que 2,854,166 kil., valant 2,828,122 fr.; en 1862-63, il est sorti de ce port 20,133,479 kil. de coton pour une somme de 38,637,351 fr.

Madras peut exporter à peu près le double de cette quantité.

Il se fait aussi et surtout il se fera beaucoup de coton dans la Birmanie, qui, en 1862-63, en a exporté près de 2 millions de kil.

Enfin la Chine, qui jamais n'avait exporté de coton, qui au contraire en achetait toujours, en a livré près 1e 8 millions de kil. en d862 au commerce anglais. Le Japon fait de même.

L'industrie cotonnière du Zollverein.

Le recensement de 1858, le dernier qui ait été fait, constate que le travail du coton occupait alors 300,000 ouvriers, hommes, femmes ou enfants. Dans ce chiffre, la Bavière figurait pour 30,656, dont 7,194 étaient employés dans 33 filatures et 4,016 dans les manufactures d'étoffe ; 10,688 maîtres exploitaient pour leur propre compte 19,141 métiers, à l'aide de 8,758 compagnons. La Saxe comptait 11,500 ouvriers cotonniers. Enfin, l'industrie cotonnière en Prusse, sans y comprendre l'imprimerie, la teinture et l'apprêt des tissus, occupait, en 1858, 111,263 personnes, soit 6,933 ouvriers dans 127 filatures, 28,220 dans 715 manufactures de coton et mi-coton, comprenant 4,747 métiers mécaniques, et 18,644 métiers à la main. On comptait 38,078 patrons exploitant pour leur compte 76,269 métiers avec 38,032 ouvriers auxiliaires.

Progrès de l'industrie textile dans le Zollverein.

COTON.

En 1843, l'importation nette du coton n'était que de 110,000 quintaux ; en 1847, elle monta à 276,606 ; à 396,300 en 1849 ; à 456,340 en 1851 ; à 460,060 en 1853 ; à 648,908 en 1855 ; à 778,314 en 1856 ; à 997,767 en 1859, et à 1,533,256 en 1861.

Le progrès n'est pas aussi considérable ; mais il a été également constant pour l'importation des fils : 296,000 quintaux en 1847 ; 443,303 en 1853 ; 463,855 en 1861. Les tissus, au contraire, ont sans cesse décru, ce qui s'explique par l'élévation des droits prohibant presque les qualités communes.

On comptait, en 1861, 707,387 broches dans la Saxe, 536,825 dans la Bavière, 333,677 dans la Prusse, 127,000 dans le Wurtemberg ; 221,100 dans le duché de Bade, 55,800 dans le Hanovre, 40,400 dans l'Oldenbourg et 30,000 dans le Nassau. On est loin encore des 30,000,000 de broches de l'Angleterre, mais la marche ascendante ne s'arrêtera pas de sitôt.

La fabrique des tissus a marché du même pas. Elle exportait 66,454 quintaux d'étoffes en 1836-38 ; 132,675 en 1851-53, et 184,659 en 1857-59. Environ 15,000 ouvriers sont employés à l'impression des blancs. C'est dans la Saxe que la filature et le tissage du coton ont le plus d'importance.

(Documents des Consuls Belges).

LIN.

On estime (1863) que le nombre des broches employées dans les filatures du Zollverein est de 120,000 ; que la Belgique en possède 125,000 ; le Royaume-Uni, 2,100,000 ; la France, 330,000 : l'Autriche, 55,000, et le reste de l'Europe, 120,000. Total, 2,850,000 broches. Depuis trente ans la décadence de l'industrie du tissage ne s'est pas un jour arrêtée en Allemagne. On y compte toutefois encore 1,200,000 métiers à tisser le chanvre ou le lin. Le quart environ marche à la mécanique.

II. LAINE.

Statistique des laines françaises.

Il y a de 34 à 35 millions de moutons en France, savoir :

Béliers et moutons, 10,900,000 ; brebis, 16,100,000 ; agneaux, 8,000,000 ; au total 35,000,000, dont 25,000,000 de mérinos et de métis.

Voici le détail de la production des laines françaises :

5

1° *Mérinos et métis.*

Forte taille :	4,400,000 béliers ou moutons	à 5 kilog.	22,000,000
	4,000,000 brebis —	à 4 kilog.	16,000,000
	2,300,000 agneaux —	à 1 kilog.	2,300,000
Taille moy. :	3,500,000 béliers ou moutons	à 3 kilog.	10,500,000
	4,000,000 brebis —	à 2 k.750 g.	11,000,000
	2,300,000 agneaux —	à 750 g.	1,725,000
Petite taille :	1,200,000 béliers ou moutons	à 2 k.750 g.	3,300,000
	2,000,000 brebis —	à 2 k.500 g.	5,000,000
	1,300,000 agneaux —	à 500 g.	650,000
			72,475,000

2° *Bêtes à laines communes.*

3,000,000 béliers et moutons	à 2 k. 500 g.	7,500,000
5,500,000 brebis —	à 2 k.	11,000,000
1,500,000 agneaux —	à 500 g.	650,000 k.
		91,325,000 k.

Qui donnent à peu près 35,000,000 kilog. de laine lavée à fond.
Le diamètre du brin de laine mérinos a été noté pour quatre classes de laine.

1re classe 1/55 à 1/70 millim. ; 2e classe 1/55 à 1/40 millim. ; 3e classe 1/40 à 1/32 millim. ; 4e classe 1/32 à 1/20 millim.

Progrès de l'importation des laines en France.

En 1787, 7,842,085 kil.
En 1812, 7,308,380 kil.
En 1820, 4,912,000 kil. (dont 165,000 k. d'Allemagne, 178,000 de Belgique, 1,521,000 d'Espagne, 1,543,000 de Turquie et 1,495,000 d'autres pays).
En 1830, 7,214,000 kil. (dont 1,064,000 d'Allemagne, 929,000 de Belgique, 2,276,000 d'Espagne, 1,705,000 de Turquie et 1,240,000 d'autres pays).
En 1847, 16,808,000 kil. (dont 1,109,000 de la Russie méridionale, 2,142,000 d'Allemagne, 2,800,000 de Belgique, 1,306,000 d'Angleterre, 3,248,000 d'Espagne, 3,302,000 de Turquie, 424,000 d'Italie, 784,000 de Rio de la Plata, 258,000 d'Algérie et 1,435,000 d'autres pays).
En 1858, 36,682,000 kil. (dont 1,126,000 de la Russie, 3,959,000 d'Allemagne, 924,000 de Belgique, 11,409,000 d'Angleterre, 3,367,000 d'Espagne, 6,155,000 de Turquie, 323,000 d'Italie, 3,933,000 de Rio de la Plata, 899,000 des Indes et de la Chine, 3,503,000 d'Algérie et 1,084,000 d'autres pays).

Prix moyen du kilogramme des laines françaises de **1817** à **1855**.

1° de 1817 à 1822 (commerce libre)   2 fr. 99 c.
2° de 1823 à 1834 (droit protecteur de 33 %) 2   20
3° de 1835 à 1855 (droit de 22 %)   2   06
4° de 1856 à 1859 (droit de 15 c. le kilog.)   2   45

Rendement des laines après le dégraissage.

Les laines de France, en suint, perdent................... 70 %
Les laines d'Australie, en suint......................... 60 %
Les laines de Buenos-Ayres, en suint, de 60 à............. 65 %
Les laines de Russie, en suint........................... 60 %
Les laines de Russie, lavées à dos....................... 20 %
Les laines d'Allemagne, lavées à dos, de 35 à............. 40 %
Les laines d'Australie, lavées à dos, de 30 à............. 35 %
Les laines d'Australie, lavées à chaud, de 20 à........... 25 %

Note de M. Fromont, d'Elbeuf (*Enquête des laines*, p. 42).

Zollverein.

En 1837 le Zollverein possédait 18 millions et demi de moutons et 20 millions et demi de kilos de laine, d'une valeur de 80 millions de francs ; il en a aujourd'hui (1864) 42 millions de moutons et 50 millions de kilos de laine valant 250 millions de francs.

Il y a, dans le Zollverein, 1,500 établissements où l'on file la laine cardée, au moyen de 820,000 broches. Le nombre des broches de la filature de la laine peignée est de 260,000.

La draperie allemande fabrique pour environ 130 millions de francs d'étoffes. Les manufactures d'étoffes rares sont aussi très-prospères.

Commerce des laines en Angleterre.

L'importation, pendant les dix premiers mois de 1863, s'est élevée à 142,090,000 livres, soit 12,367,000 livres de plus qu'en 1862, dans le même espace de temps. Sur ces quantités, il en a été réexporté 60,557,000 livres dont 40,226,000 en laines des colonies. La majeure partie de ces réexportations a passé en France, savoir : 26,426,000 livres de laines coloniales et 718,000 livres de laines inférieures.

L'exportation des filés s'est élevée, dans les dix mêmes premiers mois, à 27,289,000 livres, et celle des tissus de laine peignée à 131,491,000 yards ; ces quantités surpassent celles exportées pendant la période correspondante de 1862, de 4,115,000 livres et 31,930,000 yards.

En résumé, la valeur des exportations de l'industrie lainière du Royaume-Uni, pendant les dix premiers mois des années 1861, 1862 et 1863, a suivi la progression suivante : 301,031,000 fr. en 1861, 350,201,000 fr. en 1862, et 419,153,000 fr. en 1863.

III. SOIES.

Production des soies en Italie.

(*Documents italiens de 1864*).

La Lombardie produit 14,112,000 kil. de cocons ; le Piémont et la Ligurie, 12,110,000 ; la Vénétie, 10,920,000 ; les Provinces napolitaines, 5,120,000 ; la Sicile, 2,200,000 ; les États romains, 2,200,000 ; la Toscane, 1,875,000 ; le Tyrol italien, 1,792,000 ; le canton du Tessin, 175,000 ; l'Istrie, 162,000. En tout 50,666,000 kilos pouvant représenter une valeur de 200 à 300 millions.

Prix moyens, en francs et par dix kilos, des cocons sur les marchés italiens à la date du 22 juin 1863 :

	Qualités supérieures.	Qualités moyennes.	Qualités inférieures.	Quantités en myriagram.
Alba................	46—51	40—45	34—42	400
Alexandrie.........	44—52	34—43	25—33	290
Asti...............	42—52	35—41	29—34	250
Camagnole.........	48—53	39—47	28—38	1000
Casale.............	46—50	40—45	30—39	180
Ceva..............	49—44	43—33	32—18	200
Chiavenna.........	40	31—34	25—28	—
Coni..............	54—49	47—41	40—30	1800
Fossano	45—50	35—44	25—34	500
Ivrée.............	38—44	30—37	25—29	80
Mondovi..........	47—40	39—30	21—29	200
Novare...........	42—49	33—41	25—32	800
Novi..............	50—55	40—48	30—38	460
Parme............	52—47	46—42	18	100
Pignerol..........	45—50	39—44	26—38	750
Raconis...........	45—51	35—44	28—34	560
Reggio (Calabre)...	43—53	31—40	22—30	1180
Saluces...........	42—52	31—41	20—30	1500
Savillan..........	50—44	44—37	36—24	350
Turin.............	44—49	31—43	19—30	1200
Verceil	43—51	36—42	30—35	200

Soies d'Asie.

En 1862, le Japon a vendu 940,320 k. de soies écrues valant 32,528,235 francs, dont 26,681,226 pour l'Angleterre, 2,298,426 pour l'Amérique, 1,978,494 pour la Hollande et 1,497,135 pour la France.

Des sériculteurs français ayant exprimé l'intention d'aller chercher de la graine de vers à soie dans la Tartarie indépendante, ont, au commencement de l'année 1864, été détournés de ce projet par le département du commerce qui leur a fait connaître les dangers que couraient les Européens dans la Boukharie où les sujets russes eux-mêmes ne trouvent pas toujours une parfaite sécurité. Il résulte de renseignements transmis à Téhéran, sous la date du 17 mars 1864, à l'administration commerciale, qu'il y aurait plus de sûreté, de facilité et d'avantage à se rendre en Perse pour y effectuer ces achats. Une maison suisse et trois maisons grecques se sont déjà établies, avec grand profit, dans la province de Ghila, qui est la plus fertile en soies.

Zollverein.

On ne comptait que 20,000 métiers à travailler la soie en 1840, et on en compte plus de 40,000. Crefeld est le principal centre de l'industrie. On y a mis en œuvre jusqu'à 760,000 livres de soies en 1853. En 1861, la quantité employée n'a été que de 566,000 livres. Les velours et les rubans sont les tissus de soie que l'Allemagne réussit le mieux.

Un renseignement qui donne une idée exacte du rang que le Zollverein occupe dans l'industrie des soies, c'est le tableau suivant des quantités de soie conditionnées en 1858 et en 1859. Les chiffres sont : 3,081,757 kilos et 2,613,360 à Lyon ; 620,993 et 601,524 à Saint-Étienne ; 556,054 et 525,506 à Elberfeld et Crefeld, et enfin 409,568 et 422,830 à Zurich.

IV. RENSEIGNEMENTS GÉNERAUX.

Consommation des Tissus en France.

Coton. — De 1812 à 1815 la consommation moyenne n'était que de 0 k. 350 par individu ; elle était, en 1858, de 1 k. 945. C'est encore plus de deux fois moins qu'en Angleterre où le chiffre est de 4 kilos.

Laine. — La consommation individuelle est d'environ 3 kilos de laine brute. Elle est, en Angleterre, de 4 kilos comme pour le coton.

Soie. — La consommation moyenne est de 100 grammes par individu, chiffre égal à celui de l'Italie et un peu inférieur à celui de la Russie et de l'Angleterre. L'Allemagne ne consomme que 30 grammes par individu ; l'Espagne, que 25.

Chanvre et lin. — En Angleterre on consomme 7 kilos 100 grammes par individu ; en Belgique, 5 kil. 300 ; en Autriche, 4 k. 030 ; en France, 3 k. 080, et en Allemagne, 2 k. 500.

Industrie de la filature et du tissage en Angleterre.

Un document officiel, publié en 1862 par suite d'une enquête de la Chambre des Communes, contient le relevé détaillé, par industries et par comtés, de toutes les manufactures de coton, laine tant filée que peignée, lin, chanvre, jute et soie existant dans le Royaume-Uni en 1861. Leur nombre total s'élevait à 6,378 ; elles possédaient 36,450,028 broches, 490,866 métiers mécaniques, 230,564 métiers à tisser, 2,163 manéges, une force mécanique de 375,294 chevaux-vapeur et de 29,339 chevaux hydrauliques. Le nombre des personnes qu'elles employaient était de 775,534, dont 467,261 du sexe féminin et 308,273 du sexe masculin ; les enfants au-dessous de 13 ans et fréquentant les écoles étaient compris dans cet ensemble pour 59,593, dont 34,288 filles et 25,305 garçons [1]. Voici comment ces chiffres généraux se répartissaient entre les trois grandes divisions du Royaume-Uni.

	ANGLETERRE.	ÉCOSSE.	IRLANDE.	TOTAL.
Manufactures........	5,652	568	158	6,378
Broches	33,095,603	2,615,220	739,205	36,450,028
Métiers mécaniques..	444,233	40,073	6,560	490,866
Métiers à tisser......	202,847	23,294	4,423	230,564
Chevaux-vapeur.....	328,747	34,609	11,938	375,294
Ouvriers............	642,607	95,055	37,872	775,534 [2]

On va énumérer les résultats constatés en chacun des trois pays pour les différentes industries, considérées au point de vue de la matière qu'elles employaient avant la crise qu'a déterminée la guerre des États-Unis.

---

[1] et [2] Il ne s'agit ici que du personnel des fabriques (*factories*) soumises aux règlements sur le travail dans les manufactures. En réalité le nombre des ouvriers occupés par les industries textiles était beaucoup plus considérable.

Coton.

En Angleterre, on comptait 2,715 fabriques de coton, pourvues de 28,352,125 broches, de 368,125 métiers à filer et de 149,539 métiers à tisser. Elles employaient 407,598 personnes et une force de 263,136 chevaux-vapeur, indépendamment de la force hydraulique, équivalente à 9,825 chevaux [1]. Le comté de Lancastre possédait à lui seul 1,414 manufactures et plus de 21 millions 1/2 de broches affectées à l'industrie cotonnière. A Manchester seulement, la production cotonnière est évaluée, en moyenne annuelle, à 70 millions de livres sterling (1 milliard 750 millions de francs). Les comtés de Chester et d'York viennent ensuite avec un contingent beaucoup moindre. 1,079 établissements s'y consacraient à la filature, 722 au tissage et 571 à ces deux branches de fabrication à la fois.

L'Écosse, où l'industrie du coton se localise principalement dans le comté de Lanark, a 163 manufactures de cette matière et 1,915,398 broches. L'Irlande a 9 des mêmes établissements et 119,944 broches.

En résumé, l'industrie cotonnière comptait dans le Royaume-Uni, en 1861, 2,887 fabriques, 30,387,467 broches, 400,000 métiers mécaniques, 166,000 à tisser, et sa force en vapeur était de 282,000 chevaux.

Laine.

Les filatures de laine étaient en Angleterre, en 1861, au nombre de 729, dont 422 dans le comté d'York, et possédaient ensemble 760,498 broches. 440 fabriques, ayant 1,086,352 broches, filaient et tissaient simultanément; 34 ne faisaient que le tissage et 129 l'apprêt. Le travail de la laine filée était représenté par 1,456 manufactures et 1,846,850 broches en Angleterre seulement.

Le travail de la laine peignée occupait 512 fabriques et 1,245,526 broches, la plupart également dans le comté d'York. 206 de ces fabriques filaient avec 612,136 broches, 157 tissaient, 125 réunissaient les deux opérations et comptaient 633,390 broches avec 25,814 métiers à filer et 18,106 à tisser.

L'Écosse et l'Irlande ajoutaient à ces chiffres 223 manufactures et 335,759 broches pour la laine filée, tissage compris, et 20 manufactures et 43,646 broches pour la laine peignée.

En somme, pour tout le Royaume-Uni, on comptait 1,679 fabriques

---

[1] Depuis 1850, la force motrice employée dans les usines à coton s'était accrue de 256 p. % , tandis que le personnel n'y a augmenté que de 36 p. %.

de laines filées avec 2,183,000 broches, et 532 fabriques de laines peignées avec 1,289,000 broches.

Lin, Chanvre et Jute.

Le relevé officiel de 1861 accusait, pour tout le Royaume-Uni, 399 fabriques de lin possédant 1,216,674 broches, 14,792 métiers à filer et 10,689 à tisser, mus par une force de 31,727 chevaux-vapeur et 4,354 hydrauliques, occupant 87,429 ouvriers. Cet ensemble se répartissait ainsi :

	ANGLETERRE.	ÉCOSSE.	IRLANDE.	TOTAL.
Fabriques................	136	163	100	399
Broches.................	344,308	279,385	592,981	1,216,674
Métiers à filer...........	2,160	7,966	4,666	14,792
Métiers à tisser.........	1,528	5,847	3,314	10,689
Chevaux-vapeur..........	8,505	12,512	10,710	31,727
Ouvriers................	20,305	33,599	33,525	87,429

Les établissements où l'on file sont au nombre de 233 et comptent 875,917 broches ; ceux où l'on tisse s'élèvent à 83 seulement, avec 15,630 métiers ; ils sont principalement en Écosse. 57 fabriques avec 341,074 broches et 9,851 métiers filent et tissent à la fois. En somme, c'est l'Irlande qui a le plus de broches et où elles sont le plus agglomérées. Dans le seul comté d'Antrim, 28 manufactures en possèdent 194,000 pour la filature, et 12 autres, où l'on pratique la filature et le tissage, 167,000. Total pour ce comté, 361,000 broches employées à l'industrie du lin. Comme pour celle du coton, ce sont les comtés de Lancastre et d'York qui s'adonnent le plus au travail du lin en Angleterre ; en Écosse, c'est le comté de Forfar.

L'Irlande n'a point de manufactures de chanvre d'Europe, et l'on n'en compte que 5 en Angleterre et en Écosse, avec 2,580 broches et 607 ouvriers. Les manufactures de chanvre de l'Inde (jute) sont au nombre de 36 et possèdent 32,982 broches avec plus de 1,000 métiers, occupant près de 6,000 personnes. Cette industrie s'exerce spécialement en Écosse, aussi dans le comté de Forfar.

Bonneterie.

Les fabriques de bonneterie, au nombre de 69, dont 65 en Angleerre, employaient, en 1861, 4,487 ouvriers, dont plus de moitié du sexe féminin. Elles se trouvent principalement dans les comtés de Nottingham et de Leicester. L'ensemble de ces fabriques était pourvu de 716 métiers à la main, de 6,975 têtes de métiers circulaires et de 1,382 métiers plats, mus par la vapeur, représentant un développement de 113,472 pouces.

Soie.

Le travail de la soie occupait, en 1861, 771 établissements dans le Royaume-Uni, dont 761 en Angleterre. Ils avaient à eux tous 1,338,544 broches, 10,709 métiers mécaniques, 7,279 métiers à tisser, 52,429 ouvriers, dont 37,000 femmes, et une force en vapeur de 6,186 chevaux.

244 filatures de soie avec 1,051,484 broches se répartissaient principalement entre les comtés de Chester, Lancastre, Essex et York. Les manufactures de tissus étaient au nombre de 422, dont 326 dans le comté de Warwick et 27 des plus importantes dans celui de Lancastre. 49 fabriques réunissaient la filature au tissage de la soie et mettaient en mouvement 254,426 broches. Enfin 46 autres établissements faisaient l'apprêtage ou d'autres opérations. 13 de ces derniers étaient à Londres ou dans les environs.

Commerce de la France avec l'Angleterre.

Importations anglaises.

	1860.	1861.	1862.
Soie et bourre de soie.....	112,410,000 f	90,215,000 f	114,505,000 f
Laines...................	43,896,000	44,932,000	41,804,000
Fils de poils de chèvre.....	5,883,000	7,377,000	6,320,000
Châles de cachemire.......	3,836,000	5,773,000	6,597,000
Coton...................	2,810,000	7,341,000	73,100,000
Tissus de laine...........	117,000	15,988,000	34,316,000
Tissus de coton..........	19,000	8,217,000	12,351,000

Importations françaises.

	1860.	1861.	1862.
Tissus de soie............	156,514,000 f	122,883,000 f	154,092,000 f
Tissus de laine...........	53,688,000	45,035,000	65,374,000
Soie et bourre de soie.....	9,247,000	5,864,000	14,558,000
Laine....................	6,262,000	2,738,000	9,442,000
Coton...................	750,000	1,412,000	9,009,000

Détail des Importations anglaises de 1862.

Soie et bourre de soie, 114,505,001 ; coton en laine, 73,100,355 ; tissus, passementerie et rubans de laine, 34,316,269 ; tissus, passementerie et rubans de coton, 12,350,716 ; laines de toute sorte, 41,803,846 ; fils de laine, 6,489,392 ; châles et tissus de cachemire, 6,596,533 ; tissus, rubanerie et passementerie de lin et de chanvre ; 3,555,425 ; poils de toute sorte, 1,160,034 ; fils de coton, 7,264,017, tissus, passementerie et rubans de soie, 1,828,388 ; jute en brins ou teillé, 2,718,451 ; tissus et tapis de jute, 346,026 ; fils de poil de chèvre, 4,932,252 ; fils de lin ou de chanvre, 1,684,397 ; fils de jute, 262,368.

Le total général, pour toutes les industries, est de 525,656,642 fr. d'importation.

Détail des Exportations françaises de 1862.

Tissus de soie, 154,092,189 fr.; tissus de laine, 65,373,980 fr.; tissus de coton, 5,211,557 fr.; poils de toute sorte, 6,304,347 fr.; soies et bourre de soie, 14,557,883 fr. ; vêtements et pièces de lingerie, 9,571,151 fr. ; laine en masse et déchets de laine, 9,442,109 fr. ; tissus de lin ou de chanvre et tissus de jute, 1,951,772 fr.; coton en laine, 9,009,173 fr. ; lin teillé et étoupes, 5,868,938 fr. ; nattes et tresses, 132,563 fr. ; châles de cachemire, 213,280 fr. ; fils de toute sorte, 270,873 fr.

Le total général, pour toutes les industries, est de 619,524,540 fr. d'exportations.

Commerce des tissus entre la France et le Zollverein.

Produits du Zollverein. — Laines et déchets, 2,862,000 k. valant 8,616,000 fr. en 1861 ; et, en 1862, 4,968,000 k. valant 18,467,000 fr. — Lainages, 230,000 k. valant 4,149,000 fr. et 249,000 valant 4,473,000 fr. — Poils de toute sorte, 278,000 k. valant 2,241,000 fr. et 202,000 valant 1,674,000 fr. — Soie et bourre, 14,500 k. valant 841,000 fr. et 36,000 valant 1,605,000 francs. — Soieries, 13,600 k. valant 4,485,000 fr. et 11,700 valant 1,168,000 fr.

Produits de la France. — Soieries, 497,000 k. valant 52,873,000 fr. en 1861, et, en 1862, 790,000 valant 57,050,000 fr. — Lainages, 328,000 k. valant 9,236,000 fr. et 467,000 valant 13,208,000 fr. — Fils de toute sorte, 333,000 k. valant 3,795,000 fr. et 723,000 valant 8,266,000 fr. — Soie et bourre, 118,000 k. valant 7,453,000 fr. et 108,000 valant 7,877,000 fr. — Vêtements et lingerie, 269,000 k. valant 4,328,000 fr. et une quantité non indiquée valant 4,523,000 fr. — Coton, 900,000 k. valant 1,946,000 fr. et 854,000 valant 3,048,000 fr. — Cotonnades, 293,000 k. valant 2,034,000 fr. et 238,000 valant 1,981,000 fr. — Laines et déchets, 539,000 k. valant 1,731,000 fr. et 276,000 valant 1,055,000 fr.

Commerce de la France avec l'Italie.

Produits de l'Italie (Documents français).

Soie et bourre de soie, en 1861, 1,083,000 kil. valant 50,792,000 fr., et, en 1862, 1,362,000 valant 62,827,000 fr. — Chanvre, 3,901,000 k.

valant 3,426,000 fr. et 3,268,000 valant 3,093,000 fr. — OEufs de ver à soie, 6,000 k. valant 1,230,000 fr. et 1,892 valant 378,000 fr.

Produits de la France.

Tissus de soie, 253,382 kil. valant 27,522,000 fr. en 1861, et, en 1862, 205,000 valant 21,469,000 fr. — Tissus de laine, 1,063,000 k. valant 26,625,000 fr. et 1,097,000 valant 27,183,000 fr. — Tissus de coton, 876,000 k. valant 6,900,000 fr. et 805,000 valant 7,992,000 fr. — Soie et bourre de soie, 143,000 k. valant 7,071,000 fr. et 167,000 valant 9,662,000 fr. — Laines et déchets, 830,000 k. valant 2,622,000 fr. et 561,000 valant 2,034,000 fr.

Commerce général de l'Italie (Documents italiens).

L'Italie a exporté pour tous les pays, dans les mêmes années 1861 et 1862, les quantités suivantes de ses produits naturels ou fabriqués :
Cordes de chanvre, 698,482 k. et 1,067,700. — Toiles de chanvre, 539,135 et 613,264. — Fils de coton, 38,401 et 67,668. — Étoffes de coton, 297,665 et 168,026. — Soie grége, 1,789,085 et 2,047,899. — Soie ouvrée, 765,838 et 617,680. — Soie moresque, 959,160 et 1,072,968. — Tissus de soie, 959,160 et 1,072,968. — Chiffons, 5,228,531 et 8,312,431.
Elle a importé, au contraire : chanvre et lin, 624,461 kilos et 1,135,751. — Fils de chanvre et lin, 1,927,456 et 1,793,913. — Toiles de chanvre et lin, 924,084 et 810,716. — Autres tissus de chanvre et lin, 165,967 et 369,239. — Coton, 12,611,273 et 4,044,202. — Fils de coton, 11,397,525 et 5,482,117. — Tissus de coton mélangés, 13,205,031 et 7,590,633. — Autres tissus de coton, 291,959 et 492,653. — Laine, 8,319,792 et 3,960,230. — Fils de laine, 164,833 et 215,050. — Tissus de laine mélangés, 3,674,047 et 2,903,578. — Autres tissus de laine, 432,382 et 441,536. — Soies gréges, 2,347,146 et 1,872,373. — Soies travaillées, 1,358 et 9,842. — Tissus de soie mélangés, 201,883 et 187,613. — Autres tissus de soie, 37,406 et 48,961. — Chiffons, 3,300,811 et 1,337,047 kilos.

Commerce de la France avec la Suisse (1860).

Produits suisses.

Bourre de soie	8,780,000 fr.
Soies écrues	5,434,000
Tissus de soie	1,587,000

Produits français.

Tissus de laine...............	13,560,000 fr.
Tissus de soie...............	6,904,C00
Tissus de coton...............	3,816,000
Tissus de lin et de chanvre....	713,000
Coton en laine...............	9,707,000
Soies écrues moulinées........	6,869,000

Exportation générale de la Suisse (1861).

Cotonnades, 162,123 quintaux ; tissus de laine, 3,796 ; tissus de soie, 27,873.

En 1861, Bâle a exporté 11,284 kilos de rubans à destination de France, 314,225 à destination d'Angleterre et 159,112 à destination du Zollverein ; soit 484,651 kilogr. et 529,939 en 1860.

Commerce de la France avec la Turquie.

Soies. — Nous tirons depuis longtemps déjà de la Turquie une portion assez importante des soies gréges que nous demandons à l'étranger. De 1840 à 1848 inclusivement, sur à peu près 10 millions de kilogrammes, chiffre total de notre importation pendant lesdites années réunies, la part de la Turquie a été d'environ 3 millions de kilogrammes, ou à peu près le tiers. Depuis 1849, voici quelle a été la marche de ce commerce :

	Total des achats de la France.	Achats faits en Turquie.
1849............	1,400,000 kilos.	602,000
1850............	1,200,000	611,000
1851............	1,200,000	415,000
1852............	2,000,000	800,000
1853............	1,500,000	600,000
1854............	1,500,000	350,000
1855............	2,000,000	531,000
1856............	2,400,000	646,000
1857............	2,500,000	595,000
1858............	2,600,000	583,000
1859............	2,500,000	560,000
1860............	3,000,000	616,000
	23,800,000 k.	6,909,000

Soit près de 7 millions de kilos de soie grége de Turquie sur 24 millions d'importation totale en France. La proportion de nos achats a légèrement décru dans les dernières années ; mais en tenant compte des soies qui nous arrivent de l'Empire ottoman sous la forme de cocons, on voit que, malgré les apports considérables venus de Chine par l'Angleterre, c'est encore la Turquie qui fournit au moins le tiers de la matière première d'origine exotique nécessaire à nos fabriques. Il faut noter de plus que les soies de Turquie, et spécialement celles de l'Asie Mineure, peuvent rivaliser de qualité avec les plus belles soies de France et d'Italie, tandis qu'au contraire celles que nous recevons de Chine passent pour être de qualité inférieure.

Laines. — La France tire aussi des laines de la Turquie : 1,829,727 kil. en 1840 ; 1,925,024 en 1841 ; 2,363,050 en 1842 ; 1,899,810 en 1843 ; 1,962,312 en 1844 ; 2,692,944 en 1845 ; 2,158,050 en 1846 ; 1,975,458 en 1847 ; 842,522 en 1848 ; 1,609,900 en 1849 ; 1,480,800 en 1850 ; 1,940,500 en 1851 ; 3,169,100 en 1852 ; 3,510,100 en 1853 ; 2,783,800 en 1854 ; 5,834,700 en 1855 ; 4,628,500 en 1856 ; 5,381,374 en 1857 ; 2,801,127 en 1858 ; 4,357,868 en 1859 ; 5,366,706 en 1860.

Cotons. — On sait que le cotonnier est originaire de l'Asie Mineure. Avec des soins et des capitaux, rien ne serait si aisé que d'y créer un grand atelier naturel de production, mais il faudra aussi du temps pour arriver, car l'apathie des Turcs ne cède qu'avec peine même au désir de la richesse.

Échanges. — La Turquie consomme de plus en plus des tissus de coton étranger, mais c'est l'Allemagne et la Suisse qui se sont emparés du marché en le fournissant des sortes communes et à bon marché qui lui conviennent. Nous n'y vendons que comme fabricants d'articles de luxe.

Nous perdons aussi du terrain sur les lainages ; l'Angleterre et l'Allemagne y exportent beaucoup de draps noirs et foncés de qualité ordinaire, et après avoir fourni, il y a vingt ans, presque tout ce qui se consommait, nous ne fournissons plus que le tiers. Pour les soieries, nous gardons notre avantage, mais la Suisse, pour les tissus unis, s'est fait une part dans la vente.

V. EXTRAITS DES TARIFS

DES PAYS AVEC LESQUELS LA FRANCE N'A PAS CONCLU DE TRAITÉS.

Argentine (Confédération). — Habillements confectionnés, 20 0/0. — Soie à coudre, 12 0/0. — Soie tissue, 5 0/0. — Tissus de chanvre, de coton, de laine, 5 0/0.

Autriche. — Chanvre, 0 fr. 26 les 100 kilos. — Fils de coton écrus, les 100 k., 26 fr. 10 ; — blanchis, 52 fr. 20 ; — teints, 65 fr. 25. — Fils de lin écrus, 13 fr. 05 ; — blanchis, 39 fr. 15 ; — teints, 65 fr. 25. — Fils de laine écrus, 26 fr. 10 ; — teints, 65 fr. 25. — Lin, 0 fr. 30. — Tissus de coton communs, 210 fr. ; — de coton fin, 525 ; — de lin très-communs, 78 fr. 75 ; — demi-fins, 393 fr. 75 ; — très-fin, 1,312 fr. 50 ; — de laine fins, 787 fr. 50 ; — très-fins, 1,312 fr. 50 ; — de soie communs, 787 fr. 50 ; — de soie fins, 1,312 fr. 50.

Bolivie. — Bonneterie, 28 0/0. — Étoffes de laine, 18 0/0. — Toile, 18 0/0. — Les fils et tissus divers, 28 0/0.

Brésil. — Batiste de coton, le mètre carré, de 0 fr. 22 à 0 fr. 46. — Drap fin, 3 fr. 08. — Fil de lin à coudre, le kilog., 1 fr. 73. — Fil de soie à coudre, 6 fr. 93. — Mousseline de laine, le mètre carré, 0 fr. 44 et 0 fr. 66. — Tapis fin, le kilogr., 3 fr. 46. — Velours de soie, 34 fr. 46.

Canada. — Chanvre, 2 1/2 0/0.

Chili. — Étoffes de laine et de laine et coton, 30 0/0. — Soie et soieries, 15 0/0.

Costa-Rica. — Coton blanc (fil de), 0 fr. 70 le kilogr. — Coutils, 0 fr. 84. — Laine (fil de), 0 fr. 94. — Laine (tissus de), 2 fr. 35 et 2 fr. 93. — Lin et chanvre (fil de), 1 fr. 17. — Lin et chanvre (tissus communs), 1 fr. 88. — Tissus fins, 2 fr. — Soieries ordinaires, 4 fr. 70.

Cuba. — Tissus, 24 1/2 et 30 1/2 0/0, et de plus 8 0/0 du droit.

Dalmatie. — Fils de coton simples et retors, 11 fr. 65 les 100 k.

Danemark. — Coton filé teint, les 100 k., 29 fr. 70 ; — blanc, 14 fr. 20. — Dentelles de soie, 427 fr. 50. — Lin peigné, 17 fr. 85. — Rubans de coton, laine et lin, 42 fr. 75 ; de soie, 427 fr. 50. — Tissus de coton blanc, 42 fr. 75 ; — imprimés, 370 fr. 20. — Tissus de laine, 142 fr. 50 ; — de lin, 35 fr. 65 ; — de soie, 427 fr. 50.

Égypte. — Droit général d'importation, 5 0/0 avec bonification d'un cinquième.

Équateur. — Bas de coton, la douzaine, 3 fr. ; — de fil ou de laine, 4 fr. — Chanvre, les 50 kilos, 2 fr. 50. — Gants de soie, 22 fr. le kilogr.

Espagne. — Soie moulinée ordinaire, le kil., 17 fr. 61. — Tissus de bonneterie de laine, bas et chaussettes, la paire, 2 fr. 03 ; — de lin et de chanvre, 1 fr. 62.

États romains. — Droguet de laine, 53 fr. 60 les 34 kilos. — Fils de lin et de chanvre, 10 fr. 72.

Dominicaine (République). — Mouchoirs de coton, les sept, 1? fr. 12. — Tissus de coton communs, le mètre, 0 fr. 57.

États-Unis [1]. — Bonneterie de laine, 35 0/0 et 1 fr. 10 la livre ; — de coton, 25 0/0. — Broderies en coton, laine, lin ou soie, 35 0/0. — Caoutchouc tissu, 35 0/0 ; — tissu avec de la soie, 50 0/0. — Chanvre de Russie brut, 210 fr. par tonne ; — de Manille ou de l'Inde, 130 fr. — Chanvre-jute, ou coco, ou fils à câbles et cordages, 80 fr. ; les mêmes, goudronnés, 17 centimes la livre ; — non goudronnés, 20 cent. — Chanvre en fil, 27 cent. la livre. — Coco en fil, 8 cent. — Chanvre en filasse, 52 fr. la tonne. — Tous autres objets où il entre du chanvre, 30 0/0. — Chapeaux (corps de) en coton, 35 0/0 ; — en laine, 1 fr. 30 la livre et 35 0/0. — Chiffons de laine, 10 0/0. — Chiffons de coton, exempts. — Cocons de vers à soie, exempts. — Coton brut, 3 centimes p. liv. — Tissus de coton non blanchis, teints, colorés ni imprimés, n'ayant pas plus de 100 fils au pouce carré, compris chaîne et remplissage, et pesant plus de cinq onces par yard carrée, 27 centimes par yard carrée ; — les mêmes blanchis, 30 centimes p. yard carrée ; — les mêmes imprimés, teints ou colorés, 30 centimes et 10 0/0 ; — tissus semblables ayant de 100 à 200 fils au pouce carré, 27 centimes par yard carrée ; — les mêmes blanchis, 30 centimes ; — les mêmes imprimés, teints ou coloriés, 30 c. et 20 0/0. ; — tissus semblables, ayant plus de 200 fils au pouce carré, 27 centimes par yard carrée ; — les mêmes blanchis, 30 centimes ; — les mêmes imprimés, teints ou colorés, 30 centimes et 20 0/0. — Coutils, étoffes à matelas, guingamps, cotonnades, étoffes à pantalons (écrus) ayant moins de 100 fils au pouce carré, 32 centimes p. yard carrée ; — les mêmes blanchis, 35 centimes ; — les mêmes imprimés, teints ou coloriés, 35 centimes et 10 0/0 ; — tissus semblables ayant de 100 à 200 fils au pouce carré, 32 centimes p. yard carrée ; — les mêmes blanchis, 35 centimes ; — les mêmes imprimés, teints ou colorés, 35 centimes et 15 0/0;—tissus semblables ayant plus de 200 fils au pouce carré, 38 centimes p. yard carrée; les mêmes blanchis, 40 centimes; — les mêmes imprimés, teints ou colorés 40 centimes et 15 0/0. — (Dans tous les cas, les articles de toute cette catégorie ne paieront pas un droit inférieur à 35 0/0, *ad valorem*.)—Tissus de coton simple non compris dans les spécifications précédentes, et, en général, tout article de coton dépassant une valeur de 90 centimes par yard carrée pour les écrus, de 1 fr. 10 pour les

[1] Ce tarif a été remanié en 1864 et contient des droits de 40, de 50, même de 60 p. °/₀, par exemple sur les soieries, qui sans doute ne seront pas maintenus longtemps.

blanchis et de 1 fr. 27 centimes pour les imprimés, teints ou colorés, 35 0/0.—Coton en bobine n'excédant pas 100 yards, 32 centimes par douzaine et 30 0/0 ; — la même en bobine excédant 100 yards, même droit pour chaque 100 yards. —Chemises et caleçons, faits au métier, composés entièrement de coton, 35 0/0. — Velours de coton, 35 0/0. —Tous articles entièrement composés de coton, blanchis ou non, imprimés, teints ou colorés, non spécifiés ailleurs, 35 0/0. — Dentelles, tresses, garnitures et entre-deux de coton, 35 0/0 ;—dentelles de coton teintes, 35 0/0. — Cordons, galons et brandebourgs de coton, 35 0/0.

Crins à tisser, exempts.

Ficelles, 40 0/0. — Jute, voir Chanvre.

Laines de tout genre, ou poil d'alpaca, de chèvre et de tous autres animaux analogues — non mis en œuvre — ne valant pas plus de 65 centimes par livre au port d'exportation, 16 centimes p. liv. ; — les mêmes valant de 65 centimes à 1 fr. 30, 32 centimes p. liv. ; — les mêmes valant de 1 fr. 30 à 1 fr. 95, 55 centimes p. liv. ; — les mêmes valant plus de 1 fr. 95, 65 centimes p. liv. (Plus 10 0/0 *ad valorem* pour les deux dernières catégories). (Les laines mélangées seront toujours frappées du droit le plus élevé). (Les laines nettoyées et épurées paieront triple droit). — Vieilles laines, Shoddy, 16 centimes p. liv. — Draps et châles de laines et tous tissus composés de laine en tout ou en partie, non spécifiée ailleurs, 1 fr. 30 centimes p. liv. et 40 0/0 ; —les mêmes valant plus de 10 fr. 50 ou pesant moins de 10 onces la yard carrée, 5 0/0 en sus des droits précédents. — Bandes sans fin pour papeteries ; blanchets et doubliers pour machines à imprimer, 1 fr. 47 p. liv. et 35 0/0. — Flanelles estimées à moins de 1 fr. 56 la yard, 1 fr. 30 centimes p. liv. et 30 0/0 ; — les mêmes estimées à 1 fr. 56 centimes, ainsi que toutes flanelles teintes, imprimées, à carreaux, ou mélangées de coton, 1 fr. 30 centimes p. liv. et 35 0/0 ; — les mêmes mélangées de soie, 50 0/0. — Balmorals et autres tissus de même espèce, 1 fr. 30 centimes p. liv. et 35 0/0. — Chapeaux de laine, 1 fr. 30 centimes p. liv. et 35 0/0. — Laines filées et fils de laine, valant de 2 fr. 60 à 5 fr. 25 centimes la livre, 1 fr. 07 p. liv. et 25 0/0 ; — les mêmes valant plus de 5 fr. 25 la livre, 1 fr. 30 centimes p. liv. et 30 0/0. — Laines filées et fils de laines pour tapis, valant moins de 1 fr. 60 centimes la livre et ne dépassant pas le n° 14 comme finesse, 85 centimes p. liv. et 25 0/0. — Vêtements tout faits et objets de vêtements en tout genre, composés ou fabriqués de laine en tout ou partie, 1 fr. 30 centimes p. liv. et 40 0/0. — Couvertures en tout genre, où la laine entre pour tout ou partie, d'une valeur n'excédant pas 1 fr. 50 centimes par livre, 0 fr.

65 centimes p. liv. et 20 0/0 ;—les mêmes valant de 1 fr. 50 à 2 fr. 12 centimes p. livre, 1 fr. 30 centimes p. liv. et 25 0/0 ; — les mêmes valant plus de 2 fr. 12 centimes par livre, 1 fr. 30 centimes p. liv. et 30 0/0. — Étoffes pour femmes et enfants, mousselines, cachemires, baréges de laine, et tous autres tissus non spécifiés ailleurs, composés de laine en tout ou en partie, gris ou écrus, n'excédant pas 1 fr. 57 p. yard carrée, 0 fr. 22 centimes par yard et 25 0/0 ; — les mêmes excédant 1 fr. 57, 0 fr. 50 centimes p. yard et 3 0/0 ; — les mêmes imprimées, teintes ou colorées. 5 0/0 en sus pour chaque catégorie. — Chemises et bonneterie de laine non spécifié ailleurs. 1 fr. 07 centimes p. liv. et 30 0/0.— Étamines et toutes autres étoffes composées en tout ou partie de laine, teintes, colorées ou imprimées, non spécifiées ailleurs, 50 0/0.—Morceaux de tissus de laine, draps lastings, etc., destinés à la confection des bottines, souliers, boutons, 10 0/0.

Lin brut, 78 fr. la tonne ; — en filasse, — 52 fr. ; en fils et ficelles ou sous d'autres formes, sauf les tissus, 40 0/0.

Métiers à fabriquer le lin et le chanvre, exempts.

Militaires (équipements), 35 0/0. — Morceaux d'étoffes (lasting, poil de chèvre soie ou autre) coupés pour cordonnerie, mercerie, sans caoutchouc, 10 0/0. — Paille en tresses 30 0/0 ; — palmiers en feuilles non-ouvrées, exempts. — Peluche de chapelier, où le coton domine, 20 0/0.

Soie crue, sans préparation aucune, exempte ; — filée pour remplir, en écheveaux ou pelottes, 25 0/0 ; — grége, ou à l'état de soie-poil, soie-trame, soie moulinée, organsin, 35 0/0 ; — tissus de soie ou composés principalement de soie, 60 0/0 ; — velours de soie ou composés principalement de soie, 60 0/0 ; — soies plates, 35 0/0 ; — rubans, galons, tresses, franges, dentelles, torsades, boutons ou toffes à boutons, garnitures de soie, 60 0/0 ; — soie torse, cordonnet composé de soie et poil de chèvre, soies à coudre gréges ou décreusées, 40 0/0 ; — vêtements, châles, écharpes, mantelets, pèlerines, foulards, voiles, chapeaux, bonnets, turbans, chemisettes, bonneterie de soie, mitaines de filet, gants, tabliers, bretelles, etc., 60 0/0 ; — articles soie ou composés principalement de soie non-énumérés ailleurs, 50 0/0.

Tapis de Wilton, de Saxe, d'Aubusson, d'Axminster, velours, velours de Tournay et velours tapisserie ; tapis de Bruxelles fabriqués au métier à la Jacquart ; tapis à médaillons ou d'une seule pièce, estimés à 6 fr. 55 ou au-dessous la yard carrée, 3 fr. 80 p. yard carrée ; — les mêmes estimés à plus de 6 fr. 55 la yard carrée, 4 fr. 15 p. yard carrée. (Dans tous les cas le droit devra s'élever au moins à 50 0/0 de la valeur). — Tapis et tapisseries de Bruxelles imprimés dans la chaîne ou autrement, 1 fr. 60 p. yard carrée ; — tapis et tapisserie de Venise teints en laine triple ou à chaîne de laine, 2 fr. 10 p. yard carrée ; — les mêmes en laine double, 1 fr. 87 p. yard carrée ; — tapis en chanvre ordinaire ou chanvre d'Hindoustan, 0 fr. 35 p. yard carrée, — tapis de droguet de serge, de feutre, imprimés, teints ou autres, 1 fr. 32 p. yard carrée ; — tapis de toute autre espèce, faits en tout ou partie de laine, de chanvre, de coton ou de toute autre matière non spécifiée ailleurs, 40 0/0. (Les tapis d'entrée ou de cheminée, portières, couvertures de meubles, carreaux, descentes de lits et toutes autres portions de tapis ou de tapisserie paieront les droits correspondants aux tapis proprement dits, suivant la matière dont ils sont composés.)

Toiles écrues ou blanchies, toiles de Russie, toiles à voiles, toiles à doublure, toiles pour tapissiers, sangles pour fonds de lits, coutils, toiles pour habits, toiles de Hollande écrues, toiles pour draps de lit, toiles ouvrées ou damassées, toiles pour linge de services, mouchoirs, linons, batistes et tous articles dans lesquels le lin, le chanvre ou le jute entre comme matière principale, quand la valeur ne dépasse pas 1 fr. 57 p. yard carrée, 35 0/0 ; — les mêmes ayant une valeur de plus de 1 fr. 57 p. yard carrée, 40 0/0 ; — toiles pour tapis ne dépassant pas le n° 8 Lee et valant moins de 1 fr. 30 p. liv., 35 0/0 ; — toiles pour balles de coton, ou autres tissus analogues, composés en tout ou partie de lin, chanvre, jute ou toute autre matière végétale, valant moins de 0 fr. 55 la yard carrée, 0 fr. 17 p. liv. ; — les mêmes valant plus de 0 fr. 55, 0 fr. 23 p. liv. ; — toiles faites d'une matière végétale autre que le lin, le chanvre ou le juste, 30 0/0 ; — toiles à voiles de Russie, et autres toiles, 35 0/0.

Grèce. — Bas de coton, 210 fr. 94 les 100 kilos ; — bas de fine laine, 421 fr. 97 ; — de soie, 1,125 fr. — Gants de coton ou de fil, 140 fr. 42. — Gants de soie, 2,250 fr. — Tissus de coton, 105 fr. 47 et 210 fr. 94. — Tissus de lin en général, 105 fr. 47. — Tissus de batiste, 562 fr. 50. — Tissus grossiers de laine, 36 fr. 16. — Tissus de drap, 175 fr. 78. — Tissus de barége de laine, 421 fr. 87. — Tissus de soie écrue, 703 fr. 12. — Tissus de taffetas, satin, etc., 1,406 fr. 25. — Tissus de velours, etc., 2,109 fr. 37. — Fils de coton à embobiner, blanc, 98 fr. 43 les 100 k. ; — teints, 112 fr. 49 ; à broder, en pelotes, blancs, 35 fr. 15 ; — teints, 42 fr. 18 ; — teints à l'huile, 52 fr. 75.

Grenade (Nouvelle). — Coton manufacturé, de 15 fr. à 107 fr. les 10 kilos. — Laine en fils, 1 fr. 90 le kilogramme. — Lin à ouvrer, 0 fr. 25. — Lin tissu, de 2 fr. 50 à 40 fr.

Guatemala. — Casimir ordinaire, 1 fr. 27 le mètre. — Cotonnade imprimée, 1 fr. — Flanelle étroite, 2 fr. — Indiennes communes, 2 fr. 59 la pièce. — Indiennes fines, 4 fr. 54. — Lin (batiste de), 21 fr. la pièce. — Soie (satin de), 3 fr. 50 le mètre. — Tout ce qui vient par le chemin de fer de Panama paie 10 0/0 en moins.

Haïti. — Batiste de fil blanc, le mètre, 0 fr. 40. — Camelot, 0 fr. 22. — Coton (tissus de) en général, de 0 fr. 45 à 0 fr. 16. — Coutil de coton, de 0 fr. 18 à 0 fr. 26. — Coutil de fil, 0 fr. 36. — Drap commun, de 0 fr. 80 à 1 fr. 32. — Dril bleu, de 0 fr. 09 à 0 fr. 13. — D'autre sorte, de 0 fr. 13 à 0 fr. 33. —Étoffes pour pantalons, de

0 fr. 36 à 0 fr. 52. — Fil en pelotes, 0 fr. 55 le kilo. — Fil assorti, de Rennes, 1 fr. 32. — Flanelle, le mètre, 0 fr. 26. — Indiennes, le mètre, de 0 fr. 13 à 0 fr. 18. — Morlaix, de 0 fr. 11 à 0 fr. 18. — Mouchoirs de fil communs, la douzaine, de 0 fr. 81 à 2 fr. 70. — Nankinettes, le mètre, de 0 fr. 07 à 0 fr. 16. — Rubans, les 14 mètres 1/2, de 0 fr. 05 1/2 à 0 fr. 10, 8. — Serviettes, la douzaine, de 1 fr. 08 à 2 fr. 16. — Soieries, le mètre, de 0 fr. 66 à 1 fr. 10. — Toile, le mètre, de 0 fr. 18 à 0 fr. 88.

Hambourg. — Fil de chanvre ou de coton, laine brute, lin, linge, toile de coton, toile d'emballage, exempts. — Tout objet ne valant pas 37 fr. 50. — Le reste, 1/2 0/0.

Honduras. — 20 0/0, moitié en papier, moitié en argent, et, pour les importations faites par mer, en plus, 5 fr. 87 par 100 kilos et 2 fr. 70 par colis, en numéraire.

Iles Ioniennes. — Coton (mouchoirs communs de), 81 fr. 35 les 100 kil. — Coton (batiste de), 29 fr. 44. — Cotonnades imprimées, 50 fr. 37. Coutils à pantalons, 27 fr. 37. — Laine à broder, 253 fr. — Laine à tricoter, 34 fr. 13. — Laine (châles de), 487 fr. — Laines en draps, de 75 fr. 60 à 220 fr. 50. — Lin (chemises de toile de), 512 fr. — Lin (toile de), 14 fr. 90. — Soie à coudre, le kilog., 7 fr. 82. — Soieries, 12 fr. 65 et 15 fr. 87.

Mexique. (Aux chiffres indiqués ici il faut ajouter 18 0/0, et déduire la moitié du tout pour les importations faites par les ports qui sont sous la domination de la France). — Chanvre brut, 13 fr. 04 les 100 kilog. — Fil de coton blanc, le kilog., 1 fr. 63. — Fil de coton de couleur, 3 fr. 26. — Fil de laine, 3 fr. 80. — Fil de lin retors, 4 fr. 89. — Laine en masse, 27 fr. 17 les 100 kilog. — Lin brut, 16 fr. 30. — Tissus de coton imprimés, le mètre, 0 fr. 36. — Tissus de laine fins, 3 fr. 60. — Tissus de chanvre, 0 fr. 24. — Tissus de lin, écrus et blancs, 0 fr. 30. — Tissus à raies, etc., 0 fr. 42. — Tissus façonnés, 0 fr. 54. — Tissus de soie ordinaires, le kilog., 32 fr. 61.

Nicaragua. Coton prohibé. — Fil blanc, le kilog., 2 fr. 35. — Toile de Cholet, le mètre, 0 fr. 59. — Le reste, généralement, 40 0/0, soit 10 en bons privilégiés, 14 en autres bons et 16 en numéraire.

Paraguay. — Soie ouvrée, 25 0/0. — Tissus de laine, 25 0/0. — Vêtements, 40 0/0. — Articles divers, 15 0/0.

Pays-Bas. — Vêtements, étoffes et tissus quelconques, 5 0/0. — Fils de lin, 21 fr. 20 les 100 kilog.; — de coton, 3 et 5 0/0; — de laine, 3 0/0. — Tapis et tapisserie, 5 0/0.

Pérou. — Fils et tissus quelconques, 20 0/0. — Confections, 30 0/0.

Portugal. — Bonneterie et passementerie de lin et de coton ordinaire, le kilog., 6 fr. 87. — Coton (basin, coutil, percale, en blanc, de), 2 fr. 66; — teints ou imprimés, 3 fr. 44. — Mousseline et batiste, simples, 1 fr. 25. — Ornées, 4 37.—Draps, casimirs, etc., 9 fr. 37. — Laine teinte, le kilog., 3 fr. 12. — Linge de lin, 4 fr. 69. — Mérinos (tissu de), 15 fr. 62.

Portugal. — Soie teinte, le kilog., 6 fr. 25. — En mouchoirs, 12 fr. 50 et 31 fr. 25. — Velours, 46 fr. 87. — Soieries unies et façonnées, 39 fr. 87 et 46 fr. 87. — Tapis, 2 fr. 19.

Possessions anglaises. — *Ile Maurice*. — Tissus de laine, 10 0/0. — Tissus de soie, 15 0/0. — *Nouvelle-Écosse*. — Coton filé, 5 0/0.

Possessions espagnoles. — *Philippines*. — Tissus, 14 0/0. — *Porto-Rico*, 20 0/0.

Possessions hollandaises des Indes. — Tissus en général, 25 0/0. — Soie et soieries, 12 0/0. — Toiles, 24 0/0.

Russie (ajouter 5 0/0 en sus). — Bonneterie de coton, 3 fr. 91 le kilog.; — de soie, 19 fr. 53. — Coton en fil blanc, 85 fr. 47 les 100 kilog. — De couleur, etc., 122 fr. 10. — Cotonnades ordinaires, blanches ou teintes, 3 fr. 91 ; — imprimées, 6 fr. 83. — **Draps** de laine, 13 fr. 68. — Flanelle, 6 fr. 83. — Lainages imprimés, 7 fr. 82.—Soie en fil, 0 fr. 97 par terre et 1 fr. 46 par mer.— Soieries, de 39 fr. 07 à 68 fr. 39. — Tissus de lin, de 3 fr. 41 à 12 fr. 81.

Salvador. — Fil blanc ou rouge, à tisser, et soie, grége ou torse, 7 0/0. — Articles divers, 20 0/0, partie en papier.

Suède (tarif établi pour durer jusqu'en 1866. Il y a un tarif spécial pour la Norvége).
Fils de coton simples ou retors, 0 fr. 32 le kilog. — Rouge, 0 fr. 85 — Tous autres, 1 fr. 27. — Fils de lin, à coudre, 1 fr. 33 et 1 fr. 67 le kilog. — Soies teintes, 5 fr. — Tissus de coton, de 1 fr. 33 à 7 fr. 50. — Tissus de laine, de 1 fr. 33 à 5 fr. — De lin et de chanvre, de 0 fr. 50 à 10 fr. — De soie, de 5 fr. à 25 fr.
Chanvre, coton, laine, lin, soie écrue, exempts.

Norvége. — Fils de coton, non teints, non tors, 0 fr. 56 le kilog.; — tors, 0 fr. 94; — teints, 1 fr. 13.

Uruguay. — Câbles et cordages, 6 0/0. — Soie et soieries, 10 0/0. — Toile et batistes, 10 0/0.

Venezuela (compter 15 0/0 pour les articles admis en franchise et ajouter 36 0/0 aux chiffres du tarif). — Gants de soie, 2 fr. 65. — Tissus de coton ou de lin, le mètre, 0 fr. 10 ; — de laine, 0 fr. 28; — de soie, 1 fr. 35. — Velours, 1 fr. 90.

VOCABULAIBE FRANCO-ANGLAIS

MOTS USUELS DE FABRIQUE ET DE COMMERCE.

Abaca (fil), abaca.
Achat, purchase, bargain, buying.
Accouplé, coupled.
Acquit, acquittance, discharge.
Aériforme, aeriform.
Agave (fil), agave.
Agneau (laine d'), lamb's wool.
Agrafe, clasp.
Agréments, ornaments.
Aigrette, egret, tuft of feathers.
Aiguille, needle (— à coudre, sewing-needle ; — à passer, bodkin; — à reprises, darning-needle).
— (Jacq. et soie) lead wires attached to heald eyes.
— (ouvrage à l'), needle work.
Aiguillée (fil tiss.), stretch.
Aiguillettes, knittles.
Ajusteur, a fitter.
A jour, al giorno.
Alençon, alençon.
Alepines (et. soie), bombazine.
Aloès (fil), aloes.
Alpaca, alpaga.
Ameublement, furniture, dress.
Amidon, amylum, starch.
Ananas (fil), ananas, pine-apple.
Anguille (drap), crumple.
Aniline (couleur), aniline.
Appareiller (drap), to dress, to finish.
Apprêt   id.   finishing.
Arçon   id.   bow.
Arçonnage (fil lai.) bowing.

Arcot (serge d'), woollen and silk stuff.
Ardoise (couleur), slate.
Arquet (fil), bent wires on silk reels.
Arramer (drap), to stretch.
Articles (de coton), small wares.
Assortiment, sortment, suit, set.
Attache (bas d'), leg-stocking.
Aubes, albs (vêt. ecclés.).
Aurore, aurora, yellow, pink colour.
Avalies (fil lai.), glover's wool.
Azurer, bleuing.
Balle, bale, pack.
Balzorine (Ét.), balzorine.
Bambou (fil), bamboo.
Banc à brocher, slubbing or bobbin frame.
Banc (en fin), roving frame ; finishing fly frame.
— à carder, carding bench (drap).
Bande, border, clothing, cover.
Barbes, lappet, pinner.
Barèges, bareges.
Barrepons, barepons.
Basin, dimity, basin.
Bas, stockings, hose.
Bassine (tiss. soie), basin.
Batteur, beater, scutcher.
Batiste, cambric.
— de Canton, grass-cloth.
Batistes d'Écosse, Victoria laws.
Biais, bevil ; bevil, slope, askew.

Billard (drap de), billiard cloth.
Bisage, redyng.
Bisette (tiss.), footing.
Bisetture (tiss. div.), narrow lace-maker.
Blanc (couleur), white.
Blanc (spécialité de), linen-ware-house.
Blanchâtre, whitish.
Blanchi, bleached.
Bleu, blue.
Bleu de ciel, sky blue.
Bleu d'émail, smalt.
Bleu d'empois, powder blue.
Bleu foncé, royal blue, dark blue.
Bleu de France, Napoleon blue.
Bleu d'outre-mer, ultramarine.
Bleu de faïence, delf-ware blue, crockery-ware blue.
Bleuté, blued.
Blicourts (ét.), blicourts.
Blonde, silk net, plain blond.
Bobine, roquet ; bobbin, quill to wind silk ; pirn ; reel, spool.
Bois (couleur), wood colour.
Bombazines, bombazines.
Bonneterie, hosiery.
Bordeaux (couleur vin de), ruby.
Bordure, edge, border.
Boudin (fil lai.), patted wood ; sliver.
Bouillons (à), puff, flounce.
Bouquets (à), nosegay, flourish.
Bourre de laine, flocks of wool.
Bourru (soie), flocky silk.
Bouton, button.
Bretelle (pass.), breast-cushion, braces.
Brevet, patent.
Breveté, patentee.
Bride, bridle.
Brillanté (dentelles factices), arti-ficial embroidery with glass powder ; stope, brilliant.
Brin, prime, bit, shoot, slip, blade, twist.
Brocard, brocade.

Broche (fil), spindle.
Broche (drap), drab.
Broché, figured, embossed fancy, sewed, interwoven.
Broderies, embroideries.
Brodeur, needle-stick.
Brûlé, burnt.
Brun, brown.
Bruni, darked.
Bruxelles, bruxelles.
Burats, burat.
Bure, coarse woollen cloth.
Câble, cable.
Cachemire, cashmere.
Cachemirette, cashmirette.
Cadis, caddis ; cadis ras foulé, milled shalloon.
Caleçon, drawers.
Calendrer, callendering.
Calendre à catir, glazing-cal-lender.
Calicot, calico.
Cambrai (dent.), cambrai.
Camelot, camlot, camlet, cam-blet.
Camelot ondé, watered camlot.
Camelotine, camletine.
Camisole, under waistcoat.
Canevas, canvas.
Cangue (ét. cot.), chinese shir-ting.
Cannelé, fluted, chamfered.
Cannetille, purl.
Cannettes, cops.
Caoutchouc (fil), caoutschouc.
Capucine (couleur), nasturtium.
Carde en gros ; breaker, break-ing-card.
— en fin, finisher ; tow-brea-ker.
— de point d'aiguilles, Needle point tow cards.
Cardé, carded.
Carmeline, second shearing of the vicuna.
Carré, square.
Carreaux ; diamonds , square

check; chequered (à carreaux).
Casimir, cassimere.
Castorine, castorina.
Cati (f. drap), pressing; gloss.
Ceinturier, girdler.
Cendré, ash coloured.
Cerise (rouge), red-hot.
Chagriné, shagreened.
Chaîne; warp, main warp, ground.
Chaînette (pass.) silk tissue on fringes.
Châle, schawl.
Chalys, schalys.
Chamarrer, lacing, to daub.
Chameau (fil), camel.
Chamois (couleur), yellow, chamois.
Chantilly (dent.), chantilly.
Chanvre, hemp.
Chardon à foulon, thistle, spike head.
Chasuble, chasuble.
Chaussette, under-stocking, sock.
Chemise, shirting, shirt.
Chenille (pass.), chenille.
Chèvre (poil de), goat.
Chevillon (fil soie), stuff work.
Chiffon, rag, gewgaws.
China grass, china grass.
Chiner, to colour the threads with different colours.
Chiné, warped.
Chique (fil soie), défective cocoon.
Chiqueter la laine, to tear the wool.
Ciré, waxed.
Clair, clear, light.
Cocarde, cockade.
Cocon, cocoon.
Cocon de ver à soie; cod, cocoon, ball.
Coconnière, silk-worm nursery.
Coin (bonn.), clock.
Collerette, collars.
Commissionnaire, factor.
Compartiments, ornaments in compartments.

Condition (fil soie), condition.
Confections, confections.
Corchorus (fil), corchorus.
Cordages, cordage, ropes.
Corde, rope.
Corde (drap), cord.
Corde (tiss.), simple cord.
Cordelet (sorte de velours de Manchester), cord., corduroy.
Cordelières, girdl, necklase.
Cordonnet; twist, lace, braid, edging,
Corons ou penne (Déchets de fil de coton), waste of coton.
Corsé, coarse.
Corset, boddice, jumps.
Côté, shore, coast.
Côtes, ribs.
Coton, cotton.
— en rame, en laine, cotton-wool.
Coton brut, raw cotton.
— (écheveau de), skein of cotton.
— épluché; picked cotton.
— (filature de); cotton-spinning; cotton factory, mach, mill-works.
— filé; cotton-yarn, spun-cotton.
— de ganse, cord.
— jumel, d'Egypte; egyptian cotton.
— de mer, Salonica cotton.
— (molleton de), treble-milled cotton, molleton.
— d'once; cotton of the ounce. cotton of Damascus.
— (pelote de), cotton ball.
— piqué, quilting.
— plat, darning.
Coton (soie de), cotton staple.
— courte soie, short stapled cotton.
— longue soie, long stapled cotton.
— de terre, Natolia cotton.

Cotonnade (ou siamoise), cotton stuff, cotton cloth, cotton check.
Cotonnettes (rouenneries), *id.*
Cotonner (tiss.) ; to nap, to rise with a nap, to become cottony.
Cotonnine, common sail cloth.
Coudre, sewing.
Couleur grattée (tiss.); pale, sickly colour.
— de rouille, ferrugineous colour.
Coupon ; linen made out of a bark , pieces of cambric.
Court, short, brief.
Courtepointe, counterpane, toilet, cover and towel.
Courte-pointier, counterpane-maker.
Coutil ; tick, ticking.
Couture, sewing, stitching.
Couvertures (de Whitney), Whitney blanketts.
Couvertures de cheval, horse sheetings.
Cramoisi, crimson.
Cravate, cravat, neckcloth.
Crêmée (toile), creamed.
Crêpe, crape.
Crépine (pass), sort of fringe.
Cretonne, fine linen.
Crin, hair, bristle.
Crinoline, crinolin.
Crochet (m. tiss.) hook, crotchet.
Croisé ; tweeld, twilled, twill.
— serge ; kersey.
Cuir de laine, buckskin.
Cuit, done, boiled, baked.
Dague, espade (fil. ch.), tewing-beelle.
Daguer (id.), to swing the flax.
Damas, damask.
Damasquette turkish goldwoven fabric.
Damasser, to damask.
Damasserie, damask manufactory.
Damier, chess board.
Dattier (fil.), palmtree.

Débourrer, to clean, to strip.
Débourreur, stripper.
Décatir, to take the gloss out from cloth ; to damp cloth ; to steam.
Décatissage, damping.
Déchet, waste.
Décoconner, to unravel the cocoons.
Décorder, to untwest, to untwind.
Décreusage, scouring, rinsing.
Décreusée (soie), scoured silk, boiled silk.
Défraîchi, without freeshness, W. bloom.
Défeutreur, unraveler.
Défroncer, to unplait.
Dégommage (de la soie), washing out the gum.
Dégorgeoir, (draperie), scouring-stick ; washing trough.
Dégraisser, to scour.
Dégressoir, (draperie), wringing machine.
Démêlage, sorting of wool.
Démêloir, reel.
Denteler, to indent, to notch, to jag.
Dentelle, lace, lace work, lace ornements, tattings.
Dentelle à chenille, velvet lace.
Dentelle au métier, woven lace.
Dentelle au fuseau, bone lace.
Dentelle à l'aiguille, needlelace.
Dentelle à fond réseau, lace with à net-shelped ground.
Dentelle à fond bride, clair lace with a clear ground.
Dentelle sans fond, fine, white threadlace.
Dépiéter (draperie), to nap evenly.
Dépiquer, to unstitih.
Deramer, (fil. soie) to take off the cocoons from the mulberry-tree.
Descente de lit, rug.
Déserte (draperie), cloth sheers.

Désourdir, to unweave.
Dessin, pattern, design, drawing, figure.
Dessin courant, continuous design.
Dessuinter, scouring.
Dessus de la chaîne, upper warp.
Dessus de porte. frieze panel, hawnse of a door.
Détendoir, reel cross, reel arms.
Détirer, to pull out, to draw out.
Détisser, to unweave.
Détordre le fil, to wind off thread.
Détricher, to sort wool.
Deuil, mourning.
Devant de chemises, shirt frontings.
Dévidage (bobinage), winding, spooling, reeling.
Dévidoir, reel.
Diable (draperie), lever, of the cross-bar.
Diable (fil. de cot.). devil, opening-machine; willow, willy.
Diagonal, diagonal.
Disposition, arrangement.
Dispositions (à), arranged.
Doitée (fil. lin), needle-full.
Dolichos (fil), dolichos.
Doublage, sheating.
Double, double; twofold.
Doubleur, lapping machine.
Doublure (étoffe), lining.
Douillage (tiss.), stuff or cloth badly fabricated on account of the wool not being of an equal quality.
Doupions (fil. soie), double cocoons; twin cocoons.
Drap de Berry, tweel-cloth.
Drap d'été, summer's cloth.
Drap de table, cloth table-covers.
Drap de la première tonte, cloth of the first shearing.
Drap de troupe, soldier's cloth.
Draper (bonneterie), to mill.
Draperie, clothing; drapery; cloth work.

Draperie, large pin.
Drège (grège), ripple.
Dresse (tiss.), bobin, bone.
Dresser (tiss.), to dress.
Dresseur (tiss.) hollowtube for dressing the cards.
Dressoir (fil. lin), stick for silk-skeins.
Drills, drills.
Droguet, drugget.
Drossage (drap), scribbling, scibbling.
Duvet, down.
Duveteux, downy.
Eau (terme de draperie), glossing, lustre.
Eau (mperméable à), water tight, water proof.
Ebouillanter, to scald the cocoons.
Ebourrer, to nap.
Ecagne (fil), part of a skein.
Ecanguer (fil. chanv.), to beat hemp or flax.
Ecarlat, scarlet.
Ecarlate de Venise, Venice scarlet.
Ecatir (drap.), to press.
Echantillon, sample.
Echanvrer, to hatchel.
Echanvroir, hatchel.
Echarpe, scarf.
Echarper, to card.
Echaudoir, scaldinghouse, scalding tube.
Echecs (en), in pièce.
Echeveau, hank, number, cut lea.
Echeveau de soie, skein.
Echevette, lea, ley, skein, rap.
Eclancher, to take the creases out off cloth.
Ecorce de mûrier (fil.), mulberry.
Ecorce d'ormeau (fil.), elm.
Ecossais, scotch.
Ecouailles (fil. lin), coarse wool.
Ecouvette (fab. drap), brush.

Ecran, screen.
Ecriteau (fab. drap.), nopper.
Ecru, grey, raw.
Ecru (drap), unwashed, unbleached.
Ecru (fil. soie, etc.), raw.
Ecurer (drap), to scour.
Etarfilures, effilures; thread pulled out.
Effiler, to unweave, to unravel.
Effiles, fringed goods.
Effiloche (soie), silk rawelled out.
Effiloquer, to ravel out.
Effilures (drap), thread ravelled.
Egratigner (tiss. soie), to scratch.
Egruger (fil. chanv.), to break hemp.
Elastique, resilient.
Email (bleu d'), smalt.
Emballage, packing up.
Embrasses, braces.
Empocher (la soie), to sack.
Empesé, starched.
Empois, starch.
Encarter, to put between pressing-boards.
Encollage, dressing, sizing.
Endroit, face.
Enduit, coat.
Engommer, to gum, to glaze.
Enlisseronner, to put the warps on the taff.
Enrouler, to wind up.
Ensuple, cloth-beam.
Entaquer, to join pièces of stuff together.
Entretoille, cut-work.
Enverger (soie), to cross.
Envers, wrong-side, back.
Enverser, to trim.
Envoudager (fil.), winding up.
Epais, thick.
Epaulette, shoulder strap.
Epinceter, to burl.
Epinglé (velvet), needled.
Eplucher, picking.

Epuré, refined, purged.
Espoulin (drap), small shuttle.
Espoulle (fil), spool.
Escaladon (fil. soie), silk reel (tis.), bobbin-wheel.
Escompte, discount, deduction.
Estamper, to flourish.
Estisseuse (fil. soie), rod of the warp heam.
Etaleur, spreader.
Etamine, tammy, durant.
Etirage, draught, drawing.
Etoffe, cloth, stuff, fabric materiel
Etoffe pour gilets, waist-coating stuff.
Etoffe imitant le crin, moreen, hair-cloth.
Etoupe, tow, oakum.
Etroit, narrow, strait.
Fabrique (marque de), manufacture-mark.
Face, face.
Façon; shape, form, fashion.
Façonné, fancy.
Fagotines (fil. soie), bundles of unfinished silk.
Fantaisie (fil.), spun floss-silk.
Fantine (fil,) horse of the reel.
Fassure (tiss. soie), length of the thread between the two beams.
Fauder (drap), to fold.
Faveur; silk furel, narrow ribbon.
Fécule, fecula.
Festonné; scolloped, scalloped, vandyke.
Feutre, felt.
Fibres de noix de coco (fil), cocoanut fibres.
Ficelier, pack-thread reel.
Ficelle; pack-thread, twine.
Fichus, handkerchiefs.
Fil, yarn.
Fil à la main, yarn by the hand.
Fil d'arcade, heedle thread.
Fil de cordonniers et de selliers;

yarn in bobbins for shoes,
shoemakers and sadlers thread.
Fil doux; roving, fine roving.
Fil d'estame, worsted.
Fil (peleton de), clew.
Filage, roving, slubing, spinning.
Fil de poil de chèvre, Mohair yarn.
Fil plat, solft yarn.
Fil retors, thread.
Filaments, fibres.
Filature; spinning, factory.
Filature en gros, slubbing.
Filé, twisting.
Filet, small thread, string.
Filet de pêche, net, netting.
Fileuse, spinner.
Filin, orleans serge.
Filoche, silk purse.
Filoir, spinning wheel.
Filoselle (fleuret) ; floret silk, floss
silk, flurt, flirt, ferret.
Fin, mi-fin, fine, mid fine.
Finette (voy. Futaine).
Flamme (dessin), flame.
Flanelle, flannel.
Fleurs, flowers.
Florence; florence taffeta, sarce-
net.
Flote (drap), felt.
Flotte (fil soie); skein hank of silk.
Foncé (teint), charged.
Forlachure (haute lisse), cord
badly drawn.
Fouet, picking-stich, picker,
whip.
Foulage, fulling.
Foulards, corahs.
Foulon, fuller.
Foupir (drap), to rumple or crum-
ple.
Frais, fraîche, fresh.
Frais (dépenses), charges, ex-
penses.
Frange, fringe.
Fret, freight.
Frisé, curled, frisled, crisped.
Friser; to nap, to tease cloth.

Frison (fil soie), waste from ree-
ling cocoons.
Frisure (drap), little knot.
Froufrou, rustling.
Fuseau; cop spindle.
Fusée; spindle ful.
Futaine; twill, twell, fustian ;
— à poil; swandown, duck.
Galette (fil soie), waste silk.
Galon ; border, lace.
Gants ; gloves.
Ganse ; gimp, loop, edging, twis-
ted edging.
Garance, madder.
Garniture, ornamenting.
Gaufrer; to figure, to goffer, to
emboss.
Gaze, straw gauze.
Gaze de soie à bluter; gauze,
silk gauze.
Gaze de coton, leno muslin.
Genre, kind, species, sort.
Gilet, waist coat.
Glacer, to glaze.
Gomme, gum.
Goudron; tar, coaltar.
Grain, grain.
Grain (gros), gros grain.
Grége, raw.
Grenadine; strongly twisted silk,
twilled silk fabric.
Grenat, garnet.
Grenouille (drap) ; sole, socket.
Gris, grey.
Gros (en), by wholesale, by the
great.
Gros de Naples ; gros de Naples,
grogram.
Groseille (couleur), gooseberry.
Guimpe, stomacher.
Guingamp, gingham.
Guinget ; kind of camlot from
Amiens.
Guiper (tap.), to whip about with
silk.
Guipoir (tap.) ribbon maker's
tool.

Guipure, vellum-lace, guimp-lace.

Gur, cotton stuff from the West Indies.

Habillement, dres.

Haire (drap en); hair-cloth

Harnais, harness.

Haut, high.

Hollande (tiss.), strong cambric.

Houppe, tuft.

Imperméable, impermable, impervious, waterproof.

Impression, stamping.

Indienne; chintz, printed. calico.

Indigo, indigo.
— surfin bleu ou bleu flottant, surfin blue.
— bleu fin, fine blue.
— surfin violet, ordinary blue.
— surfin pourpré, purple and violet.
— bon violet et violet rouge, ordinary purple and violet.
— fin et bon rouge, dull blue.
— rouge tendre, inferior purple and violet.
— fin cuivré (gorge de pigeon), strong copper.
— cuivré ordinaire et bon, ordinary copper.

Invendu, unsold.

Jaconas, jaconet.

Jasper; to marble, bad.

Jaune, yellow.

Jaune de chrome, imperial yellow.

Jour (à), open worked.

Jupon, under, short petticoat.

Jute, jute.

Lacet, lace (pass.), braid (tiss.)

Lacs, lashes, leashes (h. lisse), snares, (tiss. soie).

Lainage, woollen.

Laine, wool.

Laine (fil de); worsted, woollen tharead.

Laine (balle de); bale of wool, wool sack.

Laine (cardeur de); wooll comber.

Laine (commerçant en); wool stapler.

Laine courte; short wool, short.

Laine (flocon de); flock, lock of wool.

Laine fourbondrée, overheated wool.

Laine longue, long wool.

Laine de peigne, long-slapled wool.

Laine estame; combin wool.

Laine mère; back, spine wool.

Laine de mérinos; spanish wool.

Laine métis, mixed wool.

Laines mortes: pelt wool, morthing.

Laines pignons, waste wool.

Laine pure, all wool.

Laine en suint; surge, wool in ghease.

Laine de toison, fleece.

Laine (trieur de), wool-sorter.

Lainer (drap); napping, raising, rowing, dressing, teasting.

Laineuse mécanique (drap); gig-machine, gig-mill.

Laine, width.

Lame; foil, wire.

Lamé, foiled.

Lamette; reed, slay, sley, leaf.

Laminage, drawing.

Laminoir, calander rollers.

Lange, swaddling clothes.

Lanice, flocks of wool.

Lanille, flemish woolen stuff.

Lapin (poil de), rabbit.

Lardure (drap), undershot.

Large, large, broad.

Largette (pass.); small ribbon, rosette.

Largeur, width.
Lastings, lastings.
Latibande (tap.), lining of a carpet.
Lavage à dos de la laine, fleece-washing.
Lavée (de laine), a heap of washed wool.
Lé (un), breadth.
Léger, light, easy.
Lice, lisse (haute) ; high-warp basse —, low warp.
Liceron, warp-staff.
Licette, coat.
Lièvre (poil de), hare.
Lilas, lilach, lilac.
Limer (se) (drap), to become threadbare.
Limousines (étoff. laine), carticrins.
Lin en paille, straw-flax.
Lin (toile de), linen cloth.
Lin (toile claire de), lawn linen.
Lin brut. raw, undressed flax.
Lin préparé, dressed flax.
Linge, linen.
Linge de table, napery.
Linge ouvré, diaper.
Lingerie, linen drapery.
Lingette, small serge.
Linon, lawn.
Lire un dessin (tiss.), to read.
Liseré, cording.
Lisière, list, selvage, selvedge.
Lisse (uni), sleek, smooth.
Lisse (méc.), brass.
Lisse à coulisse (tiss.), standard.
Lisse fixe, steady heald.
Lisse (basse), low warp.
Lisse (haute), high warp.
Lisser (drap), to stretch.
Lissoir (soie), polisher, smoothing sticks.
Livrée, liverie.
Lizéré (rub.), narrow border.
Londrin (drap), london-cloth,
Long, long.

Longueur, length.
Loquette (fil), carding, roll.
Lourd, heavy, clouterly, unwieldy.
Louvetage (fil), deviling.
Lozange, losenge.
Lozangé, losenged.
Lustre, lustre, gloss, frightness,
Lustre changeant, fickle lustre.
Lustrer, to callender.
Lustrine, lustrin.
Machine, machine, engine, machinery.
Machine à damasser, figuring machinery.
Machine à griller (drap), singeing machine.
Machure (drap), blot, blur.
Macqualage, braking, scutching.
Madapolam, madapolam.
Madras, madras.
Madrenague, linen whose warp is cotton and whose weft is of palm thread.
Magnanerie, silk worm nursery.
Maille, mail, mash, mesh, loop, terry.
Main-d'œuvre, workmanship.
Main (de soie), skein of silk.
Maïs (couleur), buff.
Malfaçon, badwork, defect, cheat.
Malines (dent.), malines.
Manchettes, sleeves, cuffs, ruffles.
Manteaux, clockes, mantuas.
Mantelets, mantles, mantlets.
Marcelines (étoffe soie), marcelines.
Marque, mark, stamp.
Marqueter, to checker, to venur.
Marron, chesnut colour.
Masulipatam, masulipatam.
Matasse (soie), raw silk.
Mauve (couleur), mallows.
Mèche, match.
Melilot de Sibérie (fil), melilot.
Mérinos, mérino.
Mérinos d'Écosse, plain bag.

Métier (à tisser), loom (weaver's).
Métier mécanique, power loom.
Meubles, householdgoods.
Mince, thin, small.
Mitaines, mittens.
Moche (fil. soie). bundle of silk.
Mode, mode, vogue, fashion.
Mode (couleur), drab.
Moelleux, strong, substantial.
Moire antique, moire antique.
Moirer, to water, to cloud, to tabby.
Moleskine imprimée (cot.), moleskine.
Molleton, swan-skin.
Moquette, carpet.
Mouchoir, hardkerchief, neckerchief.
Mouillé, weted, bated, soaked.
Moulin (à foulon), fulling mill.
Mouliner (la soie), to twist silk.
Mouton, sheep.
Mousseline, muslin. lappet.
Mousseline, laine croisée, twelled mousseline laine.
Mousseline organdis, English books.
Mousselines claires, English, mulls.
Mull jenny, mull jenny.
Mulquinerie, lace working.
Mûrier (fil), mulberry-tree.
Nacarat, nacarat.
Nankin, nankein, nankin, nankeen.
Nansouks, Nansouks.
Nappe, napkins, table cloth ; wad, fleece, lap.
Natte, mat, twist braid.
Navette, shuttle.
Nerinde (soie), indian taffet.
Nœuds, knots.
Nœuds (sans), unknotted, knotless.
Noir, black.
Noir velouté, velvet black.
Noirâtre, blackish.

Nouveauté, fashion ; (haute) last fashion.
Nouveautés, fancy articles, goods.
Numéro, number.
Ocreux, ochry, ochreous.
OEil de perdrix, birds eye.
OEillet, eye, mail.
OEilleté, eyelet.
Olive, olive.
Ombrelles, ombrellas.
Ondé, watered, waved.
Ondulé, waving, undulary.
Orange (couleur), orange coloured.
Organdi, book, book muslin.
Organsin, organzine, thrown silk.
Orge (à grains), napped fustian
Orléans (ét. laine), Orléans.
Ouate, wad, wadding.
Ourdir, to warp.
Ourler, seaming.
Ourlet, seam.
Ouvré, thrown.
Ouvré (linge), diaper.
Ouvrir (la laine), to beat the wool.
Padou, ribbon with linen warp and silk weft.
Pagne, fabre of palm fibres.
Paillasse, strawbed, drab, whore.
Paillasson, lay of straw.
Paille, straw, schaff.
Palanche, coarse stuff.
Palme, palm.
Palmette, palmet.
Panne, feather shag, woollen velvet.
Pantalon, pantalon.
Paquet, bundle, pack.
Parage, dressing.
Parapluie, umbrella to screen from the rain.
Parfilure (pas.), outlines of the designs.
Partie, part.
Passementerie, lace work; lace trade; small wares.

Peau de taupe (drap), mole.
Peigne (rot.), reed, slay, sley, stays.
Peigneuse, combing machine.
Peignon (fil.), tow.
Pelotes, balls.
Pelotonner, to wind up.
Peluche, plush, silk plush, shag, cotton and woollen drugget; de laine, worsten shag.
Pelucheux, plushy.
Percale, cambric muslin.
Percaline, ghazed lining.
Pers (couleur), bluish grey.
Perse, Persia, chints.
Personnages (à), imagery.
Phormium tenax (fil.), phormium tenax.
Pièce, specimen, bit, part.
Piquage (tiss.), reeding.
Piqué (étoffe), quilting; marseille.
Pitte, fibres of agave.
Plaids, plaids.
Pli, plaid, fold; (mauvais), rumple.
Pli (drap), tuch.
Pli (faux), crease, wrinkle.
Pliage, folding.
Pliage double (six quarts).
Plisser, to plait, fold.
Plumetis, plumetis.
Poignée (fil. ch.), spike.
Poil, pile, nap, hair.
Poil rude, shag.
Point, point.
Pointes (toilette), gore, handkerchief.
Poids, weight.
Pois (à), pea, peas.
Polemieten (ét. laine), id.
Pompon (pap.), tuft.
Ponceau, scarlet.
Popeline, poplin.
Portées (tiss.), reeds.
Printanier, spring.
Prix, price.

Purpurine, purpurina.
Quadrillé, echecks.
Quenouille, rock.
Rabat, band.
Rabotteux, knotty.
Ramages (à), flowering, flowered work.
Raphia (fil.), raphia.
Ras; worsted, rash.
Ratine, friezed cloth.
Rayure, stripe.
Relais (tap.), relay.
Reliure (étoffes pour), bookbinding.
Renvider; to wind up, to cop.
Renvideurs, winders.
Reparon (fil.), flax of second quality.
Reps, reps.
Réseaux, little-net, bagnet.
Reticulé, filigree.
Retors, twisted.
Rideaux, curtains, masks, veils.
Robe, gown.
Rochet (fil. soie), short and big spool.
Rond, round, circular.
Roquet; bobbin, pirn, reel, spool.
Rose, rose.
Rosé, of a lively.
Rose anglais, english rose.
Rosette, roset.
Rots, rota frotteurs (méc.), reeds.
Rouge, red.
Rouge d'Andrinople, red of Andrinople.
Rouge turc, Turkey red.
Rouille. rust, ferrigineous colour.
Roui (non), unsteaped.
Rouir, retting.
Roulières (ét. laine), carticrins.
Roux, ruddy.
Ruban; ribbon, riband.
Rubanerie, ribbon-weaving.
Sac, sack, bag.

Sac (de grosse toile), coarse linen bag.
Safran (couleur de), saffron.
Samis (soie), venetian silk stuff.
Sangle, shoulder strap.
Sarreaux, frocks.
Satin, satin, broken tweel, satin tweel.
Satinade, satinet.
Satiné, twilled.
Saye, kind of serge from Caen.
Self·acting (méc.), self-acting.
Serançage; heckling, hackling.
Serviettes, napkins.
Siamoise, cotton check.
Simple, simple.
Soie, silk.
Soie sina, chinese silk.
Soie (bourre de), silk waste, floss.
Soie en bottes, packed up sik.
Soie décreusée, boiled silk.
Soie (à courte), short stapled.
Soie (à longue), long stapled.
Soie (moulinage de la), silk throwing
Soiè en moches, unprepared silk.
Soie (panne de), silk feather shag.
Soie plate, floss silk.
Soierie, silk goods, silks.
Solide, solid.
Sorie (drap) merino wool.
Souple, supple, flexible, pliant.
Stoff, stoff.
Suints, yolk, grease.
Surjet (en) wipped.
Surtondre (drap), to shear roughly.
Tabinet, tabinet.
Tabis, tabby.
Taffetas, taffeta, taffety, lute-string, lustring.
Tailleur, taylor.
Tambour (tis.), main cylinder.
Tamis, sieve, sifter.

Tani (soie), the best quality of Bengal silk.
Tapis, carpet, rug, cloth for tables.
Tapis-foyer, hearth rug.
Tapis d'Écosse; triple, treeply carpet, scotch carpet.
Tapis de la Savonnerie, turkey carpet.
Tapisserie, tapestry.
— de basse lice, low warpt.
— de haute lice, high warpt.
Tare (au poids); tare, want, loos, waste.
Tarlatane, open muslin.
Tartane, tartan.
Teille, hamp harl.
Teiller, stripping, peeling.
Teilleuse (méc.), peeling knife.
Teint, dye.
Teint (bon), fast dye.
— (faux), fugitive dye.
— (petit), fading dye, colour.
— (grand), fast, permanent dye.
Teinté, tinctured, tinted.
Temple (tiss.), self acting temple.
Tenture, hanggings.
Terne, dull, dim.
Texture, texture, web.
Tilleul (fil), lime, linden.
Tirage (drap), stretching.
Tire (à la), by cords.
Tire (à la grande), by the semple.
Tire (à la petite), for buttons.
Tirelles (tiss. soie), simple cords.
Tissu, textil fabric, tissue, web, texture weft.
Toile à bluter, botting cloth.
Toile cirée, oil cloth.
Toile cirée pour plancher, floor cloth.
Toile de chanvre, canvas, hemp linen.
Toile à chemise, shirting.

Toile de coton rayé, check.
Toile de Doulens, dowlas.
Toile à draps de lit, sheeting.
Toile d'étoupe, tow linen.
Toile d'emballage, packing cloth, barras, wrapper, pack cloth.
Toile d'Écosse, dornack.
Toiles fines, diapers.
Toile grasse, tarred canvass.
Toile grossière, coarse cloth, huckabach.
Toile gommée, glazed linen.
Toile de Hollande, dutch linen.
Toile imprimée, printed linen.
Toile d'Irlande, irish linen.
Toile de lin, flaxen linen.
Toile à matelas, tick, ticking, matressing.
Toile de ménage, family linens, fabrics for household purposes.
Toile d'Osnabruck, osnaburgs.
Toile peinte, printed calico, cotton.
Toile de Russie, russian duck.
Toile à sac, sackcloth.
Toile vernie, oil skin.
Toile à voiles, sail cloth, navy canvas.
Toilette, unbleached cambric.
Toilette, dress.
Tondeuse (drap), shearing machine.
Tonte, tondage, cropping, shearing.
Tontisse, shearings, flocks.
Torchons, rubbers, dusting-cloth.
Tordage (fil), twisting.
Torsade, twisted fringe.
Tortis, twist.
Tour (fil), turn, asple, reel.
Trait (fil), dart.
Trame, weft, woof.
— de la soie ; tram, trame.
— (fil de la), shoot.
Treillis, trellis, ticken.
Treillis à sacs, sack ticken.
Tricolore, three coloured.

Tricot ; veb, stocking-net, netting work.
Tricoté, knitted.
Triple, treble, triple.
Tulle, tulle, net, press-point, single press-point.
Tweeds, tweeds.
Twine (ét. laine), twine.
Uni, plain.
Uniforme, uniform, of one fashion.
Usé, attrite, worn out.
Velours, velvet.
Velours cannelé, ribbed velvet.
Velours de coton, fustian, deep pile.
Velours de coton croisé, velveteen.
Velours coupé, cut velvet.
Velours à côte, corduroy, fustian, tickset, cords.
Velours épinglé, terry velvet.
Velours glacé, shot velvet.
Velours de Gênes, jean back, genna bach.
Velours lisse (de coton), velvet.
Velours simulé, nap velvet.
Velours (tripe de), imitation velvet.
Velouté, velveting, velvet down.
Velu, hairy, shagged, shaggy.
Velventine, velvetian.
Velverette, velveret, thickset.
Ver à soie, silk worm.
Verdâtre, greenish.
Verdillon (tiss.), filler upper roller.
Vermillon, vermilion.
Verni, varnished.
Vert, green.
Vert d'émeraude, emerald green.
Vigogne, vigone.
Vigogne (drap de), swan's down.
Violet, purple, violet.
Violet bleuté, common purple.
Voiles, veils.
Yucca (fil), yucca.
Zigzag, zigzag, crankle, crinkle.

VOCABULAIRE ANGLO-FRANÇAIS

DES

MOTS USUELS DE FABRIQUE ET DE COMMERCE.

Abaca, abaca (fil).
Acquittance, acquit.
Aeriform, aériforme (gaze).
Agave (fibres of), pitte.
Albs, aubes (vêtements ecclésiastiques).
Alençon, Alençon.
All, tout ; all wood, tout laine ; all silk, tout soie ou soie pure.
Aloes, aloès (fil).
Alpaca, alpaga.
Amylum, amidon.
Ananas, ananas (fil).
Aniline, aniline (couleur).
Arranged, à dispositions.
Arrangements, dispositions.
Artificial embroidery, brillanté.
Ash coloured, cendré.
Askew, biais.
Asple, tour (fil).
Attrite, usé.
Aurora, aurore (couleur)
Back, envers.
Back wool, laine mère.
Bad (to), jasper.
Badwork, malfaçon.
Bag, sac.
Bagnet, réseaux.
Baked, cuit.
Bale, balle.
Ball, cocon.
Balls, pelottes.
Balzorine, balzorine (étoffe).
Bamboo, bambou (fil).
Band, rabat.
Bareges, baréges.
Barepons, barrepons.
Bargain, achat.
Barras, toile d'emballage.
Basin, basin.
Basin, bassine (tissu soie).
Bated, mouillé.

Beat (to), écanguer.
Beat (to), the wool, ouvrer la laine.
Beater, batteur.
Become (to) thread bare, se limer (drap).
Become (to) cottony, cotonner (tissu).
Bent wires on silk reels, arquet (fil).
Bevil, biais.
Billiard cloth, drap de billard.
Birds eye, œil de perdrix.
Bit, brin
Bit, pièce.
Black, noir.
Blackish, noirâtre.
Blade, brin.
Bleached, blanchi.
Bleuing, azurer.
Bluish grey, pers (couleur).
Blicourts, blicourts (étoffe).
Blue, bleu.
Blued, bleuté.
Bobbin, bobine.
Bobbin, roquet.
Bobbin frame, banc à brocher.
Bobbin-wheel, escaladon (fil soie).
Bobin, dresse (tissu).
Boddice, corset.
Boiled, cuit.
Boiled silk, soie décreusée.
Bombazine, alépine.
Bombazines, bombazines (étoffes).
Bone, dresse (tissu).
Bone lace, dentelle au fuseau.
Book et book muslin, organdi.
Book binding, étoffes pour reliures.
Border, galon.
Border, bande.
Border, bordure.
Botting cloth, toile à bluter.

Bodkin, aiguille à passer.
Bow, arçon (drap).
Braces, embrasses.
Braces, bretelles.
Braking, macqualage.
Braid, lacet.
Braid, cordonnet.
Brass, lisse (méc.).
Breadth, lé.
Break (to) lemp, égruger.
Breaker, carde en gros.
Breaking-card, carde en gros.
Breast-cushion, bretelle.
Bridle, bride.
Brief, court.
Brilliant, brillanté.
Bristle, crin.
Broad, large.
Brocad, brocart.
Broken twel, satin.
Brown, brun.
Brush, écouvette (fab. drap).
Bruxelles, bruxelles.
Buckskin, cuir de laine.
Buff, maïs (couleur).
Bundle, paquet.
Bundle of silk, moche (fil soie).
Bundles of undfinished silk, fago-
    tines (fil soie).
Button, bouton.
Burats, burats.
Burl (to), épinceter.
Burnt, brûlé.
Buying, achat.
By cords, à la tire (méc. tiss.).
By the great, en gros.
By the semple, à la grande tire
    (tiss. méc.).
By whole sale, en gros.
Cable, cable.
Caddis, cadis.
Calander rollers, laminoir.
Callender (to), lustrer.
Callendering, calendrer.
Calico, calicot.
Camblet, camelot.
Cambrai, cambrai (dentelle).
Cambric, baptiste.

Cambric, muslin, percale.
Camel, chameau (fil).
Camlet, camelot.
Camletine, camelotine.
Camlot, camelot.
Canvas, canevas.
Canvas, toile de chanvre.
Caoutschouc, caoutchouc (fil).
Card (to), écharper.
Carded, cardé.
Carding, loquette (fil).
Carpet, tapis.
Carpet, moquette.
Carticrins, roulières.
Carticrins, limousines (étoffes
    laine).
Cashmere, cachemire.
Cashmirette, cachemirette.
Cassimere, casimir.
Castorina, castorine.
Chamfered, cannelé.
Chamois, chamois (couleur).
Chantilly, Chantilly (dent.).
Charged, foncé (teint).
Charges, frais (dépenses).
Chasuble, chasuble.
Cheat, malfaçon.
Cheek, carreau.
Check, toile de coton rayé.
Checker (to), marqueter.
Chenille, chenille (pass.).
Chequered, à carreaux, échiqueté
Chesnut colour, marron.
Chess board, damier.
China grass, china grass (fil).
Chinese shirting, cangue (étoffe
    de coton).
Chinese silk, soie sina.
Chintz, indienne.
Chintz, toiles de Perse.
Circular, rond.
Clasp, agrafe.
Clean (to), débourrer.
Clear, clair.
Clew, peleton (de fil).
Clock, coin (bonneterie).
Clokes, manteaux.
Cloth, étoffe.

Cloth for tables, tapis.
Clothtable-covers, drap de table.
Cloth-beam. ensuple.
Cloth sheers, déserte (draperie).
Cloth work, draperie
Clothing, bande.
Clothing, draperie
Cload (to), moirer.
Clouterly, lourd.
Coaltar, goudron (huile de).
Coarse, gros, rude.
Coarse, corsé.
Coarse stuft, palanche.
Coarse wool, écouailles (fil, lin)
Coarse wollen cloth, bure.
Coast (côté).
Coat, enduit.
Coat, licette.
Cockade, cocarde.
Cocoanut fibres, fibres de noix de coco (fil).
Cocoon, cocon.
Cod, cocon de ver à soie.
Collars, collerettes.
Combin wool, laine estame.
Combing machine, peigneuse.
Common purple, violet bleuté.
Common sail cloth, cotonnine.
Condition, condition (fil de soie).
Confections, confections.
Continuous desingn, dessin courant.
Cop, fuseau.
Cop (to), renvider.
Cops, cannettes.
Corchorus, corchorus (fil).
Cord, corde (drap).
Cord, coton de ganse.
Cord badly drawn, forlachure (tapisserie).
Cord, cordelet (sorte de velours de Manchester).
Cordage, cordages.
Cording, liseré.
Cords, velours à côte.
Corduroy, velours à côtes.
Corduroy, cordelet (sorte de velours de Manchester).

Cotton, coton.
Cotton-wool, coton en rame, en laine.
Cotton ball, pelote de coton.
Cotton check, siamoise.
Cotton-factory, filature de coton.
Cotton mach, filature de coton.
(Cotton) mill works, filature de coton.
Cotton of Damascus, coton d'once.
Cotton of the ounce, coton d'once
Cotton staple, soie de coton.
Cotton-spinning, filature de coton
Cotton yarn, coton filé.
Cover, bande.
Coupled, accouplé.
Counterpane, courte-pointe.
Counterpane maker, courte-pointier.
Crankle, zigzag.
Crape, crêpe.
Cravat. cravate.
Creamed. crémée (toile).
Crease (faux pli).
Crimson, cramoisi.
Crinkle, zigzag.
Crinolin, crinoline.
Crisped, frisé.
Crockery ware blue, bleu de faïence.
Cropping, tonte.
To cross (soie), enverger.
Crotchet, crochet.
Crumple (to), foupir (drap).
Crumple, aiguille (drap).
Cuffs, manchettes.
Curled, frisé.
Curtains, rideaux.
Cut lea, écheveau.
Cut-work, entretoile.
Damask, damas.
Damask manufactory, damasserie.
Damp (to), décatir.
Damping, décatissage.
Dark blue, bleu foncé.
Darked, bruni.
Darning (cotton), coton plat.

Darning-needle, aiguilles à reprises.
Dart, trait (fil).
Daub (to), chamarrer.
Deduction, escompte.
Deep pile, velours de coton.
Defect, malfaçon.
Delf-ware, bleu de faïence.
Design, dessin.
Devil, diable (fil. cot.).
Devilling, louvetage (fil).
Diagonal, diagonal.
Diamonds, carreaux.
Diaper (linen), linge ouvré.
Diapers, toiles fines.
Dim, terne.
Dimity, basin.
Discharge, acquit.
Discount, escompte.
Dolichos, dolichos (fil).
Done, cuit.
Dornack, toile d'Écosse.
Double, double.
Double cocoons, doupions (fil soie)
Dowlas, toile de Doullens.
Down, duvet.
Downy, duveteux.
Drab, mode (couleur).
Drab, paillasse.
Drab, broche (draperie).
Drapery, draperie.
Draught, étirage.
Draw (to) out, détirer.
Drawers, caleçon.
Drawing, dessin.
Draving, étirage.
Drawing, laminage.
Dress, habillement.
Dress, ameublement.
Dress, toilette.
Dress (to), appareiller (drap).
Dress (to), dresser (tiss.).
Dressed flax, lin préparé.
Dressing, encollage.
Dressing, parage.
Dressing, lainer (drap).
Drills, drills.
Drugget, droguet.

Drugget, peluche.
Duck, futaine à poil.
Dull, terne.
Durant, étamine.
Dusting cloth, torchons.
Dutch linen, toile de Hollande.
Dye, teint.
Easy, aisé.
Echecks, quadrilles.
Edge, bordure.
Edging, cordonnet.
Edging, ganse.
Egret, aigrette.
Egyptian, cotton, coton jumel ou d'Egypte.
Elm, écorce d'ormeau (fil).
Emboss (to), gaufrer.
Embossed, broché.
Embroideries, broderies.
Emeraldgreen, vert d'émeraude.
Engine, machine.
Englisk books, mousselines organdis.
English mulls, moussselines claires.
Expenses, frais (dépenses).
Eye, œillet
Eyelet, œilleté.
Fabric, étoffe.
Fabric of palm fibres, pagne.
Face, face.
Face, endroit.
Factor, commissionnaire.
Factory, filature.
Fading dye ou colour, petit teint.
Family linens, toile de ménage.
Fancy, broché.
Fancy, façonné.
Fancy articles, nouveautés.
Fancy goods, nouveautés.
Fashion, mode.
Fashion, nouveauté.
Fashion, façon.
Fast dye, bon teint.
Feather sag, panne.
Fecula, fécule.
Felt, feutre.
Felt, flote (drap).

Ferret, filoselle.
Ferrugineous colour, couleur de rouille.
Fibres, filaments.
Fibres of agave, pitte.
Fickle lustre, lustre changeant.
Figure, dessin.
Figure (to), gaufrer.
Figured, broché.
Figuring machinery, machine à damasser.
Filigree, reticulé.
Filler upper roller, verdillon (tiss).
Fine, fin.
Fine linen, cretonne.
Finish (to), appareiller (drap).
Finisher, carde en fin.
Finishing, drap.
Finishing fly frame, banc en fin (fil).
Fitter, ajusteur.
Flame, flamme (dessin).
Flannel, flanelle.
Flaxen linen, toile de lin.
Fleece, nappe.
Fleece, laine de toison.
Fleece washing, lavage à dos.
Flemis woolen stuff, lanille.
Flexible, souple.
Flirt, filoselle.
Flock of wool, flocon de laine.
Flocks, tontisse.
Flocks of wool, lanice.
Flocks of wool, bourre de laine.
Flocky silk, soie bourrue.
Floor cloth, toile cirée pour plancher.
Florence taffeta, florence.
Floret silk, filoselle
Floss silk, fleuret, filoselle.
Floss silk, soie plate.
Floss, bourre de soie.
Flounce, bouillon.
Flourish (to), estamper.
Flourish, à fleurs, à bouquets.
Flowered work, flowering, à ramages.

Flowers, fleurs.
Fluted, cannelé.
Flurt, filoselle.
Foiled, lamé.
Fold, pli.
Fold (to), fauder (drap).
Folding, pliage.
Foll, lame.
Footing, bissette (tiss.).
Form, façon.
Freight, frêt.
Fresh, frais.
Frieze panel, dessus de porte.
Friezed cloth, ratine.
Frightness, lustre.
Fringe, frange.
Fringed goods, effilés.
Frisled, frisé.
Fugitive dye, faux teint.
Fulling, foulage.
Fulling mill, moulin à foulon.
Furniture, ameublements.
Fustian, futaine.
Fustian, velours de coton, velours à côte.
Gauze, silk gauze, gaze de soie à bluter.
Garnet, grenat.
Genua bach, velours de Gênes.
Gewgaws, chiffons.
Ghazed lining, percaline.
Gig-machine, laineuse mécanique (drap).
Gig-mill, laineuse mécanique (drap).
Gimp, ganse.
Gingham, guingamp.
Giorno (al), à jour.
Girdl, cordelières.
Girdler, ceinturier.
Glaze (to), glacer.
Glaze (to), engommer.
Glazed linen, toile gommée.
Glazing-callender, calendre à catir.
Gloss, lustre.
Gloss, cati (drap).
Glossing, eau (terme de draperie).

Gloves, gants.
Glover's wool, avalies (fil laine).
Goat, poil de chèvre.
Goffer (to), gauffrer.
Gore, pointe (toilette).
Gown, robe.
Grain, grain.
Grass-cloth, batiste de Canton.
Grease, suint.
Green, vert.
Greenish, verdâtre.
Grey, gris.
Grey, écru.
Groseberry, groseille (couleur).
Grosgrain, Gros de Naples.
Ground, chaîne (fil).
Gump-lace, guipure.
Gum, gomme.
Gum (to), engommer.
Hackling, serançage.
Hair, poil.
Hair, crin.
Hair cloth, étoffe de crin.
Hair-cloth, drap en haire.
Hairy, velu.
Hamp harl, teille.
Handkerchief, mouchoir.
Handkerchief, fichu.
Hanggings, tenture.
Hank, écheveau.
Hare, poil de lièvre.
Harness, harnais.
Hatchel (to), échanvrer.
Hawnse of a door, dessus de porte.
Heavy, lourd
Hearth-rug, foyer.
Heckling, serançage.
Hemp, chanvre.
Hemp linen, toile de chanvre.
High, haut.
Hollowtufe for dressing the cards, dresseur (tiss.).
Hook, crochet (m. tiss.).
Horse of the reel, fantine (fil).
Horsesheetings, couvertures de cheval.
Hosiery, bonneterie.

House hold goods, meubles.
Huckabach, toile grossière.
Imagery, à personnages.
Imitation velvet, tripe de velours.
Imperial yellow, jaune de chrôme.
Impermeable, imperméable.
Impervious, imperméable.
Indent (to), denteler.
Indian taffet, nérinde (soie).
Indigo, indigo.
Inferior purple, rouge tendre.
In piece, en échecs.
Interwoven, broche.
Irish, toile d'Irlande.
Jaconet, jaconas.
Jag (to), denteler.
Jean back, velours de Gênes.
Jumps, corset.
Jute, jute.
Kersey, serge croisée.
Kind, genre.
Knitted, tricotté.
Knittles, aiguillettes.
Knotless, sans nœuds.
Knots, nœuds.
Knotty, raboteux.
Lace, cordonnet.
Lace, lacet.
Lace, galon.
Lace, lace work, dentelle.
Lace, ornements, dentelle.
Lace work, passementerie.
Lace workin, mulquinerie.
Lace trade, passementerie.
Lace with a clear ground, dentelle à fond bride, clair.
Lace with a netshelped ground, dentelle à fond réseau.
Lacing, chamarrer.
Lamb's wool, laine d'agneau.
Lap, nappe.
Lappet, barbes.
Lappet, mousseline.
Lapping, machine, doubleur.
Large, large.
Lashes, lacs.

Last fashion, haute nouveauté.
Lasting, lasting.
Lawn, linon.
Lawn linen, toile claire de lin.
Lay of straw, paillasson.
Lea, echevette.
Lead wires attached to heald eyes, aiguilles (métier à la Jacq.).
Leaf, lamette.
Leashes, lacs (haute lisse).
Leg-stocking, attache (bas d').
Length, longueur.
Leno muslin, gaze de coton.
Lever of the cross-bar, diable (draperie).
Ley, echevette.
Light, clair.
Light, léger.
Lilac, lilach, lilas.
Lime, tilleul (fil).
Linden, tilleul (fil de).
Linen, linge.
Linen cloth, toile de lin.
Linen drapery, lingerie.
Linen made out of a bork, coupon.
Linen-warehouse, spécialité, maison de blanc.
Lining, doublure (étoffe).
Lining of a carpet, latibande (tap.).
List, lisière.
Little knot, frisure (drap).
Little-net, réseaux.
Liverie, livrée
Lock of wool, flocon de laine.
London-cloth, londrin (drap).
Long, long.
Long stapled wool, laine de peigne.
Loom, métier (à tisser).
Loop, ganse.
Loop, maille.
Losenge, lozange.
Losenged, lozangé.
Loss, tare, déchet.
Lutestring, taffetas.
Lustre, lustre.
Lustrin, lustrine.

Lustring, taffetas.
Machine, machinery, machine.
Madapolam, madapolam.
Madder, garance.
Madras, madras.
Mail, maille.
Mail, œillet.
Main cylinder, tambour à tapisserie.
Main warp, chaîne.
Mallows, mauve (couleur).
Mantles et mantlets, mantelets.
Mantuas, manteaux.
Manufacture-mark, marque de fabrique.
Marble (to), jasper.
Mark, marque.
Mask, maille.
Masks, rideaux.
Mat, natte.
Match, mèche.
Matériel, étoffe.
Matressing, toile à matelas.
Melilot, melilot de Sibérie (fil).
Merino, mérinos.
Merino wool, soie (drap)
Mesh, maille.
Mid-fine, mi-fin.
Mill (to), draper (bonneterie).
Milled shalloon, cadis ras foulé.
Mittens, mitaines.
Mixed wool, laine métis.
Mohair yarn, fil de poil de chèvre.
Mole, peau de taupe (drap).
Molleton, molleton de coton.
Moreen, étoffe imitant le crin.
Morthing (wool), laines mortes.
Mourning, deuil.
Mulberry, écorce de mûrier (fil).
Mulberry-tree, fil de mûrier.
Muslin, mousseline.
Nankeen, nankein, nankin, nankin.
Nap, poil.
Nap (to), friser.
Nap (to), cotonner (tiss.).
Nap (to) evenly, dépiéter (draperie).

Nap (to), ébourrer.
Nap velvet, velours simulé.
Napery, linge de table.
Napkins, nappe.
Napkins, serviettes.
Napoleon blue, bleu de France.
Napped fustian, tissus à grains d'orge.
Napping, lainer (drap).
Narrow, étroit.
Narrow border, liseré (rub.).
Narrow lace-maker, bissetture (étoffe).
Narrow ribbon, faveur
Nasturtium, capucine (couleur).
Natolia cotton, coton de terre.
Navy canvas, toile à voiles.
Neck cloth, cravate.
Neckerchief, mouchoir.
Necklase, cordelières.
Needle, aiguille.
Needle-full, doitée (fil. lin).
Needle lace, dentelle à l'aiguille.
Needle point tow, cards, cardes de points d'aiguilles.
Needle-stick, brodeur.
Needle-work, ouvrage à l'aiguille.
Needled (velvet), épinglé (velours).
Net, filet de pêche.
Net, tulle.
Netting, filet de pêche.
Netting-work, tricot.
Nopper, écriteau (fab. drap).
Nosegay, à bouquets.
Notch (to), denteler.
Number, numéro.
Number, écheveau.
Oakum, étoupe.
Ochreous, ocreux.
Ochry, ocreux.
Oil cloth, toile cirée.
Of one fashion, uniforme.
Oil skin, toile vernie.
Olive, olive.
Ombrellas, ombrelles.
Open muslin, tarlatane.

Open worked, à jour.
Opening-machine, diable (fil cot.).
Orange coloured, orange (couleur).
Organzine, organsin.
Orleans serge, filin.
Ornaments in compartments, compartiments.
Ornamenting, garniture.
Osnaburgs, toile d'Osnabruck.
Overheated wool, laine fourbon-drée.
Outline, parfilure (pass.).
Pack, paquet.
Pack, balle.
Pack ou packing cloth, toile d'emballage.
Packed up, en bottes.
Packing up, emballage.
Pack-thread, ficelle.
Pack-thread reel, ficelier.
Palm, palme.
Palmet, palmette.
Palmtree (fil), dattier.
Part, pièce.
Part, partie.
Patent, brevet.
Patentee, patenté.
Patted wool, boudin (fil. laine).
Pattern, dessin.
Pea, pois; peas, à pois.
Peeling, teiller.
Peeling kniff, teilleuse (méc.).
Pelt wool, laines mortes.
Permanent dye, grand teint.
Persia, toile perse.
Picked cotton, coton épluché.
Picker, fouet.
Picking (to), éplucher.
Picking stick, fouet.
Pile, poil.
Pine-apple, ananas.
Pink colour, aurore.
Pinner, barbes (ling.).
Pinner, barbe (lingerie).
Pirn, roquet.
Pirn, bobine.

Plaid, pli.
Plaid, plaid (d'Ecosse).
Plain, uni.
Plain bag, mérinos d'Ecosse.
Plain blond, blonde.
Plait (to), plisser.
Pliant, souple.
Plush, pluche.
Plushy, plucheux.
Point, point.
Polisher, lissoir (soie).
Poplin, popeline.
Pouder blue, bleu d'empois.
Powerloom, métier mécanique.
Press (to), écaip (drap).
Pressing, cati (drap).
Press, point, tulle.
Price, prix.
Prime, brin.
Printed, imprimé.
Printed calico, toile peinte.
Printed calico, indienne.
Puff, bouillon.
Pull (to) out, détirer.
Purchase, achat.
Purged, épuré.
Purl, canetille.
Purple, pourpre.
Purple, violet.
Purple and violet, pourpre, foncé, carmin.
Purpurina, purpurine.
Put (to) between fressing-boards, encarter.
Put (to) he warps on the taff, en-lisseronner.
Quil to wind silk, bobine.
Quilting (cotton), coton piqué.
Quilting, piqué (étoffe).
Rabbit, poil de lapin.
Rag, chiffon.
Raising, lainer (drap).
Rap, échevette.
Rash, ras.
Raw, écru.
Raw, grége.
Raw cotton, coton brut.
Read (to) lire, un dessin (tiss.).

Red, rouge.
Red hot, rouge cerise.
Redyng, bisage.
Reed, peigne.
Reeds, rota-frotteurs.
Reeds, portées (tiss.).
Reeding, piquage (tiss).
Reel, bobine.
Reel, roquet.
Reel, démêloir.
Reel, lamette.
Reel, dévidoir.
Reel, tour (fil).
Reel arms, détendoir.
Reel cross, détendoir.
Reeling, dévidage (bobinage)
Refined, épuré.
Relay, relais (tap.).
Resilient, élastique.
Retting, rouir.
Riband, ruban.
Ribbed, cannelé.
Ribbon, ruban.
Ribbon maker's tool, guipoir (tap.).
Ribbon-weaving, rubanerie.
Ribs, côtes.
Rinsing, décreusage.
Ripple, drége.
Rise (to) with a nap, cotonner (tis.).
Rock, quenouille.
Rod of the warp beam, estisseuse (fil. soie.).
Roll, loquette.
Ropes, cordages, cordes.
Rose, rose.
Roset, rosette.
Rosette, largette (pass.).
Roving, filage.
Roving, fine roving, fil doux (yarn.).
Roving frame, banc (en fin).
Rowing, lainer (drap).
Round, rond.
Royal blue, bleu foncé.
Rubbers, torchons.

Ruby, couleur de vin de Bordeaux.
Ruddy, roux.
Rug, tapis (tapis dur).
Rug, descente de lit.
Rufles, manchettes.
Rumple (to), foupir (drap).
Rumple, mauvais pli.
Russian duck, toile de Russie.
Rustling, froufrou.
Rust, rouille.
Sack, sac.
Sack (to), empocher (la soie).
Sack cloth, toile à sac.
Saffron, safran.
Sailcloth, toile à voile.
Salonica cotton, coton de mer.
Sample, échantillon.
Sarcenet, florence.
Satin, satin.
Satinet, satinade.
Scald (to), ébouillanter (soie).
Scaldinghouse, scalding tube, échaudoir.
Scalloped, festonné.
Scarl, écharpe.
Scarlet, ponceau.
Scarlet, écarlate.
Scarlet (Venice), écarlate de Venise.
Schaff, paille.
Schalys, chalys.
Schawl, châle.
Scibbling, drossage (drap).
Scolloped, festonné.
Scotch, Ecossais.
Scour (to), dégraisser.
Scour (to), écurer (drap).
Scoured silk, soie décrassée.
Scouring, dessuinter (la laine).
Scouring, décreusage.
Scouring-stick, dégorgeoir (draperie).
Scratch (to), égratigner (tiss. soie).
Screen, écran.
Scribbling, drossage (drap).
Scutching, macqualage.

Seam, ourlet.
Seaming, ourler.
Selfacting temple, temple (tiss. méc.).
Selvage, lisière.
Selvedge, lisière.
Set, assortiment.
Sewed, broché.
Sewing, couture.
Sewing, coudre.
Sewing-needle, aiguille à coudre.
Shag, peluche.
Silk throwing, moulinage de la soie.
Silk-worm, ver à soie.
Silk-worm nursery, coconnière.
Silk-worm nursery, magnanerie.
Simple, simple.
Simple corde, corde (tiss.).
Simple cords, tirelles (tiss. soie).
Singeing machine, machine à griller (drap).
Single press-point, tulle.
Sizing, encollage.
Skein, main (de soie).
Skein, écheveau, échevette.
Sky blue, bleu de ciel.
Slate, ardoise (couleur).
Slay, lamette.
Slay, peigne.
Sleek, lisse, uni.
Sleeves, manchettes.
Sley, peigne.
Sley, lamette.
Slip, brin.
Sliver, boudin, (fil. laine).
Slope, biais.
Slubing, filage.
Slubbing, filature en gros.
Slubbing, banc à brocher.
Small, mince.
Small ribbon, largette (pass.).
Small serge, lingette.
Small shuttle, espoulin (drap).
Small thread, filet.
Small wares, passementerie.
Small wares, articles de coton.
Smalt, bleu d'empois.

Smalt, bleu d'émail.
Smooth. lisse, uni.
Smoothing sticks, lissoir (soie).
Soaked, mouillé.
Sock, chaussette.
Soket, grenouille (drap).
Soldier's cloth, drap de troupe.
Sole, grenouille (drap).
Solft yarn, fil plat.
Solid, solide.
Sort, genre.
Sort (to) wool, détricher.
Shag, poil rude.
Shagged ou shaggy, velu.
Shagreened, chagriné.
Shape, façon.
Shares, lacs (tiss. soie).
Shear (to), roughly, surtondre (drap).
Shearing, tonte.
Shearing machine, tondeuse (drap.)
Shearing second of the vicuna, carmeline.
Shearings, tontisse.
Sheating, doublage.
Sheep, mouton.
Sheeting, toile à draps de lit.
Shirt, chemise.
Shirt frontings, devant de chemise.
Shirting, chemise.
Shirting, toile à chemise.
Shoot, brin.
Shoot, trame (fil de la).
Shore, côté.
Short, court.
Short petticoat, jupon,
Short and big spool, rochet (soie).
Short stapled cotton, coton courte soie.
Shoulder strap, épaulette.
Shoulder strap, sangle.
Shuttle, navette.
Sickly colour, couleur grattée (tiss.).
Sieve, tamis.
Sifter, tamis.

Silk, soie.
Silks, soie.
Silk feather shag, panne de soie.
Silk furel, faveur.
Silk goods, soierie.
Silk net, blonde.
Silk purse, filoche.
Silk rawelled out, effiloche (soie).
Silk reel escaladon (filature de la soie).
Silk tissue ou fringes, chaînette (passem.).
Sorting, démêlage.
Sortment, assortiment.
Spanish wool, laine de mérinos.
Species, genre.
Spike, poignée (fil ch.).
Spike head, chardon à foulon.
Spindle, broche (filature).
Spindle, fuseau.
Spine wool, laine-mère.
Spinner, fileuse.
Spinning, filature.
Spinning, filage.
Spinning wheel, filoir.
Spool, roquet.
Spool, bobine.
Spool, époulle (fil).
Spooling, dévidage (bobinage).
Spreader, étaleur.
Spring, printanier.
Spun cotton, coton filé.
Spun floss-silk, fantaisie (fil soie).
Square, carré, carreau.
Stamp, marque.
Stamping, impression.
Standard, lisse à coulisse (tess).
(Long) Stapled cotton, coton longue soie.
Starch, amidon.
Starch, empois.
Starched, empesé.
Stays, peignes.
Steam (to), décatir.
Steady heald, lisse fixe.
Stick for silk skeins, dressoir.
Stiching, couture.
Stocking-net, tricot.

Stoff, stoff.
Stomacher, guimpe.
Stope, brillanté.
Strait, étroit,
Straw, paille.
Straw flax, lin en paille.
Straw gauze, gaze.
Strawbed, paillasse.
Stretching. tirage (drap).
Stretch, aiguillée (fil tiss.).
Stretch (to), lisser (drap).
Stretch (to), arramer (drap).
String, filet.
Strip (to), débourrer.
Stripping, teiller.
Stripe, rayure
Strong, moelleux.
Strong cambric, hollande (tiss.).
Strongly twisted silk, grenadine
Stuff, étoffe.
Stuff-work, chevillon (fil. soie).
Suit, assortiment.
Summer's cloth, drap d'été.
Supple, souple.
Surge, laine en suint.
Swaddling clothes, lange.
Swandown, futaine à poil.
Swan skin, molleton.
Swing (to) the flax, daguer.
Tabby, tabis.
Tabby (to), moirer.
Tabinet, tabinet.
Table cloth, nappe.
Taffeta et taffety, taffetas.
Tammy, étamine.
Tapestry, tapisserie.
Tapestry low warpt, tapisserie de
  basse lice.
Tapestry high warpt, tapisserie de
  haute lice.
Tar, goudron.
Tare, tare.
Tarred canvass, toile grasse.
Tartan, tartane.
Tattings, dentelle.
Tavel out (to), effiloquer.
Taylor, tailleur.

Tear (to) the wool, chiqueter la
  laine.
Tease (to) cloth, friser.
Teasting, lainer (drap).
Terry velvet, velours épinglé.
Terry, maille.
Textil fabric, tissu.
Texture weft, tissu.
Tewing-beelle, dague ou espade
  (fil. chanvre).
Thick, épais.
Thin, mince.
Thistle, chardon à foulon.
Thread, tors, retors, fil retors
  (yarn).
Thread ravelled, effilures (drap).
Thread pulled out, étarfilures,
  effilures.
Three coloured, tricolore.
Thrown, ouvré.
Thrown silk, organsin.
Tick ou ticking, coutil.
Tick ou ticking, toile à matelas. .
Ticken, treillis.
Tickset, velours à côte.
Tissue, tissu.
Toilet cover and towel, courte-
  pointe.
Tondage, tonte.
Tow, peignon (fil).
Tow, étoupe.
Tow breaker, carde en fin.
Tow linen, toile d'étoupe.
Tram, trame (de la soie).
Treble milled cotton, molleton de
  coton.
Treble, triple.
Treeply carpet, tapis d'Ecosse.
Trim (to), enverser.
Triple carpet, tapis d'Ecosse.
Tuch, pli (drap).
Tuft, pompon.
Tuft, houppe.
Tuft of feathers, aigrette.
Turkey red, rouge turc.
Turkey carpet, tapis de la Savon-
  nerie.

Turkish goldwoven fabric , damasquette.
Turn, tour (fil).
Tweed, tweed (étoffe laine).
Tweel, futaine.
Tweel-cloth, drap de Berry.
Tweeld, croisé.
Twelled muslin laine, mousseline-laine croisée.
Twift, brin.
Twill, futaine.
Twill, croisé.
Twilled, croisé.
Twilled, satiné.
Twilled silk fabric, grenadine.
Twin cocoons, doupions (fil. soie)
Twine, ficelle.
Twine, twine (étoffe laine).
Twist, tortis.
Twist, cordonnet.
Twist (to), silk, mouliner la soie.
Twist braid, natte.
Twisted, retors.
Twisted fringe, torsade.
Twisting, tordage (fil).
Twisting, filé.
Twofold, double.
Ultramarine, bleu d'outremer.
Unbleached, écru (drap).
Unbleached cambric, toilette.
Under, jupon.
Undershet, lardure (drap).
Understocking, chaussette.
Underwaist coat, camisole.
Undressed flax, lin brut.
Undulary, ondulé.
Unknotted, sans nœuds.
Unplait (to), défroncer.
Unprepared silk, soie en moches.
Unravel (to), effiler.
Unravel (to) the cocoons, décoconner.
Unraveler, défeutreur.
Unsold, invendu.
Unsteaped, non roui.
Untwest (to), ou untwind (to), décorder.
Unwashed, écru (drap).

Unweave (to), effiler.
Unweave (to), détisser.
Unweave (to), désourdir.
Unwieldy, lourd.
Upper warp, dessus de la chaîne.
Vandike, festonné.
Varnished, verni.
Veils, rideaux.
Veils, voiles.
Velvet, velours, velours de coton lisse.
Velvet black, noir velouté.
Velvet down, velouté.
Vellum-lace, guipure.
Velvet lace, dentelle à chenille.
Velveteen, velours de coton croisé.
Velvetian, velventine.
Velveting, velouté.
Venur (to), marqueter.
Vermilion, vermillon.
Victoria laws, batiste d'Ecosse.
Vigone, vigogne (fil).
Violet, violet.
Wad et wadding, ouate.
Waist coating stuff, étoffe pour gilets.
Waist coat, gilet.
Want, tare.
Wap, nappe.
Warp (to), ourdir.
Warp, lice ; haute, — high ; basse. — lowharp.
Warp, chaîne.
Warp-staff, liceron.
Warped, chiné.
Washing out the gum, dégommage (de la soie).
Washing trough, dégorgeoir (draperie).
Waste, tare.
Waste, déchet.
Waste of coton, corons ou penne.
Waste from reeling cocoons (fil (soie), frison.
Wast wool, laines pignons.
Water (to), moirer.
Watered, ondé.
Watertight, imperméable.

Waterproof, imperméable.
Waved, ondé.
Waving, ondulé.
Waxed, ciré.
Web, tricot.
Web, tissu.
Weft, trame.
Weight, poids.
Weted, mouillé.
Whip, fouet.
Whipped, en surjet.
White, blanc.
White thread, lace, dentelle sans fond.
Whitsh, blanchâtre.
Whitney blanketts, couvertures de whitney.
Width, largeur.
Width, laize.
Willow, diable (filat.).
Willy, diable (fil. cot.).
Wind (to) up, pelotonner.
Wind (to) off thread, détordre le fil.
Wind (to) up, enrouler.
Wind up (to), renvideur.
Winding up, envoudager (fil.).
Winding, dévidage (bobinage).
Winders, renvideurs.
Without freeshness, ou w. bloom, défraîchir.
Wire, lame.
Whore, paillasse.

Wood colour, couleur bois.
Woot, trame.
Wool laine.
Wool comber, cardeur de laine.
Wool en grease, laine en suint.
Wool stapler, commerçant en laine.
Wool sorter, trieur de laine.
Woollen, lainage.
Woollen thread, fil de laine.
Woollen velvet, panne.
Work manship, main-d'œuvre.
Worn out, usé.
Worsted, ras.
Worsted, fil détame (yarn).
Worsted, fil de laine.
Woven lace, dentelle au métier.
Wrapper, toile d'emballage.
Wringind machine, dégraissoir (draperie).
Wrinke, faux pli.
Wrong-side, envers.
Yarn, fil.
Yarn by the hand, fil à la main.
Yarn in bobbins for shoes, shoe makers an sadlers thread, fil de cordonnier et de sellier.
Yellow, aurore (couleur).
Yellow, chamois (couleur).
Yellow, jaune.
Yolk, suint.
Yucca, yucca (fil).
Zigzag, zigzag.

SAINT-DENIS. — TYPOGRAPHIE DE A. MOULIN.

1865

CATALOGUE

DE

PERROTIN

41, rue Fontaine-Molière, 41

ÉDITION ILLUSTRÉE

DES ŒUVRES POSTHUMES

DE BÉRANGER

Ornée de 25 gravures dont une qui compte double

48 Livraisons à 50 centimes

(L'OUVRAGE EST COMPLET)

Les DERNIÈRES CHANSONS sont illustrées de 14 Dessins de A. de Lemud
1 vol. grand in-8° cavalier....... **12 fr.**

MA BIOGRAPHIE est illustrée de **8 Dessins** de MM. DAUBIGNY, SANDOZ
et WATTIER, et d'une **Photographie** d'après le marbre
de GEOFFROY-DECHAUME qui représente **BÉRANGER** dans la sereine
et noble attitude de la mort.
1 vol. grand in-8° cavalier............ **12 fr.**

Ces Dessins sont gravés sur acier par les artistes les plus distingués
MM. Ballin, Brunet, Colin, Darodes, Duroud, Doherty, Goutières, Massart, Moret,
Lalaisse, Nargeot, Pelée et Ruhierre.

Les Gravures se vendent séparément, pour les personnes qui ont déjà le texte, par
livraison de deux Gravures du prix de **1 franc**.
Sur Chine avant la lettre (200 exemplaires) : **2 francs** la livraison.

Sans Gravures, l'édition in-8° des **Dernières Chansons**.............. **6 fr.** »
— l'édition in-8° de **Ma Biographie**...................... **6 fr.** »
— l'édition in-18 des **Œuvres posthumes**. 2 vol. à 3 fr. 50. **7 fr.** »
— l'édition in-32, un seul volume **3 50**

Nota. On vient de publier 24 photographies sur les dessins de l'in-8° pour
compléter l'édition parue en 1844 des anciennes chansons. 2 vol. in-18, illustrés
de 44 gravures. Prix des 24 photographies......................... **24 fr.**

CHANSONS ANCIENNES
DE BÉRANGER
1815 — 1833

Édition illustrée de 52 gravures sur acier, d'après *Charlet, Daubigny, Johannot, Jacque, Grenier, de Lemud, Pauquet, Penguilly, Raffet, de Rudder, Sandoz*, gravés par les artistes les plus éminents ; d'un beau portrait d'après nature par *Sandoz*, et le *Fac-simile* d'une lettre de Béranger. 2 vol. papier cavalier. Brochés. Prix............... **28 fr.**

    Demi-reliure, tranches dorées. . . . . **38 »**
    Publiés en 56 livraisons. Chaque livraison. . . . . . . **» 50**
    L'ouvrage est complet.

MUSIQUE DES CHANSONS DE BÉRANGER

Huitième édition, revue et corrigée par *Frédéric Bérat*, augmentée de la musique des chansons posthumes, des airs composés par Béranger, écrits par M. Génin sous sa dictée et d'une Table énumérant dans leur ordre les 450 airs contenus dans ce volume, indiquant le nom de leurs auteurs et celui des ouvrages d'où ils sont tirés, de l'air de *Notre Coq*, disposé par M. Halévy, pour piano, à 2 ou 4 voix, et de l'air du *Juif Errant*, par M. Gounod. 1 vol. in-8° cavalier. Prix............. **6 »**

    Publié en 12 livraisons de 24 à 32 pages à .... **» 50**
    On vend séparément en deux livraisons à 50 c. la musique des chansons posthumes.

ALBUM BÉRANGER, PAR GRANDVILLE

80 dessins gravés sur bois, imprimés sur très-beau papier et formant un volume grand in-8° cavalier................................... **10 fr.**

    Ces bois ne font pas double emploi avec les aciers.

ALBUM BÉRANGER

Par *Grandville et Raffet*. 120 dessins gravés sur bois (premières épreuves), imprimés sur papier de Chine, formant un vol. grand in-8° cavalier. Prix.. **20 fr.**

    Il n'en reste plus qu'un petit nombre d'exemplaires.

ÉDITIONS IN-18 ET IN-32 DES ŒUVRES ANCIENNES DE BÉRANGER

Chansons anciennes. 2 volumes grand in-18, papier vélin..... **7 fr. »**
Les mêmes. 1 vol. in-32. Prix............................. **3 fr. 50**

LE BÉRANGER DES FAMILLES

Orné d'une gravure sur acier d'après *A. de Lemud*. Ce volume classique, réclamé depuis longtemps, contient ce qu'il y a de plus doux, de plus pur et de plus élevé dans les œuvres du poëte national. 1 vol. grand in-18. (Chansons anciennes)................................. **3 fr. 50**

ŒUVRES DE BÉRANGER
(ANCIENNES ET POSTHUMES)

Imprimées sur papier de Chine et de Hollande et tirées à 50 exemplaires. 2 vol. in-32. Prix de chaque volume....................... **20 fr.**

On a publié 77 photographies d'après les dessins de l'édition in-8°, pour l'illustration de ces exemplaires. Prix de ces 77 photographies.... **40 fr.**

CORRESPONDANCE
DE BÉRANGER

ÉDITION ORNÉE D'UN MAGNIFIQUE PORTRAIT GRAVÉ SUR ACIER

D'APRÈS L'UNIQUE PHOTOGRAPHIE DE BÉRANGER

Publiée en 48 livraisons à 50 centimes

Outre le Portrait inédit qui orne cette édition, l'éditeur offre aux Souscripteurs qui prendront l'ouvrage entier un exemplaire du

GRAND PORTRAIT DE BÉRANGER

Gravé sur acier par **Lévy**, *et haut de 36 cent. sur 28 cent. de large*

Ce portrait se vend séparément et continuera de se vendre **10 fr.** sur papier blanc.

DOUZE CENTS LETTRES IMPRIMÉES

Et un Catalogue analytique de 1500 autres lettres

4 forts vol. grand in-8° cavalier. — Prix de chaque vol. : 6 fr.

SOUSCRIPTION PERMANENTE.

DE L'ENSEIGNEMENT POPULAIRE DE LA MUSIQUE
In-8°. — Prix : 1 fr.

SOUVENIRS D'UN VOYAGE EN SIBÉRIE

PAR CHRISTOPHE HANSTEEN
Directeur de l'Observatoire de Christiania.

1 fort vol. in-8°, avec une carte itinéraire dressée par l'auteur. Prix. 6 fr.

HISTOIRE DES VILLES DE FRANCE

Avec une Introduction et un Résumé général pour chaque province, par **M. Aristide Guibert** et une société de membres de l'Institut, de Savants, de Magistrats, d'Administrateurs, etc., ornée de 88 magnifiques gravures sur acier par **Rouargue**, de 133 armoiries coloriées des villes, et d'une carte de France par provinces.

Six vol. grand in-8° jésus. — Chaque vol. se vend séparément. 15 fr. 50

OEUVRES DE PIERRE LEBRUN

DE L'ACADÉMIE FRANÇAISE

Deux vol. in-8°. Prix... 12 fr.
Trois nouveaux et derniers volumes viennent de paraître. Chaque vol. 6 fr.

LES VIERGES DE RAPHAËL

COLLECTION DE DOUZE MAGNIFIQUES GRAVURES AU BURIN SUR ACIER

Liste des Vierges de Raphaël se vendant séparément

Le Mariage de la Vierge (*Milan*).
La belle Jardinière (*Paris*).
La Vierge à la Chaise (*Florence*).
La Vierge au Voile (*Paris*).
La Vierge au Donataire (*Rome*).
La Vierge d'Albe (*Saint-Pétersbourg*).

La Vierge au Poisson (*Madrid*).
La Vierge aux Candélabres (*Londres*).
La Sainte Famille (*Paris*).
La Madone de Saint-Sixte (*Dresde*).
La Sainte-Cécile (*Bologne*).
La Sainte-Marguerite (*Bologne*).

PRIX DE CHAQUE ESTAMPE DE 30 C. DE HAUTEUR SUR 21 DE LARGEUR

Papier blanc............... 7 fr. 50 | Épreuves d'artistes tirées à 25 ex. 60 f.
Papier de Chine.......... 10 fr. » | Avant la lettre, tirées à 120 ex.. 40 f.

Le Mariage de la Vierge, estampe de 35 centimètres de hauteur sur 26 de largeur coûte le double des prix énoncés ci-dessus (15 fr.) pour les personnes qui ne prennent pas la collection complète.

TRAITÉ ÉLÉMENTAIRE D'HARMONIE ou L'HARMONIE VULGARISÉE

Méthode nouvelle et raisonnée pour apprendre l'origine et l'emploi de tous les accords, avec un grand nombre d'exemples tirés des œuvres les plus connues des maîtres anciens et modernes, à l'usage des gens du monde et des écoles, et pour servir aux études de haute composition. Ouvrage approuvé par le Conseil supérieur de l'Université, recommandé par M. le Ministre de l'Instruction publique pour être placé dans les Bibliothèques et donné en prix dans les écoles et dans les lycées, par *P. L. Mercadier*, chevalier de la Légion d'honneur, professeur d'harmonie, auteur de l'*Essai d'instruction musicale*. Ouvrage adopté par le Conservatoire. 1 vol. grand in-8° jésus. Prix........................ 7 fr. »

LORD MACAULAY

Histoire d'Angleterre sous le règne de Jacques II, traduit de l'anglais par le vicomte *Jules de Peyronnet*. Deuxième édition, revue et corrigée, 3 vol. in-8°. Prix de chaque vol........................... 5 fr. »

Histoire du règne de Guillaume III pour faire suite à l'histoire du règne de Jacques II, traduit de l'anglais par *Amédée Pichot*. Deuxième édition, revue et corrigée, 4 vol. in-8°. Prix de chaque vol..... 5 fr. »

On vend séparément le tome IV contenant la partie posthume de cette histoire jusqu'à la mort de Guillaume III, qui a paru récemment et complète l'œuvre historique de lord Macaulay. .... 5 fr.

INTRODUCTION A L'ÉTUDE DES SOLFÉGES et de la MÉTHODE WILHEM

Édition populaire de l'extrait des exercices élémentaires de musique vocale en notation usuelle. Recueillis et arrangés d'après la méthode et les principes d'enseignement de *P. Galin. Ed. Jue*, etc., etc. Par *N. Collet*, professeur de musique vocale au collége Sainte-Barbe, instituteur spécial de chant dans les écoles de la ville de Paris. 1 vol. gr. in-8° jésus de 32 pages. Prix net........................... » 50
Franco, par la poste............................... » 60

Nota. — Cet ouvrage, grand in-8°, contient la matière de *trois volumes* semblables, publiés dans les conditions ordinaires. Il est adopté pour les cours du collége Chaptal, du collége Sainte-Barbe, de l'Ecole polonaise, à Paris; et par un grand nombre d'institutions, de sociétés chorales et d'Orphéons.

JOURNAL D'UN VOYAGE AUX MERS POLAIRES

EXÉCUTÉ A LA RECHERCHE DE SIR JOHN FRANKLIN, EN 1851 ET 1852

PAR J.-R. BELLOT

Lieutenant de vaisseau, chevalier de la Légion d'honneur.

Précédé d'une notice sur la vie et les travaux de l'auteur, par M. J. *Lemer*, et accompagné de son portrait gravé sur acier. 1 vol. in-8°. Prix.   6 fr.

MÉTHODE B. WILHEM. — MANUEL MUSICAL (¹).

En usage dans les colléges, institutions, écoles et cours de chant. Méthode graduée pour le chant élémentaire et la lecture musicale, également applicable dans les écoles religieuses et laïques. Ouvrage adopté par l'Institut de France, approuvé et recommandé par le Conseil de l'Université, adopté par le Comité central d'instruction primaire de la Ville de Paris, par la Société pour l'instruction élémentaire et obligatoire pour les écoles régimentaires (décision ministérielle du 6 mars 1846). Onzième édition, avec un Extrait de la Théorie des gammes et les armures, de M. *Mercadier*. Divisée en deux cours.

La méthode complète forme 2 vol. in-8°. Prix, brochés....... 9 fr. 50
Premier cours, 1 vol. in-8°................................... 5 fr.
Second cours, 1 vol. in-8°.................................. 4 fr. 50
Les deux cours se publient en 15 livraisons de 32 à 40 pages, à. »   65

La même Méthode in-folio, grands Tableaux de Lecture musicale
Par **B. WILHEM**. Septième édition.

Premier cours, 50 feuilles in-folio........................... 6 fr. 50
Deuxième cours, 45 feuilles in-folio.......................... 6 fr. »
Le *Guide* de la méthode...................................... 1 fr. 50
Indicateur vocal collé sur bois avec clefs et notes mobiles....... 4 fr. 50

ORPHÉON. — RÉPERTOIRE DE MUSIQUE VOCALE

En *chœur, sans accompagnement instrumental*, à l'usage des jeunes élèves et des adultes, composé de pièces inédites et de morceaux choisis dans les meilleurs auteurs, par B. WILHEM, ouvrage adopté pour les établissements universitaires par le Conseil de l'Université, et adopté par le Comité central de l'instruction primaire de la ville de Paris pour toutes les écoles communales. 9 vol. in-8°.

Chaque vol. de 200 pages................................... 4 fr.   »
Il se publie aussi en 108 livraisons. Chaque livr. de 16 pages.. »   35

RECUEIL DES COMPOSITIONS MUSICALES

COURONNÉES PAR L'UNIVERSITÉ DE FRANCE (en 1847), adopté par l'Université. 1 vol. in-8° de 150 pages de musique. Prix........... 3 fr. 50

---

(1) Les élèves des écoles communales qui reçoivent deux leçons par semaine achèvent le premier cours en six ou huit mois, et dès lors ils font partie de l'Orphéon.

ALMANACH DE BÉRANGER

AVEC DES POÉSIES INÉDITES DU POÈTE NATIONAL

Prix : 50 centimes

En Vente : Première, Deuxième, Troisième et Quatrième années
(1862, 1863, 1864 et 1865).

TRAITÉ DU WHIST

Par *Deschapelles.* 1 vol. in-12.......................... 5 fr.

ÉTUDES SUR LA VIE ET LES TRAVAUX DE PESTALOZZI

Par *P. Pompée.* 1 vol. in-18......................... 1 fr. 50

POËME DU CID

Texte espagnol, accompagné d'une Traduction française, de Notes, d'un
Vocabulaire et d'une Introduction, par *Damas-Hinard.* 1 vol. in-4°. 20 fr.

LA FONTAINE ET BUFFON

Par *Damas-Hinard.* 1 vol. in-18.................... 2 fr.

MÉMOIRES ET CORRESPONDANCE POLITIQUE ET MILITAIRE
DU ROI JOSEPH

PUBLIÉS, ANNOTÉS ET MIS EN ORDRE

Par **A. DU CASSE**, aide de camp de S. A. I. le Prince Jérôme Napoléon

Huit cents lettres inédites de Napoléon, **douze cents** du feu roi Joseph, et
cinq à six cents des personnes les plus considérables de la République, du Consulat
et de l'Empire. — Cet ouvrage forme dix forts volumes in-8°. Prix de chaque volume.. 6 fr.

MANUEL UNIVERSEL ET COMPLET

A L'USAGE DE LA FABRIQUE ET DU COMMERCE

DES TISSUS DE COTON, LIN, CHANVRE, LAINE, SOIE, POILS, ETC.

Contenant le texte des Traités et des Conventions de commerce conclus
avec l'Angleterre, la Belgique, le Zollverein, l'Italie, la Suisse, la Turquie,
la Chine, etc., etc. La correspondance des Monnaies, poids et mesures de
tous les pays, des tableaux de compte et de comparaison, un Extrait des
Tarifs de douanes des États avec lesquels il n'y a pas de traités, et un
grand nombre de documents historiques et statistiques d'un intérêt
journalier, avec un Vocabulaire *Franco-Anglais* des mots usuels de
fabrique et de commerce. Quatrième édition entièrement refondue et
très-augmentée. 1 vol. in-16. Prix..................... 2 fr. 50

DU CHANT CHORAL, ou moyen de créer des institutions orphéoniques,
par *Laurent de Rillé.* 1 vol. in-18. Prix...................... 1 fr.

DIX CHŒURS, par *Laurent de Rillé*, sur des chansons de Béranger. 5 fr.
Chaque chœur séparément, de 75 c. à..................... 1 fr.

Ces chœurs sont : l'*Orphéon,* les *Hirondelles, Brennus,* le *Commencement du
voyage, Trinquons,* la *Sainte-Alliance des peuples,* le *Chant du Cosaque,* les *Champs,*
le *Vieux drapeau* et le *Roi d'Yvetot.*

ÉTAT DE LA FRANCE EN 1789

PAR PAUL BOITEAU

Inventaire exact et approfondi de l'ancien régime au jour précis où commence la Révolution, conclusion de toutes les Histoires de l'ancienne France et préface de toutes les Histoires de la France nouvelle. 1 fort vol. in-8°, avec de nombreux tableaux........................ 6 fr.

HISTOIRE DES DEUX RESTAURATIONS

Jusqu'à l'avénement de Louis-Philippe (de Janvier 1813 à Octobre 1830), par **Achille de Vaulabelle**. Sixième édition. 8 vol. in-8°, chaque volume. Prix.. 5 fr.

Il reste encore quelques exemplaires des tomes V, VI et VII des *première* et *seconde éditions* complètes en 7 vol. Chaque volume. Prix. . . . . 5 fr.

VIE DE BÉRANGER

Édition populaire. 1 vol. in-16.............................. 1 fr.

GRAND PORTRAIT DE BÉRANGER

De 36 centim. de haut sur 28 de large

DESSINÉ D'APRÈS NATURE PAR SANDOZ ET GRAVÉ AU BURIN PAR G. LÉVY

PRIX

Papier blanc, chaque épreuve. 10 fr. | Papier de Chine............. 15 fr.

Papier de Chine, épreuves avant la lettre, tirées à 120 exemplaires : **40** fr.

COLLECTIONS DE GRAVURES POUR LES ŒUVRES DE BÉRANGER

La collection de 53 gravures sur acier est publiée séparément. Prix. 18 fr.

COLLECTION DE GRAVURES POUR LES ŒUVRES DE LAMARTINE

HISTOIRE DE LA RÉVOLUTION DE 1848, 12 gravures sur acier, d'après *Andrieux, Bonhommé, Grenier, Sandoz*................... 4 fr. 50
    LES MÊMES, sur papier de Chine, avant la lettre............. 9 »

RAPHAËL, 6 dessins exécutés au burin sur acier, par *Johannot*. 3 »
    LES MÊMES, sur papier de Chine, avant la lettre............. 6 »

ESSAI D'INSTRUCTION MUSICALE

A L'AIDE D'UN JEU D'ENFANT

Par *Mercadier*, professeur d'harmonie, troisième édition. 1 vol. in-8° avec
le jeu des gammes et les jetons notés......................... **5 fr.**

Ouvrage approuvé par le Conservatoire, et admirablement imprimé par J. Claye.

NOUVELLES POÉSIES DE Mme BLANCHECOTTE

1 volume in-18.. **2 fr. 50**

ŒUVRES DE WALTER SCOTT

Traduction de *M. Defauconpret;* nouvelle édit., revue et corrigée avec le
plus grand soin, *illustrée* de 30 **magnifiques gravures** d'après RAFFET,
et de 29 *portraits* représentant l'héroïne de chaque roman. 30 volumes
in-8° cavalier.

Prix de chaque volume............................... **4 fr. 50**

LE MÊME OUVRAGE, nouvelle édition publiée par volumes in-8° carré, avec
gravures sur acier. Chaque volume contient au moins un roman complet.

On vend séparément chaque volume........................ **3 fr. »**

Waverley.	L'Abbé.	Chroniques de la Canongate.
Guy-Mannering.	Le Château de Kenilworth.	La Jolie Fille de Perth.
L'Antiquaire.	Le Pirate.	Charles le Téméraire.
Rob-Roy.	Les Aventures de Nigel.	Robert de Paris.
Le Nain noir.	Peveril du Pic.	Le Château périlleux.
Les Puritains d'Écosse.	Quentin Durward.	Histoire d'Écosse. Tome I.
La Prison d'Édimbourg.	Les Eaux de Saint-Ronan.	Histoire d'Écosse. II.
La Fiancée de Lammermoor.	Redgauntlet.	Histoire d'Écosse. III.
L'Officier de fortune.	Le Connétable de Chester.	Romans poétiques. I.
Ivanhoë.	Richard en Palestine.	Romans poétiques. II.
Le Monastère.	Woodstock.	

ŒUVRES DE J. FENIMORE COOPER

Traduction de *M. Defauconpret*, ornée de 84 vignettes d'après les dessins de *MM. Alfred* et *Tony Johannot*. 30 volumes in-8.... **120 fr. »**

On vend séparément chaque volume........................ **4 fr. »**

LE MÊME OUVRAGE, nouvelle édition publiée par volume in-8° carré, avec
gravures sur acier. Chaque volume contient au moins un roman complet.

On vend séparément chaque volume........................ **3 fr..**

1. La Précaution.	11. Le Bravo.	21. Le Feu Follet.
2. L'Espion.	12. L'Heidenmauer.	22. A Bord et à Terre.
3. Le Pilote.	13. Le Bourreau de Berne.	23. Lucis Hardinge.
4. Lionel Lincoln.	14. Les Monikins.	24. Wyandoté.
5. Le Dernier des Mohicans.	15. Le Paquebot américain.	25. Satanstoe.
6. Les Pionniers.	16. Ève Effingham.	26. Le Porte-Chaîne.
7. La Prairie.	17. Le Lac Ontario.	27. Ravensnest.
8. Le Corsaire Rouge.	18. Mercédès de Castille.	28. Les Lions de Mer.
9. Les Puritains d'Amérique	19. Le Tueur de daims.	29. Le Cratère.
10. L'Écumeur de Mer.	20. Les Deux Amiraux.	30. Les Mœurs du jour.

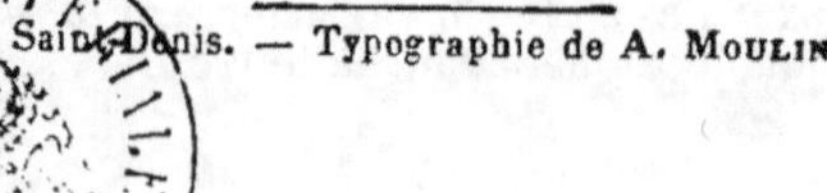

Saint-Denis. — Typographie de A. MOULIN.